普通高等教育新工科汽车类系列教材
（智能汽车·新能源汽车方向）

汽车电子与软件架构

主编 魏学哲 ｜ 参编 王学远 戴海峰

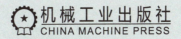

机械工业出版社
CHINA MACHINE PRESS

汽车电动化、智能化和网联化促进了汽车电子技术变革。本书从汽车电子的学科特点和技术基础出发，介绍了汽车电子硬件、通信和软件架构的发展过程和动因，总结了各个阶段的技术特征，并阐述了硬件技术发展的进程；介绍了汽车通信技术的发展过程，重点介绍了 CAN、CAN FD、CAN XL、FlexRay、MOST 等传统车载网络技术，以及车载以太网技术及其关键协议；详述了汽车电子基础软件 AUTOSAR CP 和 AUTOSAR AP 相关技术及其应用方向；论述了面向服务的软件架构（SOA）的基本概念、发展过程、结构模型等，并对 SOA 的实现基础、设计流程和市场实践进行了简介；分析了汽车电子 V 模式开发、敏捷开发的理念和技术特点，重点介绍了 OTA 升级技术的基本概念、发展过程以及对智能汽车的重要意义。

本书可作为汽车电子与软件的专业课教材，也可作为汽车电子与软件系统开发相关领域工程技术人员、科研人员、研究生的参考用书。

图书在版编目（CIP）数据

汽车电子与软件架构 / 魏学哲主编 . —北京：机械工业出版社，2023.3（2024.7 重印）
普通高等教育新工科汽车类系列教材 . 智能汽车·新能源汽车方向
ISBN 978-7-111-72778-1

Ⅰ . ①汽… Ⅱ . ①魏… Ⅲ . ①汽车 – 电子技术 – 高等学校 – 教材 ②汽车 – 电子系统 – 应用软件 – 高等学校 – 教材 Ⅳ . ① U463.6

中国国家版本馆 CIP 数据核字（2023）第 045099 号

机械工业出版社（北京市百万庄大街 22 号　邮政编码 100037）
策划编辑：王　婕　　　　　责任编辑：王　婕　何士娟
责任校对：薄萌钰　李　婷　责任印制：刘　媛
涿州市般润文化传播有限公司印刷
2024 年 7 月第 1 版第 2 次印刷
184mm×260mm · 13.75 印张 · 330 千字
标准书号：ISBN 978-7-111-72778-1
定价：69.90 元

电话服务　　　　　　网络服务
客服电话：010-88361066　机 工 官 网：www.cmpbook.com
　　　　　010-88379833　机 工 官 博：weibo.com/cmp1952
　　　　　010-68326294　金 书 网：www.golden-book.com
封底无防伪标均为盗版　机工教育服务网：www.cmpedu.com

序

近几十年来，汽车工业与电子技术不断融合发展，孕育出了汽车产业链中的一个重要细分类别——汽车电子，并逐渐发展出两类产品方向：一类是需要与机械结构耦合工作的汽车电子控制装置，用来完成发动机、传动、底盘和车身电子控制，典型系统有燃油喷射系统、防抱死制动系统、电子控制悬架、电子动力转向等，而汽车动力系统的电动化则提升了电控系统的控制性能和集成度；另一类是为自动驾驶、驾驶辅助或车内乘员提供信息支撑的汽车电子信息装置，包括环境感知系统、导航系统、驾驶决策、人机交互、信息娱乐和车载通信系统等。智能化和电动化的赋能使得汽车电子系统架构出现了明显的分层，即下层为动力学控制层，上层为信息处理层。

在控制层面，一直以来，由关键总成部件配置单独的 ECU 而形成的分布式汽车电子系统架构是典型模式。但是，随着以智能电动汽车为代表的汽车功能定义的日趋复杂，传感器和控制器的数量越来越多，复杂的线束、有限的计算能力为车辆降低成本、提高可靠性和提升能效造成了阻碍，因此，软硬件功能向域控制器集中成为汽车电子电气架构新的发展趋势。

在信息层面，传统车辆驾驶时以驾驶员为车辆控制核心的驾驶模式越来越受到人的能力的制约。人对于大量信息感知和高带宽响应的限制，注意力集中度、驾驶技能和心理素质等方面的不确定性，都成为提高驾驶安全性和提升交通效率的阻碍。驾驶过程中信息量的急剧增大、传输环节增加，无疑给车辆的信息处理能力、对车辆进行运动学控制的能力以及向驾驶员反馈信息的能力提出了更高的要求。因此，以智能驾驶技术辅助甚至替换人类驾驶，已经成为技术演进的必然趋势。在电动化动力系统基础上构建的面向智能化及高度信息化的汽车电子体系中，需要具有更强大的信息处理能力和更快的数据传递通道。

在以上技术趋势的推动下，基于高性能微处理器（MPU）及片上混合芯片（SoC）构建的域控制器集中控制方式将逐步取代基于微控制单元（MCU）的多电子控制单元（ECU）分布式控制方式，并向以超强算力中央处理器为核心的中央计算架构演化，以更好地满足复杂应用场景的需求，完成车辆行进过程中自动驾驶和车路协同控制等复杂功能。

从汽车电子电气架构由分布式走向集中式的过程可以看出，汽车电子电气架构的演进从本质上来说是两个方面基因的混合：一个是来自汽车电子，或者说是汽车电子控制，其特征是分布式的实时控制；一个是来自互联网，其特征是高算力计算、高带宽网络、高容量存储和云 - 管 - 端架构。

为了适应新型架构，汽车网络技术将从 LIN/CAN 总线向车载以太网发展，车载以太网继承了互联网的通信技术，并针对车辆应用在底层做了适应性改造，包括为适应汽车电磁环境对其物理层的改进、为适应强实时性需求发展了时间敏感网络（TSN）技术。通信技术的改变也支撑了软件技术的发展，基于 TCP/IP 的 SOME/IP 技术等也为面向服务的软件架构奠定了通信基础。

在面向实时控制的嵌入式的时代，开放式系统及接口（OSEK）实时操作系统解决了多

Foreword

任务实时调度的问题，并形成了嵌入式系统底层软件的一套标准，从 OSEK 的基础上发展出来的 Classic AUTOSAR 以虚拟功能总线（VFB）作为广义的"中间件"，解决了汽车嵌入式软件架构不清晰的问题，使 Classic AUTOSAR 成为事实上的行业标准。而在汽车智能化、网联化的背景下，Adaptive AUTOSAR 引入了服务的概念，实现了以服务请求、服务提供和服务发现为特征的更高层面的抽象，形成了面向服务（SOA）的新型中间件架构，将汽车的软件架构发展成为 Adaptive AUTOSAR。

面向服务的架构被认为是能够支持未来汽车软件发展的核心技术之一，为了深入理解 SOA 架构作为新一代汽车电子解决方案背后的驱动因素及技术逻辑，需要深入探讨 SOA 的概念产生、设计流程、实现方法、行业进展等，同时关注 SOA 架构的可靠性、功能安全、网络安全和适应性等品质。

传统的汽车电子中，由于机、电系统之间，控制软件和硬件之间存在深度耦合，汽车电子供应商和主机厂在汽车嵌入式系统开发中采用的开发流程被总结为 V 模式。该模式体现出的开发理念是从系统产品的功能定义和方案设计，一直到产品完成后的集成测试/匹配/标定，"设计-实现-验证"贯穿研发过程的每一个阶段，该流程规范了开发过程中的步骤，并将规范化的开发理念凝结到相关工具链中，大大提高了汽车电子技术的规范性和可靠性。其与专门针对汽车嵌入式应用软件开发的 Classic AUTOSAR 体系规范，以及其他一些由非功能性需求驱动建立的架构方法，共同构成了传统汽车电子系统产品开发的方法论。

但 V 模式开发流程本质上是硬件和软件同步的，两者高度耦合，而且它们与被控对象也高度耦合，客观上制约了软件和数据的快速更新，该方法在功能迭代和优化上越来越难以满足智能化的需求，因此发展一种更加灵活、高效的汽车电子开发方法非常必要。敏捷开发、快速迭代等互联网式的开发手段越来越多地运用于汽车电子领域。伴随着技术架构的变革，传统的汽车电子开发方法也由软硬件同步迭代开发的 V 型开发模式向更具有灵活性的敏捷开发模式转变。硬件先行高配，软件通过无线网络适时更新成了新的技术趋势，空中下载（Over the Air，OTA）技术通过 Tbox 连接无线网络，直接实现汽车电子系统的数据、软件更新，利用该升级方式可以线上增加功能、修复系统漏洞、减小因软件故障召回的概率、提供及时的售后服务、加速针对驾驶员个性化的学习和更新。基于 OTA 和敏捷开发的开发范式也将为汽车电子产业链带来新的方法论和新的工具链。

本书是作者基于 20 余年从事汽车电子系统研发实践，对其为研究生讲授相关课程所积累讲义内容所做的最新整理、提炼与总结。书中除了丰富的技术内容外，也融入了作者对汽车电子的深刻思考和理解，相信本书会对国内汽车电子教学和汽车电子开发提供有益的帮助。

孙泽昌
2023 年 4 月于同济大学

前　言

汽车电子是同济大学非常有特色的专业方向，同济大学汽车学院开设"汽车电子嵌入式系统"相关课程已经有 20 多年的时间了。2010 年我所编写的《汽车嵌入式系统：原理、设计与实现》讲述了汽车嵌入式系统的基本概念、基础知识，重点介绍了汽车电子嵌入式系统独具特色的开发方法、软件架构和开发流程，作为教材沿用至今。

近十多年来，汽车行业形势发生了巨大变化：一是汽车动力系统发生了革命，电动化成为汽车行业的潮流，因此，汽车电子的控制对象增加了电机、电池、燃料电池等电源和电驱动单元，并因此增加了大量电力电子的内容；二是自动驾驶和智能座舱作为电动底盘的上层建筑，得到了快速发展，自动驾驶所需的环境感知、智能决策技术以及智能座舱所需的人机交互、信息娱乐和车载通信技术与传统汽车电子面向机电系统控制的嵌入式系统技术有很大的不同，因此引起了汽车电子的根本性改变，这个改变不仅仅体现在应用层，更体现在底层的电子电气和软件架构上。

电子与软件架构的核心是建立异构、分布式电子系统的规范化框架，统一面向物理系统的实时控制和面向"人－车－路"一体全生命周期的智能信息处理，其规范化的核心是定义功能和接口，为有机融合底层硬件、通信协议、操作系统、用户软件和开发工具奠定基础。本书系统梳理了以上基本概念、发展逻辑和基础体系。

全书从汽车智能化和网联化的背景出发，引出了一个面向实时控制和复杂多元信息处理的汽车电子新体系；车载通信介绍了汽车主干网从 LIN/CAN 总线向车载以太网的发展过程及核心技术；基础软件从 OSEK 规范的设立及其实时操作系统开始讲起，其目的是与《汽车嵌入式系统：原理、设计与实现》衔接，重点介绍了包括 AUTOSAR CP、AUTOSAR AP 在内的新型软件架构；此后介绍了面向服务的软件架构 SOA 的基本概念、发展过程、结构模型和设计实践；最后介绍了汽车电子系统开发流程，包括 V 模式、敏捷开发模式和空中软件升级技术。

本书主要面向高校汽车、计算机相关学院、科研机构的学生和教师，汽车企业、汽车电子零部件企业的科研人员等。本书既可以用作汽车电子与软件的入门级教材，也可用作汽车电子与软件系统开发的参考工具书，本书可以和《汽车嵌入式系统：原理、设计与实现》配合使用，以更全面地理解智能电动汽车的汽车电子技术面临的主要问题以及在解决问题中发展出来的核心概念、取得的关键技术及积累的知识体系。

由于作者水平所限，本书疏漏之处在所难免，请各位读者不吝批评指正。

编　者

目 录

Contents

序
前言

第1章 汽车电子与软件架构

1.1 汽车电子与软件架构发展背景 …001
1.2 汽车电子与软件架构概述 …003
1.3 汽车电子拓扑架构的演进过程 …005
1.3.1 基于CAN总线的分布式控制架构 …005
1.3.2 分布到集中的动力系统及基于域控制器的架构 …006
1.3.3 拓扑架构集中的趋势及其演变 …009
1.3.4 集成式与分布式的对比 …011
1.3.5 汽车电子拓扑架构演进路线 …012
1.4 汽车电子硬件架构及实例 …013
1.4.1 芯片级架构 …014
1.4.2 控制器级架构 …018
1.5 本章小结 …021
思考题 …021

第2章 车载通信网络

2.1 车载通信网络概述 …022
2.1.1 通信网络的基本概念 …022
2.1.2 车载通信网络概述 …032
2.2 传统车载网络及其发展 …034
2.2.1 CAN总线 …034
2.2.2 MOST总线 …036
2.2.3 LIN总线 …036
2.2.4 FlexRay总线 …036
2.2.5 CAN FD总线 …037
2.2.6 CAN XL总线 …041
2.3 车载以太网 …042

- 2.3.1 车载以太网简介 ···044
- 2.3.2 以太网物理层基本概念 ···051
- 2.3.3 车载以太网物理层规范 ···054
- 2.3.4 车载以太网数据链路层 ···058
- 2.3.5 车载以太网 TCP/IP 协议栈 ···060
- 2.4 面向服务的协议 SOME/IP ···065
- 2.4.1 SOME/IP 消息头格式 ···066
- 2.4.2 SOME/IP 通信模式 ···067
- 2.4.3 服务发现协议 SOME/IP-SD ···069
- 2.5 基于以太网的实时通信 AVB/TSN ···070
- 2.5.1 以太网实时性需求与 AVB/TSN ···070
- 2.5.2 时钟同步 ···072
- 2.5.3 调度和流量整形 ···076
- 2.5.4 通信路径选择和容错 ···081
- 2.6 本章小结 ···082
- 思考题 ···082

第 3 章 软件架构与基础软件

- 3.1 汽车软件开发中面临的挑战及其解决思路 ···083
- 3.2 分布式实时控制系统架构 ···087
- 3.2.1 OSEK OS 简介 ···087
- 3.2.2 OSEK COM 简介 ···093
- 3.2.3 OSEK NM 简介 ···096
- 3.3 面向实时控制的统一架构及 AUTOSAR CP ···097
- 3.3.1 AUTOSAR CP 介绍 ···097
- 3.3.2 AUTOSAR CP 的基本分层架构 ···098
- 3.3.3 AUTOSAR CP 的软件组件 ···099
- 3.3.4 AUTOSAR CP 应用接口 ···102
- 3.3.5 AUTOSAR VFB ···103
- 3.3.6 运行时环境 ···107

Contents

3.3.7 基础软件层 ⋯110

3.3.8 AUTOSAR CP 方法论 ⋯126

3.3.9 AUTOSAR OS ⋯131

3.4 软件统一架构及自适应 AUTOSAR AP ⋯133

3.4.1 AUTOSAR AP 介绍 ⋯133

3.4.2 AUTOSAR AP 分层架构 ⋯136

3.4.3 AUTOSAR AP 的通信 ⋯137

3.5 AUTOSAR AP 的应用程序生命周期管理 ⋯143

3.5.1 状态管理、执行管理与操作系统之间的关系 ⋯143

3.5.2 应用程序的生命周期管理 ⋯145

3.5.3 整机的状态管理 ⋯149

3.6 AP 功能集群概览及方法论 ⋯154

3.6.1 AP 的存储管理 ⋯154

3.6.2 AP 功能集群概览 ⋯154

3.6.3 AUTOSAR AP 方法论 ⋯156

3.7 本章小结 ⋯158

思考题 ⋯158

第 4 章 面向服务的架构

4.1 SOA 的概念解析 ⋯159

4.1.1 SOA 的定义 ⋯159

4.1.2 SOA 在汽车领域的应用背景 ⋯159

4.1.3 SOA 在企业 IT 架构中的应用 ⋯160

4.1.4 汽车软件 SOA 的概念解析 ⋯165

4.1.5 汽车软件 SOA 架构 ⋯167

4.2 SOA 在汽车中应用的基础和支撑 ⋯169

4.2.1 高性能高集成芯片 ⋯169

4.2.2 多功能异构操作系统 ⋯171

4.2.3 高带宽车载以太网 ⋯171

4.3 中间件 ⋯171

4.3.1　中间件的含义 ···171
  4.3.2　从中间件角度看 SOME/IP 及其应用 ···172
  4.3.3　中间件 DDS 概念及其应用前景 ···175
 4.4　SOA 设计实现
  4.4.1　AUTOSAR AP 中 SOA 的架构设计 ···179
  4.4.2　PREEvision 中 SOA 的设计 ···183
 4.5　汽车 SOA 架构的市场实践 ···186
 4.6　本章小结 ···188
 思考题 ···188

第 5 章　软件开发流程及其 OTA 升级

 5.1　汽车软件发展背景 ···189
  5.1.1　汽车软件发展趋势和面临的挑战 ···189
  5.1.2　基于模型的设计与验证 ···190
  5.1.3　SOA 架构中的开发流程 ···191
 5.2　汽车软件开发流程 ···192
  5.2.1　V 模式开发流程 ···192
  5.2.2　敏捷开发流程 ···195
  5.2.3　功能安全 ···199
 5.3　汽车软件的 OTA 升级 ···202
  5.3.1　ECU 基于 Bootloader 的升级 ···202
  5.3.2　ECU 基于 OTA 的升级 ···203
  5.3.3　OTA 升级的优缺点 ···205
  5.3.4　OTA 升级的发展现状 ···206
 5.4　本章小结 ···207
 思考题 ···208

后记与致谢

参考文献

第 1 章 汽车电子与软件架构

在智能驾驶和网联技术的推动下，汽车可以产生和需要处理的信息量呈几何级数增长，汽车成了大规模信息获取终端和处理终端，车辆技术和信息的融合度不断提升，如何有效地接收、传输、处理信息，将成为解决汽车产业发展过程中带来的能源、环境、安全、拥堵等困局的关键手段。传统的汽车电子信息装置只能够完成传感器信号产生、处理、传输和反馈控制的简单闭环，显然已经无法适应结合了智能驾驶和网联技术的电动汽车发展要求，建立一个面向实时控制和复杂多元信息的汽车电子体系十分必要，而这个体系需要清晰、明确、可靠的硬件、软件和通信架构作为支撑，本章将结合汽车电子发展历程，详述这一架构的发展过程和动因。

1.1 汽车电子与软件架构发展背景

近几十年来，汽车工业与电子技术不断融合发展，孕育出了汽车产业链中的一个重要细分类别——汽车电子，成为汽车技术领域中最活跃、最具革命性的技术方向。

1. 汽车电子的分层

汽车电子逐渐发展出两类产品方向：一类是需要与机械电气结构耦合工作的汽车电子控制装置，用来完成发动机、传动、底盘和车身电子控制，典型系统有内燃机的燃油喷射控制系统、变速器控制、电机驱动控制、制动防抱死控制、电子控制悬架、电子动力转向等；另一类是为驾驶员或车内乘员提供信息支撑的汽车电子信息装置，包括信息娱乐系统、导航系统、人机交互系统和车载通信系统等。

在面向机电耦合的电控技术方面，随着传统内燃机汽车在电控技术上日渐成熟，且由于能源和环境的制约，电动汽车得到了政府和行业广泛的支持，其实现形式包括纯电动、混合动力（包括插电式和增程式）和燃料电池动力系统，电动化成为汽车技术发展的一个重要趋势，汽车电子在动力系统控制中的变革体现为被控对象的变化，被控对象变成了电机驱动、电池管理、电能变换、燃料电池控制等，电子控制技术的覆盖面大大拓展，其实时性需要进一步提高，且功率电子也成为汽车领域的核心技术。

在车载信息技术方面，随着信息技术向汽车中的深度渗透，出现了两个非常引人注目的趋势：一个趋势是以服务驾驶员及车内乘员为目的，其表现形式为智能座舱，是以视觉、声音、触感等形式进行高级人机交互，并将汽车打造成家庭和办公室之外的第三空间；另一个趋势是以辅助和代替人类驾驶员为目的。传统车辆驾驶是以驾驶员作为车辆控制核心，这种系统架构越来越受到人对于复杂环境下大量信息感知和高带宽响应的限制，同时，人的注意力集中度、驾驶技能和心理素质等方面也存在不确定性，给安全、高效的驾驶带来深远影响。以高级别智能驾驶技术辅助甚至代替人类驾驶，已经成为技术演进的必然趋势。

车载信息的智能化和动力系统的电动化使得汽车电子系统架构出现了明显的分层，即上层为高算力信息处理层，下层为高实时性嵌入式控制层，如图1.1所示。

面向物理系统的控制层成为汽车电子的一个核心的功能分类，控制层仍基于传统的嵌入式系统，以分布性、实时性、可靠性为主要特征，管理着汽车上的各种传感器、执行器和电力电子部件。

此外，传统燃油车在能量流动链中是能量流动的终点，而电动汽车将成为一种移动式、分布式储能设施，更加深度地融合进全新的能源互联网，增加其作为能量流动中继环节的作用。借助移动式分布式储能的属性与V2G技术，电动汽车体现了能源互联网的核心特征。

而在智能网联的电动汽车时代，车辆越来越多地需要被动接收或主动发现来自外界的信息，这就要求面向信息的汽车电子体系具备复杂环境感知的能力。环境感知是指利用传感器融合等技术来完成对于车辆周围环境，包括车流信息、车道状况、附近车辆速度信息、行车标志信息等的认知模型建立，对环境的感知和判断

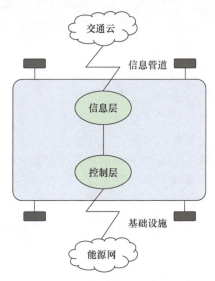

图1.1 汽车与交通云、能源网的融入

是智能车辆工作的前提和基础，感知系统获取周围环境和车辆状态信息的实时性和稳定性，直接关系到后续决策的成败。为了应对复杂的车辆行驶环境和天气状况，需要在车辆上安装多种类型的传感器，并使用信息融合技术把分布在不同位置的多个同类或不同类传感器所提供的局部数据资源加以综合，采用计算机技术对其进行分析，消除冗余，加以互补，获得被测对象的一致性解释与描述，从而提高系统的快速性和正确性。

另外，由于接入互联网，汽车也从一个信息孤岛变成了网络终端，V2X技术被认为是可以满足车联需求的一种技术手段，面向车路一体的交通网络开始成型。

2. 分层结构下汽车电子技术演化与架构的形成

汽车的电动化带来了"三电"（电池、电机、电控）关键零部件，这些零部件的机电耦合程度要低于传统的内燃机动力，但电信号种类更多、更加复杂且多变，因此对具有更大通用性、更高处理能力的控制器的要求越来越迫切，零部件配置单独的电子控制单元（Electronic Control Unit，ECU）——分布式的汽车电子系统架构这一典型模式逐渐走向功能复杂的动力、底盘的一体化控制。

信息体量的增大、传输环节增加，无疑给车辆的信息处理能力、对车辆进行运动学控制的能力以及向用户反馈信息的能力提出了更高的要求。在电动化动力系统上面向信息的汽车电子体系中，需要具有更强大的信息处理能力和反馈通道，算力更强的基于高性能片上系统（SoC）构建的域控制器（Domain Control Unit，DCU）集中控制策略将逐步取代基

于微控制单元（MCU）的多 ECU 分布式控制方式，最后向以超强算力的中央处理器为核心的中央计算架构演化，以完成人车交互、车辆自动驾驶和车路协同控制等复杂功能。

传统的车载通信仅仅局限在车内通信，底盘与动力控制采用 CAN 总线，车身电子采用 LIN 总线及蓝牙和 WiFi 等无线通信方式，完成的仅仅是车辆内部信息的传输，但是针对智能网联化的电动汽车，车载通信模式需要从低速向高速发展，将与互联网技术兼容的以太网技术引入汽车就成了顺理成章的思路，对以太网的车载化改造成为一个重要的技术趋势。V2X 的通信范围从车内向车际通信甚至广域通信的方向扩展，这就要求面向信息处理的汽车电子系统需要同时具备车辆基础设施通信（V2I）、车际通信（V2V）和人车通信（V2P）等能力，V2X 要求有极短的网络接入时间、低传输时延和高带宽、高传输可靠性，且由于车辆是高速移动的，因此 V2X 要求在有限的时间和空间范围内可以实现频谱再利用。同时，信息传输环节的增多、对象的拓展，很大程度上也增加了信息泄露的风险，需要有一个完整的网络安全机制保障智能网联汽车的信息安全和驾驶员和乘员的隐私保护。

借助多种类的传感器和 V2X 通信，车辆及用户可以接收到更多的信息。借助域控制器和云控平台，汽车可以存储和处理信息的容量大大增加，借助抬头显示（HUD）和中控大屏等新型智能设备，用户与车辆进行信息交互的方式更加多元。例如，以 T-Box（Telematics Box）为代表的新型车载智能终端将通过云服务平台与手机 App 连接，大大提升用户操作的便利性；云控基础平台将为云控模块提供数据支持，共同参与车辆的智能决策，形成"车-路-云"一体的信息深度融合解决机制；而交通云则通过无线通信网络和路边单元为车辆的信息处理层赋能。

如上所述，传统的汽车电子信息装置面向控制功能，完成信息采集、处理和反馈的简单闭环，已经无法适应结合了智能网联技术的电动汽车发展要求，汽车电子系统被赋予越来越多的信息处理功能，信息处理层逐渐从汽车电子系统中凸显出来，成为举足轻重的新功能。因此，随着汽车电子技术在硬件上如何向高算力域控制器及中央计算平台发展，通信上如何向以太网宽带通信发展，软件和硬件如何逐渐分离，如何开发和管理越来越大型化和复杂化的软件……这些问题的尝试和解决，共同孕育了一个面向驾驶信息处理及一体化控制的汽车电子和软件体系架构。

1.2 汽车电子与软件架构概述

电子电气架构（Electrical/Electronic Architecture，EEA）是电子电气系统的总体布置方案，它把汽车里的各类传感器、中央处理器、ECU、线束拓扑、信息娱乐系统以及底盘系统等的电子电气分配系统和整车软硬件进行系统化、规范设计，实现整车的功能配置，以及运算、动力和能量的分配。

基于目前软件定义汽车的发展趋势，软件在汽车上发挥了越来越重要的作用，而电气则与电子和软件系统耦合较弱。因此，本书将在电子电气架构的概念中，重点强调电子与软件架构（Electronic/Software Architecture，ESA）的基本概念和体系。

电子与软件架构的核心是建立异构、分布式电子系统的规范化框架，统一面向物理系统的实时控制和面向车路一体全生命周期的数字信息处理，其规范化的核心是定义功能和接口，为有机融合底层硬件、通信协议、操作系统、用户软件和开发工具奠定基础。

汽车电子与软件架构包括电子系统的拓扑架构、软件架构、硬件架构、通信架构等，如图 1.2 所示。

（1）通信网络

汽车电子网络拓扑与通信架构设计需要收集产品需求，针对不同的功能需求、数据交互量级规划不同网段，进行不同网段的网络系统设计并分配网络负载，选择合适的网络通信协议等，其中通信协议需要定义如何跨边界交换数据，包括硬件边界和软件边界。其主要内容包括：

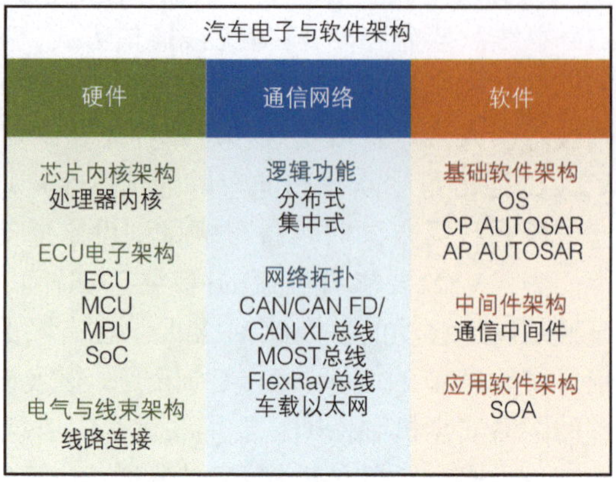

1）逻辑功能：逻辑功能定义了如何将整体功能以软件或硬件的方式实现，逻辑功能中的元素可以映射到应用层以及底层软件或硬件架构中，并还需定义接口和连接，根据

图 1.2 汽车电子与软件架构

功能的实现方式，在汽车电子中功能架构主要分为分布式和集中式。

2）网络拓扑：定义不同节点之间的连接方式、信息传递方式等，是通信技术在汽车电子约束下的典型应用，目前主要有总线型和交换型。分布式汽车电子拓扑架构一般采用总线型通信协议，如 CAN 总线；集中式汽车电子拓扑架构中更加倾向采用交换型网络，如以太网。

（2）硬件架构

汽车电子的硬件部分有 ECU、电子电路、线束等。硬件架构是根据整车要实现的功能，按照一定的划分规则，比如按空间布局规划出相应的控制部件，同时考虑部件之间的连接关系和依赖关系。硬件架构主要包括以下几种：

1）芯片内核架构：一般是指处理器（芯片）的核架构，如 ARM 的 Cotex-A 系列等硬件组件架构。

2）ECU 电子架构：通过电路图描述 ECU 的内部结构，如电源、接地、微控制器、总线接口、存储器等。

3）电气与线束架构：定义物理组件的电气特性及互连方式，包含硬件架构中所有线路的连接，如导线、接线盒、插接器等，并需要描述车辆中所有安装空间和安装位置等。

（3）软件架构

在汽车电子领域，软件的开发成本已经超出了硬件，"软件定义汽车"这一说法充分体现了软件的重要性，而软件开发及其维护的需求发展促进了其架构的进步。软件架构目前主要有以下内容：

1）基础软件架构：包括硬件抽象及操作系统等，传统汽车电子的基础软件形成了以 AUTOSAR 为代表的行业规范，目前正在向 Adaptive AUTOSAR 发展。

2）中间件架构：广义而言是基础软件和应用软件的中间层，实现应用软件和基础软件的解耦，并支持软件之间通过网络互操作，目前在汽车电子中的中间件主要是通信中间件。

3）应用软件架构：描述如何将软件模板化及软件之间的依赖关系，目前汽车电子引进的 SOA 架构是一种面向服务的模板软件架构。

本章重点探讨汽车电子网络拓扑和硬件架构,汽车通信架构和软件架构将在后续章节中详细展开。

1.3 汽车电子拓扑架构的演进过程

1.3.1 基于 CAN 总线的分布式控制架构

汽车早期是典型的机械产品,在电子技术兴起之后,经历了广泛的"电子-机械"替代阶段,其典型特征是机电技术的深度结合——电子技术扮演了传感和控制的角色,机械技术扮演了力的传导、执行和能量转换角色,机电系统深度耦合——这个特征在汽车底盘和动力系统中尤为突出。因此在汽车电子发展初期,为了更高效地产出质量稳定的产品,整车厂更多地选择将相关的"结构模块"和"电子模块"绑定给同一供应商开发,因为同一供应商对功能的集成方式较为精通。为了能用最小成本服务不同的车型,总成供应商会将其系统打包成"平台"提供给甲方。模块化阶段的特点是每一个功能都需要单独的、专用的控制器来实现。

由于基于机械结构部件和总成在车内空间上的分布性,汽车电子也自然而然地形成了分布式架构,其互联主要基于 CAN 总线。传统的 EEA 是基于 CAN 总线、面向机电控制系统设计的,而且针对底盘、动力和车身形成了不同的子网,其间用网关进行互联,网关作为信息传输中心,可以实现多个不同集群之间的通信并提供诊断应用,如图 1.3 所示。

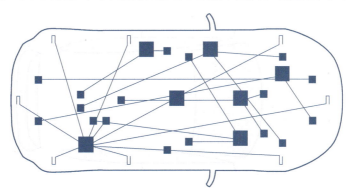

图 1.3 传统汽车电子架构

分布式架构发展了数十年,诞生出很多典型平台,如大众的 MQB 平台、通用的 Global 系列平台,也孵化了一系列出色的汽车电子供应商技术体系,如博世、大陆、德尔福、电装等,成为汽车行业生态的重要组成部分。

分布式的整车 EEA 单元可分类如下:

1)电子单元:众多分散的传感、运算和控制单元,以半导体技术为主导。
2)电气单元:发动机、电机、电磁阀等,以电磁技术为主导。
3)执行机构:机械、液压、气门机构等,以机械液压技术为主导。

分布式架构在传统燃油车时代尚可满足需求,但在车辆电动化、智能化背景下暴露出如下短板:

1）硬件方面：电动汽车控制器模块化程度提高，而分布式控制中车辆每增加一项功能，都需要增加一个控制器，各ECU算力及硬件模块存在巨大浪费。

2）软件方面：每个控制器来源于不同的供应商，ECU软件开发环境不一致，导致集成和维护困难，而且很难实现真正的远程升级。

3）通信方面：软件、硬件及通信要素高度耦合，在实际开发过程中发现，当有一个信号变更时，与之相关联的多个控制器都需要做适应性变更，使得整车开发周期更长；通信速率慢，不满足智能化大量信息通信的需求。

1.3.2 分布到集中的动力系统及基于域控制器的架构

分布式向集中式演进的动因既有来自汽车电子的基因，也有来自互联网的基因，前者表现为技术改良的需求，后者表现为面向智能化的颠覆性需求。

（1）汽车电子渐进改良的需求

从技术需求来看，随着车辆的电子化程度逐渐提高，ECU越来越多，从防抱死制动系统、四轮驱动系统、电控自动变速器、主动悬架系统、安全气囊系统，逐渐延伸到了车身安全、网络、娱乐、传感控制系统等。各级别汽车ECU数量都在逐年递增，一些高端车型已突破百个。如果继续使用分布式架构，则会产生更多ECU和更多线束，难以在车辆上布置，且ECU的算力不能协同、相互冗余，从而造成硬件资源的大量浪费。如果大量堆积低算力芯片，由于集成度低，印制电路板（PCB）以及域控制器会难以布置，功耗和成本也会很高。

（2）智能化颠覆性革命的需求

高级驾驶辅助系统（Advanced Driving Assistance System，ADAS）和自动驾驶是近年来发展最快的应用，包括诸如停车辅助、车道偏离预警、夜视辅助、自适应巡航、碰撞避免、盲点侦测、驾驶员疲劳探测等功能。ADAS中有各种传感器，如摄像头、毫米波雷达和激光雷达，产生像素和点云级的数据，数据产生和数据处理相互连接的对象间需要传输的数据量大幅增加，因此，车辆的EEA单元必须进化，以大幅度提升实时获取环境信息并同时处理这些数据的能力。

（3）整车企业增加掌控力的需求

从整车厂的角度，所谓分布式EEA，可以理解为汽车电气系统的软硬件资源和能力是分散在不同的供应商手中，ECU的软硬件开发全部由供应商完成，整车厂主要负责提出设计需求和测试验证。分布式EEA导致的ECU软硬件资源和能力的浪费是显而易见的，不同的供应商负责不同的ECU开发，整车数十个ECU分别负责实现特定的软硬件功能，然后通过硬线信号或者网络信号进行交互，这种信息交互方式也被称为面向信号的通信。传统汽车时代，整车企业的主要能力体现在整车产品的定义、制造和销售，但在智能电动汽车时代，电控和软件成为其核心竞争力，不可能任由供应商独立完成。

从技术供应来看，随着微电子技术的巨大进步，大型的、高算力的、制程小的、集成化程度高的处理芯片能够较好地解决集中算力和集中存储问题，为集中化奠定了物质基础，而车载以太网技术的发展，也为集中处理提供了高带宽通道。此外，汽车动力系统也在这个过程中开始了电动化转型，电动化之后的动力系统更加紧凑，集中在电机和电池系统中，其集成性和可控性大大增加。

当然，受限于研发周期、项目资源、技术发展（芯片算力、操作系统、软件架构等）、供应商能力以及整车厂能力等众多因素，由分布式 EEA 走向集中式 EEA 必然是一个渐进的过程。目前，大部分整车厂量产车型的 EEA 处于分布式 EEA 阶段，因为无论是物理集成还是功能集成，都仅仅是在局部功能实现上减少 ECU 的数量，实现功能所需的软硬件资源还是以 ECU 为核心进行设计的。分布式与集中式控制的本质区别在于分布式阶段的整车功能是围绕一个个 ECU 作为主体进行设计的，而集中式阶段则需要根据子系统甚至整车的软硬件资源所具备的能力，对功能实现进行分层设计。

综上所述，以上两种方法各有利弊，方法选择的偏好还取决于汽车制造商应对的细分市场的策略，但面向大规模生产的电动化和智能化乘用车无疑更倾向于集中式策略，集中控制的核心思想是不同的层面具备不同的能力，其主要目的是实现软硬件资源的解耦，从而使软件迭代和硬件分离。

未来车辆必将面向高级别的自动驾驶和车路一体系统演进，高级别的自动驾驶带来车内信息处理集中化的需求，而车路一体带来车云数据和算力交互的需求，因此必然推动进一步集中化的趋势。

在此背景下，汽车行业等提出"域控制器"的概念，对 ECU 框架进行优化。其根据汽车电子部件功能将整车划分为车辆控制域、智能座舱域和智能驾驶域等几个域，通过系统和软件层面的集成，把原有的硬件配置局限打破，域控制器成为一个领域内的主要计算和调度单位。典型的智能电动汽车集中式汽车电子拓扑架构示例如图 1.4 所示。

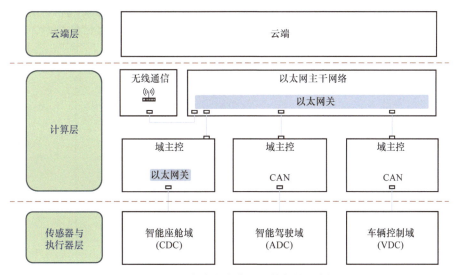

图 1.4 集中式汽车电子拓扑架构示例

车辆不再是信息孤岛，车云互联已是目前技术的重点发展领域。根据智能网联汽车的功能需求，拓展型域控制器架构分为"云－管－端"一体化设计，顶层为云端层，中间层为计算层，底层为传感器与执行器层。在这种架构中，根据智能网联车辆行驶过程中的数据需求，通过底层传感器层进行数据收集，在中间层进行数据处理与分析，最终反馈到云端。

云端服务器根据需要处理的信息，为不同车辆设备提供灵活的集群处理，符合未来智能网联汽车的功能需求。比如通过云计算，可以通过远程服务器来实时预估电动汽车电池的安全状态和健康状态，从而提高整车安全性。

功能域集中式设计的主要优势如下：

1）将整车层级软件集中于域控制器，减少了协调控制各部件所需要的总线信号通信，有利于跨功能域协调控制的实现，避免了跨域功能大幅增加可能带来的系统复杂度失控。

2）域控制器电子电气架构主要能实现面向服务的体系架构（SOA），从而实现了区别于分布式架构的基于信号的驱动，这种面向服务的架构使得整车层级软件协调控制各部件，实现用户易感知的车辆层功能。该部分软件更新和升级需求较多，集中在域控制器中有利于软件升级管理，特别是实现远程升级。此外，域控制器内可预留计算、存储和通信资源，用于在车辆批产后通过软件增加车辆功能。

3）通过高度嵌入式控制器接口的标准化，将其抽象为标准化传感器或执行器，有利于高集成度嵌入式控制器在车型谱系间的整体重用。域控制器和标准化传感、执行器控制器的组合实现了更好的硬件抽象，有利于变形管理和部件复用，通过降低变形开发费用和提高部件安装率来降低成本。

当前汽车市场在用的车载电子电气架构主要以多域控制器为主，主流主机厂一般主要采用以多域控制器及"中央集中+区域控制器"相结合的电子电气架构，将车辆分为不同的子模块即不同的域，比如动力总成域、底盘域、车身域、娱乐媒体域等，不同的域对域内的ECU进行整合，域内的ECU通过共享总线系统进行通信，中央网关用于连接不同的域，实现不同域之间的信息交互和数据通信。

目前典型EEA架构是三域架构，三域是指车辆控制域、智能驾驶域和智能座舱域（分布式网络+域控制器）。华为、大众、宝马、丰田等各公司虽然对各域的称呼不同，但从其功能划分来看均采用了这一架构，图1.5所示为华为的三域架构。

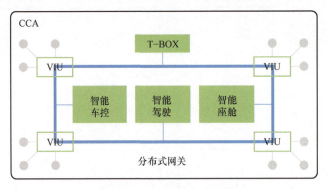

图1.5 华为公司的三域架构

车辆控制域（Vehicle Domain Controller，VDC）负责整车控制，实时性安全性要求高，基本将原动力域、底盘域和车身域等传统车辆域进行了整合（整合更多是系统层面的概念，并不一定是硬件层面合并，因此并不一定是该域中原有的某ECU被删除了）。智能驾驶域控制器（ADAS/AD Domain Controller，ADC）负责自动驾驶感知、规划、决策等相关功能的实现。智能座舱域控制器（Cockpit Domain Controller，CDC）负责人机交互（HMI）和智能座舱相关（甚至整合T-Box）功能的实现。

域控制器EEA的骨干网采用车载以太网实现。VDC需要更多的算力，因此除了提供MCU外，往往还有一个多核ARM内核作为微处理器单元（MPU）。

大众 MEB E3 架构中车辆控制域（ICAS1）与智能座舱域控制器（ICAS3）的连接示意图如图 1.6 所示。

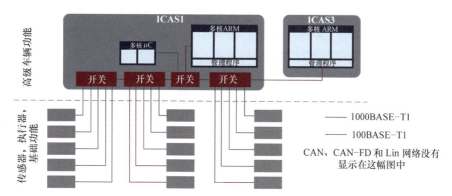

图 1.6　大众 MEB E3 架构示意图

1.3.3　拓扑架构集中的趋势及其演变

按照功能来进行划分的"功能域"最大的问题在于同一个域内的零部件可能分布在整车四周，也就是说功能域和空间布置不重合，因此造成连接域内部件往往需要线束在车内往返。为此，特斯拉汽车推出了"区域（zone）控制器"的概念，以 Model 3 电子电气架构为例（图 1.7），中央计算模块（Central Computing Module，CCM）直接整合了 ADAS 和信息娱乐系统（In-Vehicle Infotainment，IVI）两大域，直接跨域控制实现区控制，也就是多域控制，将对于运算需求较高的不同功能电子单元布置在一个区域内，通过提升单个区域控制器的运算能力来解决整车算力的高要求。

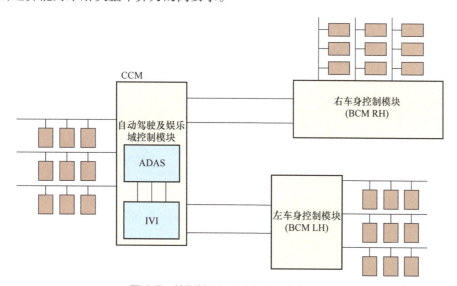

图 1.7　特斯拉 Model 3 电子电气架构

特斯拉 Model 3 的电子电气架构按照车辆的位置对车辆系统控制进行了区域划分，只有 CCM、左车身控制模块（Body Control Module Left，BCM LH）和右车身控制模块（Body

Control Module Right，BCM RH）三部分。各控制器之间通过共享总线系统进行通信，及时将监测到的车辆信息反馈给 CCM，保证与各控制器及 CCM 模块之间的实时通信。

CCM 将信息娱乐系统、辅助驾驶系统和车内外通信三部分整合为一体，其上运行着 x86 Linux 系统。CCM 模块主要作为整车的决策中心，负责处理所有智能辅助驾驶相关的传感器，同时对与其相连的主要控制器进行数据处理、决策仲裁。BCM LH 负责车身便利系统，包括转向、助力、制动等，BCM RH 负责底盘安全系统、动力系统、热管理等。

这种拓扑的优势主要有：

1）算力集中化：可以真正地实现硬件标准化和软件开发重复利用，既实现供应商可替代，也可以大大缩短软件迭代周期，同时为日后第三方软件开发扫清了障碍。车辆成为移动的智能终端，同时大量计算工作可以集中至车载中央处理器甚至云端，减少了内部冗余，使车联网协同成为可能。

2）内部结构简化：车载以太网开始取代 CAN 总线结构，半导体层面的高度集成使得特斯拉可以精简内部线束结构，这样的控制器布置简化了线束，提高了系统效率，而线束结构的精简可以进一步降低成本、提高效率和可靠性。

3）服务附加值提升：实现整车空中下载（Over The Air，OTA）功能后，特斯拉可以通过系统升级持续改进车辆功能，软件在线更新一定程度上替代了传统 4S 店的功能，可以持续提供车辆交付后的运营和服务。传统汽车产品交付就意味着损耗和折旧的开始，但软件 OTA 赋予汽车更多生命力，带来更好的用户体验。

丰田的 Zonal-EEA 在硬件上通过 ECU 的集成来降低控制器成本，在软件上使用基于 Adaptive AUTOSAR 和 Classic AUTOSAR 的 SOA 架构，实现便捷的软件迭代和功能的可扩展性；在线束上，大幅度减少线束长度，降低线束设计复杂度，减重降本；在安装空间上，集中化的架构减少了 ECU 数量和线束长度，为后续迭代预留空间，如图 1.8 所示。

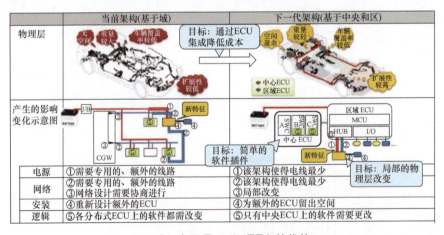

图 1.8 丰田 Zonal-EEA 的优势

Zonal-EEA 有几个关键组成，包括车载中央计算机（Vehicle Central Computer，VCC）、区控制器（Zonal ECU，ZCU）、环形链接的以太网 TSN 组成的主干网及 CAN/LIN/10BaseT1s 区内网、双电源冗余供电及区域内智能分级供电，如图 1.9 所示。

做个简单的对比，传统汽车分布式 EEA 就是"计算的分布式，供电的集中式"，而 Zonal-EEA 就是"供电的分布式，计算的集中式"。Zonal-EEA 不仅能将计算资源集中，便于软硬件分离,也给整车各个控制器的电源管理带来很多想象力。

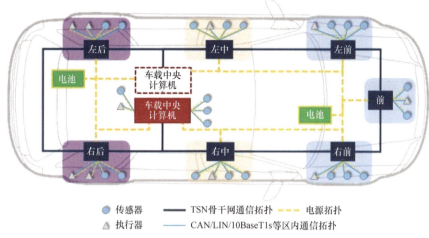

图 1.9 Zonal-EEA 示意图

基于 Zonal-EEA 的通信方式会从面向信号的通信(如 CAN/CAN-FD)切换到面向服务的通信(如以太网及以太网 TSN),便于 SOA 架构在车辆上的实现。

在目前的设计与规划中,区域控制器的功能可以分为三大部分:

1)区域供电中心:负责区域内用电器的供电与用电管理,量化用电行为,提高用电效率与安全性。联合电子汽车有限公司设计的区域架构中,区域控制器由两路整车电源进行独立供电,并作为二级电源分配节点,给对应区域内下级控制器/传感器与执行器提供电源与供电管理,同时与智能电网管理模块产品配合设计供电架构,构成一套完整的、可以适应不同自动驾驶等级的、灵活的供电方案。

2)区域信息中心:需要在区域内负责通信管理与信息转发,缩短信息通路,提高通信效率与安全性。区域控制器承担了区域信息中心或网关部分功能,目前主流车型现有通信需求使用 CAN-FD 已能满足。当有功能安全需求时,可以通过预留的私有 CAN 进行备份。考虑到面向 SOA 的需求,区域控制器也需设计以太网接口进行大带宽通信。

3)区域功能与驱动中心:集成区域内的功能模块,标准化硬件 I/O 的采集与驱动,提高扩展性与通用性。作为区域的 I/O 中心存在,区域控制器不仅将逐步集成原先功能单一的节点,而且也将在软件向计算中心集中的过程中,扮演底层服务提供者这样重要的角色。同时,新的应用软件将根据功能策略、分层功能时延与区域同步性、代码复用率、功能可能的迭代速率、功能安全这几个维度的相关判断原则,进行功能的重新划分。功能划分后,将会把分配在区域控制器中的软件模块进行原子或基础服务的封装,通过 SOME/IP 协议供计算中心调用,为计算中心实现新的复杂功能或特性提供软硬件基础。

1.3.4 集成式与分布式的对比

在系统设计过程中,划分功能块主要有集成式和分布式两种方法:在集成式方法中,许多功能块被设计集成在一个 ECU 中;在分布式方法中,一个 ECU 只包含了少数功能块。为了实现相同的功能,集中式设计方法将包含更少的 ECU 和更简单的通信网络,这种设计思路,也导致了硬件的同质化。

假使所有汽车均具备相同的硬件配置，那么如果让一些功能由软件激活，未激活功能仍然可以作为可选项进行销售，留待未来空中下载或激活。也就是说，汽车功能的差异主要通过软件来实现，这也造成了"软件定义汽车"这一说法的产生，但是这样的前提是硬件需要超前配置，即用硬件的高配来适应软件的灵活性，这也体现了摩尔定律驱动下硬件成本逐年下降，但软件成本却没有这样的趋势，因此开发的重点转向了软件。

集成式设计和分布式设计对比见表 1.1。

表 1.1 集成式设计和分布式设计对比

对比内容	集成式设计框架	分布式设计框架
ECU	数量更少，但更加复杂、体积更大的 ECU	数量更多，但相对简单、体积更小的 ECU
车内网络	车内网络连接更少，车内网络相对简单	车内网络连接更多，车内网络相对复杂
车辆功能	能够对所有车辆提供相同的功能	车辆的功能有更好的可扩展性
供应商	供应商较少，对于集成商而言不利	每一种 ECU 都有不同的供应商可供选择
成本	若顾客愿意为所有功能买单，成本相对更低	若大多数顾客都要求所有的功能，则成本相对更高

通过以上对比可以看出，集中式 EEA 可带来如下好处：

1) 计算性能：分布式 EEA 使用嵌入式控制器，MCU 的主频在 80M ~ 300MHz，计算性能提高空间有限；而域控制器采用 MCU+MPU 架构，能提供高计算性能和硬件加速能力。

2) 通信带宽：分布式 EEA 主要基于 CAN 总线通信，带宽在 1M ~ 5Mbit/s；集中式 EEA 由以太网主干网络提供 100Mbit/s ~ 1Gbit/s 的高带宽和灵活的通信机制。

3) 软硬件耦合程度：分布式 EEA 的硬件和软件集成，软件分散在多个嵌入式控制器，难以实现升级更新；集中式 EEA 的软硬件分离，车辆层级软件集中在域控制器，能实现便捷的软件在线升级、硬件可更换升级以及传感器的可拓展性，达到软件定义汽车的目标。

4) 数据交换：分布式 EEA 通过信号交互实现跨域功能，跨域功能增加会带来信号大幅增加；集中式 EEA 中央化协调跨域功能，大部分数据交换发生在域内，能有效减少信号传输，减少了 ECU 内部来自中央网关的通信，实现了资源的更高效利用。

5) 软件架构：分布式 EEA 使用 Classic AUTOSAR 的软件架构，而集中式 EEA 可采用基于 Adaptive AUTOSAR 和 Classic AUTOSAR 的混合软件架构，兼顾了实时控制和高性能信息处理，并使软件的组织更加明晰。

6) 设备安装：中央集中式电子电气架构逐步减少了控制器、ECU 的数量和线束长度，为后续固件升级预留了更多的空间。

综上所述，功能域控制器将进一步发展形成车载计算中心，在硬件层面提高了可扩展性、提高了通信效率、减少了线束长度（重量），I/O 等硬件资源将被重新规划，打破原有功能边界，按照区域划分，形成区域控制器，完成功能域架构向整车集中式架构进化，实现了真正意义上的软硬件解耦，为将来"软件定义汽车"奠定了基础，也为未来大量计算和存储能力向云端迁移奠定了基础。

1.3.5 汽车电子拓扑架构演进路线

图 1.10 所示为博世公司提出的汽车电子电气架构发展阶段，第一阶段为分布式电子电

气架构，是目前绝大多数以内燃机为动力的主机厂所采用的；第二阶段为域控制器电子电气架构；第三阶段为中央计算电子电气架构。

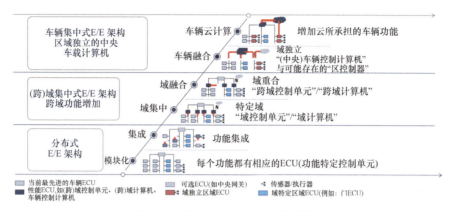

图 1.10　汽车电子电气架构发展阶段

自动驾驶要求更高的算力和更多的传感器件，互联网技术（5G+）形成了车云高速互联的通道，通信网络带宽足够宽，通信延迟足够低，加快了电子电气架构的演进。汽车电子将以服务为导向，把更多的功能集成到一个或几个高性能的计算单元，为软件提供高性能实时计算平台。在这样一个大的理念下，将催生真正的汽车大脑——超级中央计算机，也叫作车载计算平台、车载计算机以及服务器，汽车将成为一个整体计算平台，能够执行复杂的软件功能，就像在服务器上运行那样。这让主机厂可以独立于硬件来开发软件功能，成为预定义功能的应用软件和第三方软件及服务平台，凭此可实现新的移动概念，并且在不升级硬件的情况下，升级软件和安全功能，增强终端用户体验。

综上所述，汽车电子架构的演进从本质上来说是两个基因链的混合：一个是来自汽车电子，或者说是汽车电子控制，其特征是分布式的实时控制；另一个来自互联网，其特征是高性能计算、高带宽互联及云－管－端架构，云通过高速的管向端赋能。随着智能化和电动化的进一步发展，域控制可以进一步相互集成，形成以车身、底盘和动力总成控制为一体的运动控制域以及以交通信息处理交换为一体的智能驾驶域两大核心域控制器。这两大核心域控制器与汽车电子电气架构的信息处理层、嵌入式系统控制层相对应，也与滑板式底盘的概念和智能座舱的概念相对应，进一步发挥汽车电子在未来智能电动汽车中的重要作用。

1.4　汽车电子硬件架构及实例

硬件架构主要体现在芯片级和控制器级。在芯片级，最典型的特征是使用多核处理器，并在多核处理器的基础上构建算力中心，引发这一趋势的动力在于：

1）控制器集中化的需求：随着 ADAS、自动驾驶、智能座舱等应用场景对域控制的需求及未来中央计算机的出现，需要计算能力更强大的硬件来支持越来越复杂的软件功能。

2）大规模并行计算的需求：某些功能的输出计算需要多个输入要素在相同时间片内执行并在同一时刻输入该功能模块。

3）系统快速响应能力的需求：对时间要求特别高的中断处理需要单独在一个核上运行，而周期性任务则放到另外一个核上运行，从而提高整个系统的响应能力。

基于以上因素，原来面向高性能消费电子的处理器技术正在引入汽车，为汽车电子系统提供新的处理器平台，并基于这些处理器将动态 OS 及大规模数据处理算法构成一个算力中心，如图 1.11 所示。

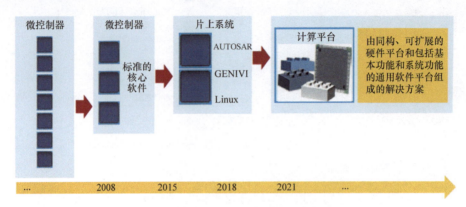

图 1.11　高性能处理器平台将为汽车电气架构提供新的集成平台

1.4.1　芯片级架构

车用电子芯片器件主要包含 MCU、MPU、各类电源、有线及无线通信、AD/DA、传感器、功率半导体（IGBT、MOSFET 等㊀）等。近年来随着车辆智能化水平提高，智能网联汽车用半导体器件如互补金属氧化物半导体（CMOS）图像传感器、激光雷达、毫米波雷达等传感器类芯片也得到了快速的发展，像素及点云级的感知导致了数据量的暴增。

计算机体系中主要包括处理器和存储器，其中中央处理器（CPU）是最为核心的部件，其功能主要是解释计算机指令以及处理计算机软件中的数据。中央处理器主要包括控制器和运算器，其中还包括高速缓冲存储器及实现它们之间联系的数据和控制总线。

处理器的实现方式从早期的机械式到继电器式、电子管式，最终随着半导体技术快速发展起来。集成电路进步带来的计算机系统集成程度提高的结果是，原来由多片分立的元件组成的计算机系统向高度集成化发展，多个芯片/元件的功能向一颗芯片集中，且密度越来越大，以摩尔定律的方式指数级增长。

处理器架构设计的迭代更新以及集成电路工艺的不断提升促使 CPU 不断发展完善，从最初专用于数学计算到广泛应用于通用计算，从 4 位到 8 位、16 位、32 位处理器，直至今天的 64 位处理器，从各厂商互不兼容到不同指令集架构规范的出现，CPU 自诞生以来一直在飞速发展。随着应用领域的不同，CPU 逐渐发展出来几个分支，包括 MCU、MPU、数字信号处理器（Digital Signal Processor，DSP）、图像处理器（Graphics Processing Unit，GPU）等。

1. MCU

MCU 主要完成"控制"相关的任务，也就是根据外界的信号（刺激），产生一些响应，做一点简单的人机界面。对于这种需求，通常不需要芯片主频太高。如早期 8051 系

㊀　IGBT 是"绝缘栅双极型晶体管"的简称；MOSFET 是"金属氧化物半导体场效应晶体管"的简称。

列的主频不过十几兆赫兹，12个周期执行一条指令，经过多年的升级和改进，主频达到了 100MHz。MCU 处理能力不用太强，8 位的 MCU 长期是微控制器的主流，后来 16 位的 MCU 逐步开始占领市场，而随着 ARM 等 32 位 MCU 的出现，采用 ARM 的 M 系列的 MCU 也开始逐步扩大市场，以 ST、NXP 公司的产品为主要代表。但是这些 ARM 系列 MCU 的主频一般也是在几十兆赫兹到 100MHz 的量级。

由于执行控制相关任务，通常不需要支持复杂的图形界面和大规模数据处理能力，一般对于存储器的容量要求也比较低。在 MCU 上完成的任务大多数是一些时序逻辑及闭环控制任务，而且任务类型单一，任务执行过程比较确定，通常不需要运行大型操作系统来支持复杂的多任务管理，即使需要操作系统，一般也是配置小型实时操作系统（Real Time Operating System，RTOS）。

2. MPU

MPU 就是能够执行"处理"功能的微型器件，"处理"的对象是数据或信息，也就是说，处理器本身都需要较为强大的数据处理和计算能力。

传统主流的处理器就被称为中央处理器（Central Processing Unit，CPU），目前也常被称为通用处理器（General Purpose Processor，GPP）。CPU 出现于大规模集成电路时代，处理器架构设计的迭代更新以及集成电路工艺的不断提升促使其不断发展完善。从最初专用于数学计算到广泛应用于通用计算，从各厂商互不兼容到不同指令集架构规范的出现，CPU 的分类还可以按照指令集的方式将其分为精简指令集计算机（RISC）和复杂指令集计算机（CISC）。RISC 指令长度和执行时间恒定，CISC 指令长度和执行时间不一定。RISC 指令的并行执行程度更好，并且编译器的效率也较高。CISC 指令则对不同的任务有着更好的优化，代价是电路复杂，且较难提高并行度。典型的 CISC 指令集有 x86 微架构，多用于 PC、服务器等场景，典型的 RISC 指令集有 ARM 微架构，多应用于手机等移动计算场景。

从 MPU 的基本定位可知，一般需要在处理器上面运行较大型的操作系统来支持实现复杂的任务处理，这就决定了 MPU 应该具备比较高的主频和较为强大的运算能力，MPU 很早就演进到了 32 位处理器，现在更是开始普及 64 位。现在 MPU 领域具有影响力的 ARM 公司一开始就定位要做 32 位，早期产品 ARM 9 系列 MPU 频率就在 200 ~ 400MHz，现在手机上使用的高端 MPU 主频更是到达了 3GHz，与主流的桌面处理器是一个级别。另外，与通用的桌面处理器一样，MPU 现在也普遍实现"多核化"。

为了在 MPU 上运行比较复杂的、运算量大的程序和任务，通常需要有大容量的存储器来配合，主要是大容量的双倍速率同步动态随机存储器（DDR）和 FLASH。然而，大容量的存储器难以被集成到以逻辑功能为主的 MPU 内部，为了支撑运行复杂操作系统和大型程序，往往还需要 MPU 中集成高性能的存储控制器、存储管理单元等一整套复杂的存储机制和硬件。

3. DSP

DSP 是一种专门为了数字信号处理而生的专用领域的处理器。例如数字滤波器的实现中，需要做一系列的点积，使得为此设计的器件必须提供专门的硬件电路级支持。在通用处理器（GPP）中一般用多个指令周期来做一次乘法，而 DSP 处理器使用专门的硬件来实现单周期乘法这种特殊需求。为了充分体现专门乘法－累加硬件的好处，几乎所有的 DSP

的指令集都包含有显式的 MAC 指令，它可以在单周期内取两个操作数相乘，并将结果加载到累加器，有的 DSP 还具有多组 MAC 结构，可以并行处理。DSP 处理器还增加了累加器寄存器来处理多个乘积的和，累加器寄存器通常比其他寄存器宽以避免溢出。这些特殊要求促成了 DSP 器件与 GPP 的分流。DSP 分为定点和浮点计算两类，在汽车应用中，面向物理信号的数字的滤波和电机控制等领域定点 DSP 用途比较广泛，定点 DSP 比起浮点 DSP 廉价，单纯定点运算速度更快。

在存储器结构上，大多数 DSP 采用了哈佛结构，将存储器空间划分成两个，分别存储程序和数据，它们有两组总线连接到处理器核，允许同时对它们进行访问。这种安排将处理器存储器的带宽加倍，更重要的是同时为处理器核提供数据与指令，在这种布局下，DSP 得以实现单周期的 MAC 指令。

4. GPU

GPU 又称为视觉处理器、显示核心、显示芯片等，是一种专门在个人计算机、工作站、游戏机和一些移动设备（如平板计算机、智能手机等）上做图像和图形相关运算工作的微处理器，GPU 使显卡减少了对 CPU 的依赖，并承担部分原本 CPU 的工作，尤其是在 3D 图形处理时 GPU 所采用的核心技术。

从芯片架构上，GPU 和 CPU 的区别在于存在于片内的缓存体系和数字逻辑运算单元的结构差异。CPU 虽然有多核，但总数没有超过两位数，每个核都有足够大的缓存和足够多的数字和逻辑运算单元，并辅助有很多加速分支判断甚至更复杂的逻辑判断的硬件；GPU 的核数远超 CPU，被称为众核（NVIDIA Fermi 有 512 个核），每个核拥有的缓存大小相对小，数字逻辑运算单元也少而简单，从结果上导致不如 CPU 擅长处理具有复杂计算步骤和复杂数据依赖的计算任务。GPU 由于历史原因，是为了视频游戏而产生的，在三维游戏中常常出现的一类操作是对海量数据进行相同的操作，GPU 的众核架构非常适合把同样的指令流并行发送到众核上，采用不同的输入数据执行。

近年来，由于互联网积累的数据越来越多，数据驱动的人工智能技术具有了越来越大的应用场景的崛起，加之 GPU 具有强大的并行浮点运算能力，能支持高速的图像处理，GPU 变身成为人工智能学习和训练的极佳选择。而在汽车应用上，由于点云及像素级数据的大量应用、驾驶场景的极大丰富，GPU 将在智能驾驶时代来临之时发挥巨大作用。

5. EEA 演进与芯片架构转移

在分布式 EEA 阶段，各个 ECU 只连接特定的传感器和执行器，ECU 的主要工作是提供 I/O 资源和网络接口，并进行实时控制。即使 ECU 需要运行操作系统，一般也是短小精悍的实时操作系统。在这个阶段，ECU 并不需要特别强大的算力和巨大的存储空间，使用普通的车规级 MCU 芯片即可满足需求，而在集中式 E/E 架构下，新增的域控制器被集成了更多的功能，主控芯片若要与其职能相匹配，则算力必须随之提升，也就是说，汽车的处理器从 MCU 阶段走向了 MCU 与 MPU 共存的阶段。

从运算器和运算能力来看，MPU 的电路设计相对 MCU 较为复杂，主频更高，运算能力更强，当然功耗也更大。从存储器来看，MCU 一般使用片内 FLASH 来存储和执行程序代码，MPU 将代码存储在外部 FLASH 中，上电后将代码搬运至随机存取存储器（RAM）中运行，因此 MCU 的启动速度更快。MCU 虽然也可以将代码运行在 RAM 中，但是内部

RAM 容量小，使用外部扩展 RAM 的速度相对内部也较慢。MPU 的主频相对较高，外接的内存也一般是 DDR3、DDR4 这种速度比较快的，适用于运算比较复杂的，需要配置专门的内存管理单元。从外围接口来看，MCU 集合了 FLASH、RAM 和一些外围器件，而 MPU 的 FLASH 和 RAM 则需要设计者自行搭建，当然 MCU 也可以外扩。此外，MCU 也集成了大量的 DIO、AD、PWM 等硬件接口，便于嵌入式场景下传感器数据采集和驱动执行器。从操作系统来看，MCU 不能运行 Linux 这种级别的操作系统，无法运行大型多进程程序，只能运行 RTOS 小型操作系统，该类型操作系统下多任务类似于多线程。

一般而言，MCU 偏向于低成本低功耗，MPU 趋向于高性能。目前，MCU 和 MPU 的界限在逐渐模糊，MCU 的主频也在不断提高，外设不断增加。在远程控制、消费电子或对实时要求高的场合，MCU 使用得更多一些；在有大量计算、高速互联或是图形交互要求高的地方，使用 MPU 多一些。根据要求也可以使用 MCU 和 MPU 配合，现在很多芯片是同时具有 MCU 和 MPU 的多核，更方便设计者使用。

MPU、MCU、DSP 等处理器的区别本质上是因为应用定位不同，为了满足不同的应用场景而按不同方式优化出来的。随着技术的不断演进，以上产品形态会发生一系列的变化和衍生。因此，这些技术名词既要从其出现的原因去理解，也要从架构角度理解。

当 EEA 发展到集中式阶段时，开始使用域控制器对某一个功能域进行集中控制，在域控制器中，大量 ECU 被功能性整合，原有分散的硬件可以进行信息互通及资源共享，硬件与传感器之间也可实现功能性的扩展，而域控制器作为汽车运算决策的中心，其功能的实现主要依赖于主控芯片、软件操作系统、中间件、算法等多层次软硬件之间的有机结合。同时，为了赋予汽车更高级别的智能化功能，域控制器需要处理由传感器传来的环境信息，其中涵盖了海量的非结构化数据，这就导致面向控制指令运算的 MCU 芯片难以满足复杂的运算。相比之下，SoC 解决方案引入了 DSP、GPU、神经处理单元（Neural Processing Unit，NPU），使其不仅拥有控制单元，还集成了大量的计算单元，从而能够支撑多任务并发及海量数据的处理，这种组合可以同时在实现实时和低功耗处理的同时提供高性能计算，如 NXP 已经开始推出主频在 1GHz、带强大运算能力的系统级片上集成式 MCU。

MCU 与 SoC 混合芯片对比见表 1.2。

表 1.2 MCU 与 SoC 混合芯片对比

对比	MCU	SoC
定位	单片机，常用于执行端	系统级芯片，常用于 ADAS、IVI、域控制等
典型构成	CPU+ 存储（RAM/ROM）+ 接口（IO Pin）	CPU+ 存储（RAM/ROM）+ 较复杂的外设 +DSP/GPU/NPU 等
带宽	多为 8bit、16bit、32bit	多为 32bit、64bit
RAM	MB 级别	MB 级别到 GB 级别
额外存储	KB 级别到 MB 级别（Flash，EEPROM）	MB 级别到 TB 级别（SSD，Flash，HDD）
单片成本价格	便宜（0.1～15 美元/个）	较贵（IVI 10 美元左右，ADAS 超 100 美元）
常见厂商	瑞萨、意法半导体、Atmel、Infineon、Microchip 等	Intel、NVIDIA、特斯拉、华为、地平线、寒武纪、全志科技等
复杂度	低	高
运行系统	较简单，一般不支持运行多任务的复杂系统	支持运行多任务的复杂系统（如 Linux 等）
组成部分	控制单元	控制单元、AI 单元、计算单元
运算单位	DMIPS，每秒百万条指令	TOPS，每秒万亿次操作

1.4.2 控制器级架构

硬件架构是实现功能逻辑的硬件选型与接口设计，包括实现功能逻辑架构的输入传感器、输出执行器的选型，以及执行功能逻辑算法的控制器硬件要求。目前的控制器级硬件架构中，上层中央计算平台负责主要的算力，这些主要由原始设备制造商（OEM）内部开发，这些平台可提供高性能并满足最高的安全要求，集成供应商的 ECU 主要用于部署对时间要求严格的功能，如需要直接访问传感器或执行器。

域控制器作为一种智能硬件，为了完成复杂的 AI 计算和智能控制，硬件层面需要承担环境感知和深度学习等大算力需求的 AI 处理芯片、负责控制决策和逻辑运算的 CPU、负责功能安全和车辆控制的 MCU；软件层面包括操作系统、中间件以及应用层 AI 算法；除此之外还需要各类接口，如摄像头需要的 MIPI SI-2、LVDS、GMSL、FPDLink 等，激光雷达和 V2X 模块采用的以太网（Ethernet）接口，毫米波雷达的 CAN 接口，超声波雷达的 LIN 接口，组合导航和惯导常见的 RS232 接口。

域控制器处理器硬件层面可以分为三种芯片：其一是 GPU 或张量处理单元（Tensor Processing Unit，TPU），承担大规模浮点数并行计算需求，主要用于环境感知和信息融合，包括摄像头、激光雷达等传感器信息的识别、融合、分类等，如 Xavier 的 GPU 单元、昇腾 310；其二大多为 ARM 架构的 CPU，主要负责逻辑运算和决策控制，处理高精度浮点数串行计算；其三主要负责可靠性和车辆控制 MCU，主要起高功能安全控制和冗余监控作用，不要求很高的算力，但是可靠性必须有保障，ISO 26262 等级要求达到 ASIL-D，目前用得较多的是 Infineon TC 297 或者 TC397。

但目前的车载控制器硬件发展的主要方向是域控制器和整车控制器，几种典型的集中式控制器的实例介绍如下。

1. 特斯拉 Autopilot AP3.0 控制器（表 1.3）

表 1.3 特斯拉 Autopilot AP3.0 控制器

芯片类型	芯片型号	品牌	数量	备注
LPDDR4	8BD77D9WCF	Micron	8	Low Power Double Data Rate SDRAM
GPS	NEO-M8L-01A-81	U-BLOX	1	
通用闪存存储（UFS）	THGAF9G8L2LBAB7	Toshiba	2	车规标准 UFS
供电	MAX20025S	Maxim	2	开关型 DC 电源
解串器	DS90UB960	TI	2	
解串器	DS90UB954	TI	1	
MCU	TC297T	Infineon	1	ASIL-D，3 核
Boot 启动	S512SD8H21	Cypress	1	
以太网交换机	88EA6321	Marvell	1	Marvell 第一代以太网交换机
以太网 PHY	88EA1512	Marvell	2	
全自动驾驶系统（FSD）	UBQ01BO	Tesla	2	

LPDDR（Low Power Double Data Rate SDRAM）是 DDR SDRAM 的一种，又称为 mDDR（Mobile DDR SDRM），是移动设备上使用最广泛的工作记忆内存。

FSD 的 GPS 模块是 NEO-M8L-01A-81，水平精度圆概率误差（Circular Error Probable，CEP）为 2.5m，有广域差分增强系统（SBAS）辅助下是 1.5m，接收 GPS/QZSS/GLONASS/北斗信号。冷启动为 26s，热启动为 1s，辅助启动为 3s，内置简易 6 轴 IMU，刷新频率为 20Hz。

UFS 采用 THGAF9G8L2LBAB7，车规级标准 UFS，AEC-Q100 2 级标准，容量为 32GB。

MAX20025S 是开关型电源稳压器，给内存供电。

特斯拉的 PCB 右边从上到下依次是视场角（FOV）摄像头、鱼眼环视摄像头、A 柱左右摄像头、B 柱左右摄像头、前视主摄像头、车内驾驶员监测系统（DMS）摄像头、后摄像头、GPS 同轴天线；左边从上到下依次是第二供电和 I/O 接口（车身 LIN 网络等）、以太网诊断进/出、调试 USB、烧录、主供电和 I/O（底盘 CAN 网络等）接口。

特斯拉用了 3 片 TI 的 FPD-LINK，也就是解串器芯片。解串器芯片都是配对使用，加串行一般在摄像头内部，解串行在 PCB 上。解串器拥有 4 条 Lane，如果是 MIPI CSI-2 端口，每条 Lane 带宽可以在 400Mbit/s～1.6Gbit/s 之间设置。

特斯拉的两片 FSD 是加强算力，而非是一片做冗余系统。出于安全角度，L4 级无人驾驶需要一个冗余处理器，802.1CB 的作用就是建立主处理系统和冗余处理系统之间的通信机制。802.1CB 是两套系统间的冗余，芯片之间的冗余还是多采用高速串行计算机扩展总线标准（PCIE）交换机的多主机 fail-operational 机制。

2. 英飞凌（Infineon）域控制器解决方案

（1）底盘域控制器（CDC）的功能分布（图 1.12）

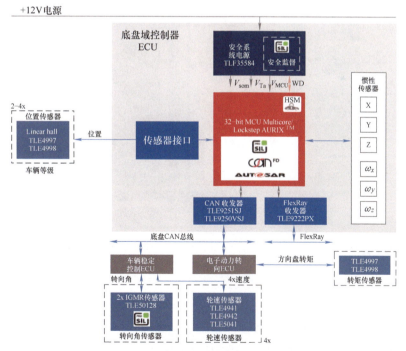

图 1.12 底盘域控制器的功能分布

英飞凌的底盘域控制方案提供了高性能、可扩展的安全计算平台，包括传感器群集及其所有多轴惯性传感器。通过域控制器可以实现高性价比 GPS 和惯性传感器信号融合，以及车辆动态模型的高性能安全计算。底盘域控制单元能够协调车身稳定控制系统（VSC）、半主动悬架和驱动系统等功能的方案，在需要带转矩矢量控制的四轮驱动上有较好的应用前景。

TriCore™ AURIX™ 底盘域控制器能够达到 ASIL-D 安全级别，具有时钟延迟的多样性锁步技术，能够降低软件开销。可扩展的多核系统和创新的封装技术支持不同来源的具有混合关键级别的软件集成，从而允许在统一平台上无缝托管多个应用程序和操作系统。

TriCore™ DSP 芯片级别，其主频是 300MHz，六核，支持所有内核的浮点和定点运算，内部 RAM 为 6.9MB，通信外围设备有 CAN、LIN、FlexRay、Ethernet。此外，其具有 5V 及 3.3V 单电源、外部存储器接口。功能安全等级符合 ISO 26262 ASIL-D 级要求，硬件上支持 AUTOSAR 4.x 的可用性。

在 ECU 系统级别，还具有以下重要功能：与 FlexRay 和以太网通信、集成 FPU、灵活的直接存储访问（Direct Memory Access，DMA）单元、闪存和 RAM 可扩展、外围设备可扩展性、系统低功耗设计等。

（2）车身域控制器（BDC）的功能分布（图 1.13）

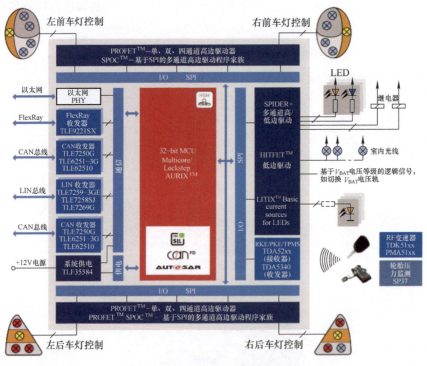

图 1.13　车身域控制器的功能分布

车身域控制单元应用包括内部和外部照明系统、继电器控制、电源控制和其他舒适功能，如车门和刮水器控制。中央网关管理所有内部网关接口（即电机管理、车内娱乐、仪表板或便利控制）以及与用于售后软件更新的外部接口。

在芯片级别，可以采用从单核到多核的系列 MCU，支持嵌入式带电可擦可编程只读存储器（EEPROM），支持 CAN、LIN、SPI、FlexRay、Ethernet 通信，允许针对多个应用程序进行无相互干扰的软件开发。

在 ECU 级别，符合 ISO 26262 功能安全规范，可支持 ASIL-D 的安全要求，低功耗设计，具备 AUTOSAR 4.x 的可用性。

3. 伟世通 SmartCore 座舱域控制器

2018 年，伟世通在量产车型上首次推出了第一代 SmartCore 座舱域控制器；在 2021 年的上海车展上首次亮相的吉利全新 SUV 星越 L 搭载了 SmartCore 座舱域控制器，这是该域控制器首次搭载在量产车型上。SmartCore 座舱域控制器首次采用第 3 代高通骁龙汽车数字座舱平台，并搭载于亿咖通科技智能座舱系统。SmartCore 整合了车内多屏显示环境，实现了涵盖仪表信息、资讯交互、后排娱乐、信息安全以及车载信息系统的舱内联动。SmartCore 能够独立操作座舱内的多个显示屏和应用程序，在保障驾驶安全的同时，提供多样化的信息和娱乐服务，可在多个显示域实现 HMI 无缝连接，包括全数字仪表、信息娱乐、后座信息娱乐、环视摄像头，以及车内感知，包括驾驶员监控和面部识别。

1.5 本章小结

汽车电子与软件架构主要体现在拓扑与通信架构、硬件架构、软件架构方面。拓扑架构将从分布式向域控制器/集中式发展，汽车处理器将从 MCU 向 MCU+MPU 一体化发展，并将集成更加异构和更加强大的算力；汽车通信网将从 LIN/CAN 总线向车载以太网发展；汽车的软件架构将逐步实现分层解耦。

本章首先简要介绍了什么是汽车电子与软件架构，并分析了汽车电子与软件拓扑架构由分布式架构到域集中式架构的发展，并进一步演进为中央集中式架构的动因及必要性。本章还着重介绍了硬件的芯片及架构和域控制器的架构，后续章节将分别介绍通信架构和软件架构。

思 考 题

1-1 智能电动汽车如何影响汽车电子的发展？
1-2 什么是汽车电子电气架构（EEA）？
1-3 汽车电子与软件架构包括哪些部分？
1-4 传统的分布式汽车电子架构在智能电动汽车时代面临哪些挑战？
1-5 目前在集中式的汽车电子拓扑架构中主要分为哪些功能域？各自有什么功能？
1-6 功能域控制器有什么不足？为什么会有区域控制器？
1-7 汽车电子硬件架构包括哪两部分？

第 2 章　车载通信网络

随着电子技术广泛应用于汽车中，车辆中使用的电子控制单元越来越多，线路也越来越复杂。现在的汽车电子控制系统具有信息共享、综合控制、智能操作等要求，需要在短时间内完成大量信息的传输和接收，这就要求网络系统具有高带宽、低时延、高可靠性和高利用率，因此，需要汽车车内网络来满足日益增长的汽车内部通信需求。汽车通信网络从CAN 总线到以太网，经历了漫长的发展过程，并逐渐具备了通信系统完备的要素，特别是以太网形成了车用以太网技术体系，具备了时间敏感网络通信的核心技术。通信已经成为汽车电子架构中最为核心的技术内容，并在以太网应用层协议的基础上演变出了通信中间件的概念，奠定了汽车电子跨平台面向服务的软件系统的基础。

2.1　车载通信网络概述

2.1.1　通信网络的基本概念

网络协议是网络上所有设备（网络服务器、计算机及交换机、路由器、防火墙等）之间通信规则的集合，它规定了通信时信息必须采用的格式和这些格式的意义。

现代网络采用分层的体系结构方法，就是将网络按照功能分成一系列的层次，每一层完成一个特定的功能，相邻层中的高层直接使用低层提供的服务来实现本层的功能，同时它又向它的上层提供服务。每一层既建立在它的下层之上，又向它的上一层提供一定的服务，而把如何实现这一服务的细节对上一层加以屏蔽。

网络分层的好处是各层之间相对独立，其功能实现的具体细节对外是不可见的（"透明"），相邻层间的交互通过接口处规定的服务原语（交互时所要交换的一些必要信息）进行，这样每一层的功能易于实现和维护。而当某一层需要改动时，只要不改变它与上、下层的接口规则，其他层次都不受影响，因此具有很大的灵活性。这种思维模式与面向对象的程序设计是一致的，一层就是一个对象，服务实现的细节完全封装在层内，因此，各层之间具有很强的独立性。

国际标准化组织（ISO）提出的开放式系统互联通信（Open System Interconnection，OSI）参考模型将网络系统结构划分为 7 层，从下到上依次是物理层、数据链路层、网络层、传输层、会话层、表示层和应用层，如图 2.1 所示。然而实际中，使用的网络协议与这个参考模式都多多少少有些差异,也就是说,这种层次结构并不是严格和必需的,而是视实际需要而定的。例如,主宰互联网的 TCP/IP 体系就只划分为应用层、传输层、网络层(TCP)和网络接口层(IP),在 TCP/IP 设计时与具体的物理传输媒体无关,因此在该标准中并没有对最低两层做出规定,这也是 TCP/IP 协议可以运行于当前几乎所有物理网络之上的原因。

1. 物理层

物理层(Physical Layer)的作用是在物理传输媒体上传输各种数据的比特流,而不管数据的类型和结构如何。这一层除了规定机械、电气、功能、规程等特征外,主要考虑的问题还有以下几点。

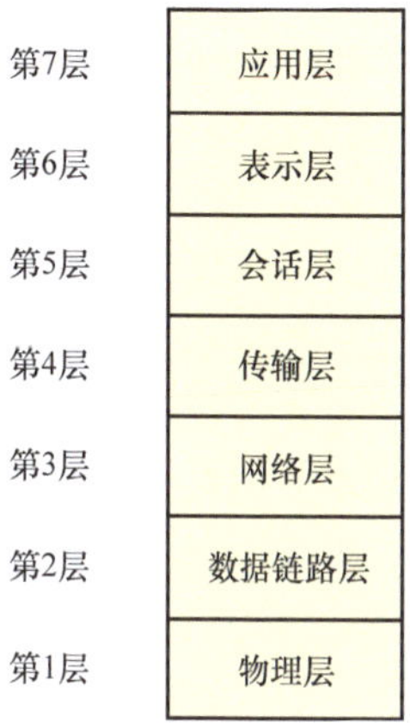

(1)传输速率

这里有波特率(每秒传输的码元数)和比特率(每秒传输的二进制位数)之分。如果一个码元只携带一个比特的信息量,则波特率和比特率在数值上相等。

(2)信道容量

信道容量即信道能支持的最大数据传输速率,它由信道的带宽和信噪比决定。

(3)传输媒体

传输媒体也就是传输电信号的物理介质,例如是无线还是有线,是双绞线还是同轴电缆,或是光纤等。

图 2.1 开放式系统互联通信参考模型 OSI

(4)调制/解调

调制/解调就是将一种数据转换成适合在信道上传输的某种电信号形式。例如,把数字信号转换为模拟信号有调幅、调频、调相等方法。数字信号的信道编码方法有单极型脉冲编码和双极型脉冲编码(它们中又有归零码和不归零码之分)以及曼彻斯特编码等。

(5)交换技术

交换技术有三种:电路交换、报文交换和分组交换。

1)电路交换。电路交换要求在通信双方之间建立起一条实际的物理通路,并且在整个通信过程中,这条通路被独占,电话交换系统就是这样。在这种条件下,数据在每个中间环节没有停留。其优点是数据传输可靠、实时效应好;缺点是电路不能共享、资源浪费大,同时电路的建立和撤除时间较长。

2)报文交换。报文交换就是一个报文(长度无限制的数据块)在通过从源站到目的站之间的中间站时采用存储-转发方式(有缓冲区)。这样可以提高线路的利用率,但大报文延迟时间长,出错率高,一般很少采用(这里的报文定义和 CAN 中不同)。

3)分组交换。分组交换就是将一个大报文分割成一定长度的信息单元(分组),各单元依次编号,以分组为单位进行存储-转发。其优点有线路共享;要求中间环节的缓冲存储区减少,也减少了分组在网络中的延迟时间。由于各分组在网络中可以走不同的路径,这种并行也降低了整个报文的传输时间。分组长度变短,使得出错重发率大为降低(若发现一组出错,重发它所需的时间也就短)。这是目前计算机网络中广泛使用的交换技术。所谓的 IP 电话,也是以这种方式在计算机网络上传输。

（6）网络拓扑

网络拓扑指网络中节点的互联结构形式，主要有星形、总线型、网型、树形和环形几种。

1）星形拓扑。在星形拓扑中，每个站点通过点-点连接到中央节点，任何两站之间的通信都通过中央节点进行。利用星形拓扑结构的交换方式有电路交换和报文交换，尤以电路交换更为普遍。星形拓扑的一个站点故障只会影响本站，而不会影响到全网，但在这种结构中，通信极大地依赖中央节点，对中央节点的可靠性和容量要求很高；另外，每个站点都要同中央节点连接，耗费大量电缆。

2）总线型拓扑。总线型拓扑采用单一信道作为传输介质，所有站点通过相应硬件接口连接至这个公共信道（总线）上，任何一个站点发送信息，所有其他站点都能接收。因此，总线和后面要提到的树形拓扑的网络称为多点式或广播式。信息也是按组发送，到各达站点后，经过地址识别（滤波），符合的站点将信息复制下来。由于所有节点共享一条公共信道，当多点同时发送信号时，信号会相互碰撞而造成传输失败，这种现象称为冲突。为了避免冲突，每次只能由一个站点发送信号，因此，必须有一种仲裁机制来决定每次由哪个站点使用信道，这是属于数据链路层的任务，总线型网络中通常采用分布式的控制策略，CSMA/CD 协议就是常用的规范。总线型拓扑的优点是所需电缆长度短，布线容易；总线仅仅是一个传输信道，没有任何处理功能，从硬件角度看，它属于无源器件，工作可靠性较高，增加和减少站点都很方便。其缺点是系统范围受到限制（由于数据传输速率和传输距离的相互制约关系）；总线访问冲突导致的带宽利用率较低；一个站点的故障可能影响整个网络，故障难以定位，故障检测需要在各站点上进行，比较困难。

3）网型拓扑。网型拓扑中，每个站点都有一条或几条链路同其他站点相连。由于站点之间存在多条路径，在传输数据时就可能选择较为空闲线路的路由，因而网络资源可以得到充分利用。同时，网型拓扑也可选择绕开故障点的路由方式，因此单个站点或线路的故障对网络的影响也较小，网络可靠性较高。网型拓扑通常用于广域网中。它的结构复杂、成本较高。

4）树形拓扑。树形拓扑是从总线型拓扑演变而来的，从树根开始，每一个节点下都可以有多个分支。树形拓扑的许多特点与总线拓扑类似，但是它的故障比较容易隔离和检查。

5）环形拓扑。在环形拓扑中，站点和连接站点的点-点链路组成一个闭合环路，每个站点从一条链路上接收数据，然后以同样的速率从另一条链路发送出去，链路大多数是单方向的，即数据沿一个方向在网上环行。环形拓扑也和总线拓扑一样存在冲突问题，必须采用某种机制来决定每个站点在什么时候可以将数据送到环上。环形网络通常也采用分布式控制策略，这里主要包含后面要提到的一种特殊信息帧——"令牌"，拿到"令牌"的节点可以访问网络。环形拓扑的优点是所需介质长度较短；链路都是单方向性的，因而可以采用光纤作为传输介质。其缺点是一个站点的故障会引起全网的故障。

（7）多路复用技术

在通信系统中，传输媒体的传输能力往往是很强的。如果在一条物理信道上只传输一路信号，将是对资源的极大浪费。采用多路复用技术，可以将多路信号组合在一条物理信道上进行传输，到接收端再将各路信号分离开来。

多路复用技术有多种形式，如频分多路复用（FDM）、时分多路复用（TDM）和码分多址（CDMA）等。

1）频分多路复用。频分多路复用就是将信道带宽按频率分割为若干个子信道，采用频谱搬移的策略，每个子信道用来传输一路信号，当信道带宽大于各路信号的总带宽时，信号的频谱在传输过程中不会被改变，在接收端通过一个相应带宽的带通滤波器可将信号完整地恢复出来，有线电视网就是这样。

2）时分多路复用。时分多路复用就是将使用信道的时间分成一个个时间片，按一定规律将这些时间片分配给各路信号，每路信号只能在自己的时间片内独占信道进行传输。当然，各路信号的数据传输率的总和只能小于信道能达到的最大传输率，长途电话系统就是采用这种方式。

3）码分多址（使用扩频技术）。码分多址允许所有站点在同一时间使用整个信道进行数据传输。在 CDMA 中，每个比特时间又再分成 m 个码片（Chip），每个站点分配一个唯一的 m 比特码系列。当某个站想发送"1"时，就在信道中发送它的码系列；当要发送"0"时，就发送它的码序列的反码。当两个或多个站同时发送时，各路数据在信道中被线性相加。为了从中分离出各路信号，码序列必须具有一些特殊的性质，如果将码序列看成一个向量，那么不同的码序列之间是相互正交的。假设有两个不同的码序列 S 和 T，用 $\bar{S}$ 和 $\bar{T}$ 表示各自的码序列的反码，应有下列关系式：

$$S \cdot T = 0, \quad S \cdot \bar{T} = 0, \quad S \cdot S = 1, \quad S \cdot \bar{S} = -1$$

当某个站想要接收站 X 发送数据时，他首先必须知道 X 的码序列（设为 S）。假如从信道中收到的信号的和向量为 P，那么通过计算 $S \cdot P$ 就可提取 X 发送的数据。这样，$S \cdot P = 0$ 表示 X 没有发送数据，$S \cdot P = 1$ 表示 X 发送了"1"，$S \cdot P = -1$ 表示 X 发送了"0"。CDMA 广泛应用于移动通信系统。

2. 数据链路层

在物理线路上，由于噪声干扰、信号衰减、畸变等原因，传输过程中常常出现差错，而物理层只负责透明地传输无结构的原始比特流，不可能进行任何差错控制。因此，当需要在一条线路上传送数据时，除了必须有一条物理线路（链路）外，还必须有一些必要的规程来控制这些数据的传输。把实现这些规程的硬件和软件加到链路上，就构成了数据链路层（Data Link Layer，DLL）。

数据链路层最重要的作用就是通过一系列数据链路层协议，在不可靠的物理链路上实现可靠的数据传输。为此，通常将原始数据分割成一定长度的数据单元（帧），一帧内应包含同步信号（如帧的开始与终止）、差错控制（各类检错码或纠错码，大多数采用检错重发的控制方式）、流量控制（协调发送方和接收方的速率）、控制信息、数据信息、寻址（在信道共享的情况下，保证每一帧都能到达正确的目的站，收方也能知道信息来自何站）等。这里主要介绍帧的结构和差错控制。

（1）组帧与帧同步

在组帧方式中，关键问题是使接收方能够准确地从接收到的比特流中识别出帧的边界并取出帧来，这就是所谓帧同步。这种协议有两大类：一类是面向字符的；另一类是面向比特的。

面向字符的协议在路上所传送的数据都必须由字符集（如 ASCII 码）中的字符组成，而且在链路上传送的控制信息（包括帧同步）也必须由同一字符集中的字符组成。这个协议的主要缺点是，它只能对数据部分进行差错控制，而对控制部分的差错就无法控制，因此可靠性差，该协议也不易扩展，每增加一项功能就需要设定新的控制字符。

面向比特的协议规程于 1974 年出现，后来修改为高级数据链路控制（HDLC），它不依赖任何字符编码集，采用比特填充法可以很容易地实现数据的透明传输，且可以传输任意长度的二进制比特串。HDLC 采用统一的帧格式来实现数据命令和响应的传输，而且通过改变一帧中控制字段的比特模式来实现各种规定的链路操作功能，非常有利于程序的实现。因此，HDLC 被广泛用作数据链路层的控制协议，CAN 规范中采用的就类似这个规程，下面简单介绍 HDLC 的主要内容。

HDLC 使用一个特殊的比特模式 01111110 作为帧的起始与结束标志 F。为了防止在传输过程中，帧中其他地方出现与帧标志相同的比特模式，发送方边发送边检查数据，每连续发送 5 个"1"后，在其后自动插入一个"0"。这样除了帧标志之外，最多只会有 5 个"1"相连。接收方在收到 5 个连续的"1"后，将后面紧跟的一个"0"删去，就恢复了原来的数据。这种方法称为比特填充，很容易由硬件实现。采用这种方法组帧，数据传输的基本单位是比特而不是字符，因此可以用来传输任意长度的二进制比特串及任何编码长度的字符，通用性很强。一个 HDLC 的帧结构如图 2.2 所示。

图 2.2　HDLC 的帧结构

在起始和结束标志 F 之间有：

1）地址字段 A：在点 – 多点线路中，用于指明通信的地址。地址的种类有单地址、组地址、广播地址和无站地址（后面可以看到，这里的地址字段相当于 CAN 帧中的标识码 ID）。

2）控制字段 C：用于构成各种命令和响应，以便对链路进行监视和控制。

3）信息字段 I：可以是任意的二进制比特串，其长度上限由外 FCS 字段或站点的缓冲区容量决定（相当于 CAN 帧中的数据段，其长度最多为 8 个字节）。

4）帧校验序列字段 FCS：使用 16 位的 CRC 对两个标志字段之间的内容进行校验，FCS 的生成多项式是 CRC-CCITT：$X^{16}+X^{12}+X^{5}+1$。

（2）差错控制

差错控制涉及两个方面的问题：一是如何检测出错误；二是发现错误后，如何纠正错误。要判断一个数据块是否存在错误，发送端必须在数据块中加入一些冗余信息，使数据块中的各比特建立起某种形式的关联，接收端通过验证这种关联是否存在，来判断数据在传输过程中是否出错。在数据块中加入冗余信息的过程称为差错编码。有两种基本的差错编码策略：一种是使码字只具有检错功能，即接收方只能判断数据块有错，但不能确切地知道错误的位置，从而也不能纠错，这种码字称为检错码；另一种是使码字具有一定的纠错功能，即接收方不仅能知道数据块有错，还知道错在什么地方，这时只需将错误位取反即可，这种码字称为纠错码。任何一种检错码或纠错码，其检错或纠错的能力都是有限的，即不能检出所有的错误。一般检错或纠错能力越强，所需冗余信息就越多，编码效率就越低。这里简单介绍几种常见的差错编码。

1）海明码：海明码是由 R.Hamming 在 1950 年提出的，是一种可以纠正 1bit 错误的编码。

2）循环冗余码：在计算机和数据通信领域中使用最广泛的检错码是循环冗余码（Cyclic Redundancy Code，CRC），又称多项式码，其漏检率很低，而且只要用一个简单的电路就可以实现。

3）奇偶校验码：最常见的检错码是最简单的奇偶校验码，只要 1bit，但它只能检出奇数个错，漏检率达 50%。

4）"校验和"码：这也是常用的检错方式，它是传输的数据块中各字节累加后得到的字节或按字节异或的结果。

（3）信道分配

计算机网络按传输技术可分为"点-点"网和广播网（如总线网、环形网）两大类。在前面"数据链路层"介绍的内容是"点 点"链路协议（两方通信协议），但是在广播网中，所有站点共享一条信道，任意一站点发送的报文能够被所有其他站点收到。可以想象，如果有两个或多个站同时发送数据，则信号在信道中发生碰撞，导致数据发送失败，这种现象被称为冲突。冲突会引起数据传输速率下降，严重的情况下，甚至使通信无法进行下去。因此，在广播网中，需要解决信道共享的技术问题，即如何将单一的信道分配给各个用户。

通信信道又称为介质，网络中采用的传输介质不同或网络拓扑结构不同，所使用的介质访问控制协议就不同。相对而言广域网的介质类型较少，而局域网的介质类型很多。为了不使局域网中的数据链路层过于复杂，将它划分为两个子层。其中一个为介质访问控制子层（Media Access Control Sublayer，MAC），专门解决广播网中信道分配的问题。MAC 是数据链路的底层，在"点-点"网中没有这一子层，MAC 同局域网的关系密切，因为绝大多数局域网使用的是广播信道。另一个是逻辑链路控制子层（Logical Link Control Sublayer，LLC），它完成通常意义下数据链路层的功能。

信道分配策略可分为静态分配和动态分配，前面讲过的频分复用或时分复用等属于静态分配。在静态分配中，由于各个站点有自己的专用频带或时间片，彼此之间不会产生干扰。当网络站点数目少，且每个站点都有大量数据要发送时，采用静态分配策略不仅控制协议简单，而且传输效率高。

但对于大多数计算机网络来说，站点数多且不固定，同时数据传输具有突发性，如果采用固定分配，既不容易实现，信道利用率也非常低，这时应采用动态分配策略。动态分配又称多点接入或多点访问技术，是指异步时分多路复用，即各站点仅当有数据发送时，才占用信道发送数据。动态分配又有受控访问和随机访问两种。

1）受控访问一般有轮转（轮询）和预约两种策略。轮转是使每个站轮流获得发送的机会，没有数据要发送的站将发送权传给下一站。例如，在环形网络中的"令牌"所起的作用是，在环路中，有一个特殊的帧，叫作令牌或权标（Token），令牌沿环路逐站传播，只有获得令牌的站才有权发送信息；当信息发送完毕后，再将令牌传递给下一个站。而在所谓"一主多从"网络中，采用主机轮流询问各从机的方式。预约是使各站首先声明自己有数据要发送，然后根据预约的顺序依次发送数据。轮转和预约这两种方式都是使发送站首先获得发送权，再发送数据，所以不会出现冲突。当网络负载较重时，采用受控访问可以获得很高的信道利用率。

2）随机访问又称争用，意思就是所有的站点发送前不需要取得发送权，都可以随时发送信息（有数据就发送），发生冲突之后再采取措施解决冲突。随机访问适用于负载较轻的网络，其信道利用率一般不高，但网络延迟时间较短。

解决冲突的争用协议已有多个，一种常用的改进的随机访问协议是带冲突检测的载波监听/多重访问（Carrier Sense Multiple Access with Collision Detection，CSMA/CD），它已成为局域网的标准协议（以太网 IEEE 802.3 标准）。

以太网采用的 CSMA/CD 的基本思想是：当一个站要发送数据时，首先监听信道，如果信道忙则等待，同时继续监听直至发现信道空闲；当监听到信道空闲后，立即发送数据，在发送过程中，一旦检测到冲突，就立即停止发送；如果发生冲突，则随机等待一段时间，再重新开始监听。

在 CSMA/CD 中，当多个站同时发送时产生了冲突，这些站检测到冲突后立即停止发送，于是形成了一个较短的时间片，这种时间片称为竞争时间片。这些站停止发送后，各自随机等待一段时间再监听信道，发现信道空闲又发送数据。当相互竞争的站比较多时，有可能一而再，再而三地发生冲突，结果形成一系列的竞争时间片。经过几轮竞争后，有一个站获得了成功，在此之后，有数据要发送的站又开始了新的竞争。这样，数据传输周期、竞争周期和空闲周期轮流交替，周而复始。

在 CSMA/CD 算法中有两个重要的问题需要解决：一个是竞争时间片的长度；另一个是检测到冲突后等待多长时间再试。

3. 网络层

网络层（Network Layer）向上面的传输层提供面向连接的网络服务和无连接的网络服务（即虚电路服务和数据报服务），根据是否在网络层提供连接服务，分组交换网络可以分为仅在网络层提供连接服务的虚电路（Virtual-Circuit，VC）网络和仅在网络层提供无连接服务的数据报网络（Datagram Network）。所谓"连接"，是指首先在通信双方建立一条虚电路，以后的数据传送都是沿着这条虚电路传送的，在通信结束后，还要把这个"电路"释放掉，这里所谓的虚电路，是指在通信双方之间数据传送的一个固定的路由（"路径"）。无连接是指通信双方的每一组数据都可独立地选择路由（走不同的路线），因此，它不能保证每组数据按顺序交付目的站。

使用虚电路的情况下，每个分组不需要携带完整的目的地，而仅需要有个虚电路号码的标志，因而减少了额外开销。在每个节点机内有一路由表（表内每一个电路号对应一条路径），根据数据组中的虚电路号码查表决定转发哪一个节点，最后就可到达目的地。在使用虚电路的情况下，网络有端到端的差错控制功能，即网络应保证分组按顺序交付，而且不丢失，不重复。

在使用数据报时，每个分组必须携带完整的地址信息，但在采用数据报服务时，每个节点也有一个路由表，它用来根据每个分组所携带的目的地址来决定应沿哪条链路（路径）转发分组。在数据报网络中，无连接的发送方和接收方之间不存在固定的连接（或路径），所以发送的分组和接受的分组次序不一定相同，每个分组被传送的路径也可能不一致。接收方收到分组后要根据相应的协议，对分组重新进行排序，从而生成原始的完整报文，这个任务通常由传输层来完成。如果分组在网络传输的过程中出现了丢失或差错，则数据报网络本身不做处理，可以由通信双方的传输层协议来解决。

网络层除了负责路由选择外，还要进行流量控制。因为网络的资源如路由器缓冲区的容量、线路的数据传输速率等总是有限的，当需求超出资源的可用部分时就会产生拥塞。为了提高资源的利用效率（做到既不使分组因拥塞而丢失，又不使资源过多而浪费），应当采用流量控制，其总目标是在网络中有效动态分配网络资源，它的主要功能是：①防止网络因过载而引起吞吐量下降和时延增加；②避免死锁；③在互相竞争的各用户之间公平地分配资源。

网络层路由的核心是寻址，如公用电话网，一个全球网络层寻址标准是互联系统中大家都必须遵守的一个标准。地址编码方法有两大类：一类是非等级地址；另一类是分级地址，非等级地址空间的特点是每个地址的编号都是平等的且彼此无关，这在全球范围内实际是不可行的。因为这需要一个全球系统的管理机构，同时地址映射表要占用很大空间。

分级的地址编码是采用树形结构，将全球的地址划分为若干子域，子域下又划分更小的子域，就像公用电话号码的划分（国家号、区号、局号），TCP/IP 协议中 IP 地址的分配就是这个方式。这样，每一个地方子域只管理自己直属的那些子域的编号，因而使地址映射表和路由表的编制大为简化，一个网络也只负责自己网内主机的编号，其他网络主机的编号与本网络无关，这就要涉及标识符（地址码）的过滤、子网掩码等概念。

网络层涉及的是将源端发出的分组经各种途径送到目的端，从源端到目的端可能经过许多中间节点。这个功能与数据链路层形成鲜明的对比，数据链路层只负责将数据帧从导线的一端（节）点送到其另一端（节）点。因此，网络层是处理端到端数据传输的最底层。网络的底下一层——数据链路层的主要作用是在互连同一种数据链路的节点之间进行包传递，而一旦跨越多种数据链路，就需要借助网络层。网络层可以跨越不同的数据链路，即使是在不同的数据链路上也能实现两端节点之间的数据包传输。

为了实现网络层的目标，网络层必须知道通信子网的拓扑结构（即所有路由器的位置），并选择通过子网的合适路径。选择路径时要注意，不要使一些通信线路超负荷工作，而另一些通信线路却处于空闲状态。当源端与目的端不处于同一网络中时，应由网络层来处理这些差异，并解决由此而带来的问题。

网络层在其与传输层接口上为传输层提供服务，这一接口相当重要，因为它往往是通信载体与用户的接口，也就是说，它是通信子网的边界。载体网络通常规定了从物理层直到网络层的各种协议和接口，它的工作是传输由其用户提供的分组。

如上所述，网络层的主要功能是将分组从源端机器经选定的路由送到目的端机器。在大多数通信子网中，分组的整个旅途需经过多次转发，路由选择算法及其使用的数据结构是网络层设计的一个主要任务。

IP（IPv4、IPv6）相当于 OSI 参考模型中的第 3 层——网络层。网络层的主要作用是"实现终端节点之间的通信"，这种终端节点之间的通信也叫作"点对点通信"，IP 大致分为三大作用模块：IP 寻址、路由（最终节点为止的转发）以及 IP 分包与组包。

在计算机通信中，为了识别通信对端，必须要有一个类似于地址的识别码进行标识。在数据链路中的 MAC 地址正是用来标识同一个链路中不同计算机的一种识别码，作为网络层的 IP，也有这种地址信息，一般叫作 IP 地址。IP 地址用于在"连接到网络中的所有主机中识别出进行通信的目标地址"，因此，在 TCP/IP 通信中所有主机或路由器必须设定自己的 IP 地址，不论一台主机与哪种数据链路连接，其 IP 地址的形式都保持不变。

IP 地址由网络和主机两部分标识组成，网络标识在数据链路的每个段配置不同的值，网络标识必须保证相互连接的每个段的地址不相重复，而相同段内相连的主机必须有相同的网络地址，IP 地址的"主机标识"则不允许在同一个网段内重复出现。由此，可以通过设置网络地址和主机地址，在相互连接的整个网络中保证每台主机的 IP 地址都不会相互重叠，即 IP 地址具有了唯一性。

IP 包被转发到途中某个路由器时，正是利用目标 IP 地址的网络标识进行路由，因为即使不看主机标识，只要一见到网络标识就能判断出是否为该网段内的主机。

发送数据包时所使用的地址是网络层的地址，即 IP 地址。然而仅仅有 IP 地址还不足以实现将数据包发送到对端目标地址，在数据发送过程中还需要类似于"指明路由器或主机"的信息，以便真正发往目标地址，保存这种信息的就是路由控制表。该路由控制表的形成方式有两种：一种是管理员手动设置；另一种是路由器与其他路由器相互交换信息时自动刷新。前者也叫作静态路由控制，而后者叫作动态路由控制。IP 协议始终认为路由表是正确的。然而，IP 本身并没有定义制作路由控制表的协议，即 IP 协议没有制作路由控制表的机制。该表由一个叫作"路由协议"的协议制作而成。

IP 地址的网络地址部分用于进行路由控制，路由控制表中记录着网络地址与下一步应该发送至路由器的地址。在发送 IP 包时，首先要确定 IP 包首部中的目标地址，再从路由控制表中找到与该地址具有相同网络地址的记录，根据该记录将 IP 包转发给相应的下一个路由器。如果路由控制表中存在多条相同网络地址的记录，就选择一个最为吻合的网络地址。

IPv6（IP version 6）是为了根本解决 IPv4 地址耗尽的问题而被标准化的网际协议。IPv4 的地址长度为 4 个 8 位字节，即 32bit，而 IPv6 的地址长度则是原来的 4 倍，即 128bit，一般写成 8 个 16 位字节。

4. 传输层

在 OSI 参考模型中，物理层、数据链路层和网络层是面向网络通信的层次；会话层、表示层和应用层是面向信息处理的层次；而传输层（Transport Layer）位于低三层和高三层之间，无论从其所处的位置还是所起的作用来看，它都是整个协议层次的核心。传输层的任务是为高层从源端机到目的机提供可靠、经济的数据传输服务，而与具体网络无关。为了保证数据传输的可靠性，传输层上必须实现差错控制、流量控制等功能；为了向用户提供经济有效的服务，传输层还提供多路复用和分流的功能。

（1）传输服务

传输层的最终目标是向其用户（一般是指应用层的进程）提供有效、可靠且价格合理的服务，为了达到这一目标，传输层利用了网络层所提供的服务，传输层中完成这一工作的硬件和（或）软件称为传输实体（Transport Entity）。传输实体可能在操作系统内核中，或在一个单独的用户进程内，也可能包含在网络应用的程序库中，或是位于网络接口卡上。

正如存在面向连接的和无连接的两种类型的网络服务一样，传输服务也有相应的两种类型。面向连接的传输服务在很多方面类似于面向连接的网络服务，二者的连接都包括 3 个阶段，即建立连接、数据传输和释放连接，两者的寻址和流量控制方式也类似。无连接的传输服务与无连接的网络服务也很类似。

既然传输服务与网络层服务如此类似,那为什么还要将它区分为不同的两层呢?因为两者的定位完全不一样。网络层是通信子网的一部分,并且一般是由电信公司来提供服务的(至少广域网是如此),网络层提供的面向连接的服务可能不可靠,如可能频繁地丢失分组、路由器可能不断发生冲突,则会导致分组严重延迟。站在用户角度,无法对子网加以控制来解决网络层服务质量低劣的问题,既不可能通过换用更好的路由器,也不可能增强数据链路层的纠错能力,唯一可行的方法是在网络层上再增加一层以改善服务质量,比如当网络连接中断或网络复位后,两端的传输层可以通过建立起新的网络连接,并在确认了传输中断的位置后,继续被中断了的数据传输,故而传输服务比网络服务更可靠。

因此,传输层的存在使传输服务会远比其低层的网络服务更可靠,分组丢失、数据残缺均会被传输层检测到并采取相应的补救措施。另外,传输服务源语的设计可以独立于网络服务源语,后者随网络不同会有很大差异(如无连接的局域网服务可能与面向连接的广域网服务大相径庭)。传输层起着将子网的技术、设计和各种缺陷与上层相隔离的关键作用。

因此,很多人将 OSI 的 7 层模型从下向上划分为两部分:1~4 层为一部分;5~7 层为另一部分。下面 4 层可以看作传输服务提供者(Transport Service Provider),上面 3 层是传输服务用户(Transport Service User)。这一划分对层次设计影响巨大,并且将传输层置于关键的位置,因为传输层为服务提供者和用户之间进行可靠的数据传输服务架起了一座桥梁。

(2)传输协议的要素

传输服务是通过建立连接的两个传输实体之间所用的传输协议来实现的,在某些方面,传输协议类似前面讨论过的数据链路层协议,二者都必须解决差错控制、分组顺序、流量控制及其他问题。

但二者之间也存在着显著的差异,这些差异主要是因为两个协议所运行的环境不同所造成的。在数据链路层,两个节点通过物理通道直接通信,而在传输层,两个物理通道由整个子网所取代,这一差异对协议产生了很多重要的影响。首先,在数据链路层,路由器的每一条输出线将对应唯一的一个路由器,故不必为一个路由器指明它要与哪个路由器通话,而传输层跨越整个通信子网,故需要显式地给出目的端地址;其次,在数据链路层,因为另一端总是存在的(只有在它已崩溃的情况下才不存在),每一方都没有太多的事情要做,故在物理信道上建立数据链路连接的过程很简单,但对传输层而言,初始连接的建立要复杂得多。

数据链路层和传输层之间的另一个区别是子网的存储能力,当源节点发送了一帧时,该帧可能会到达目的地,也可能会丢失。数据链路没有存储能力,但通信子网有存储能力,如果子网内部采用数据报和适应性路由选择策略,那么极有可能将一个分组存储几秒钟,然后再传送,子网的这种存储能力有时可能会产生严重后果,因此需要使用特殊的协议。

数据链路层与传输层的另一个区别表现在数量上(连接的数目及分配给每个连接的缓冲区数目)。在数据链路层,一般为每个连接分配固定数目的缓冲区;而在传输层,由于需要管理很大数目的连接,因此每个连接当前可用缓冲区是动态变化的。

此外,传输层上还必须实现多路复用和分流的功能,这在数据链路层上是没有的。

5. 会话层

会话层(Session Layer)最主要的目的是在传输层的基础上增加一些协调对话的功能,它管理不同主机上各进程间的对话。例如,两个会话层用户之间对话连接的建立和清除;

在半双工对话时授权哪一方发送数据；当进程间要进行长时间数据传输时，而通信子网故障率又比较高，会话层可以在数据流中插入若干同步点，在每次网络出现故障时，仅需从最近的一个同步点开始重传，不必每次都从头开始。

6. 表示层

表示层（Presentation Layer）下面的 5 层用于将数据比特从源站按顺序传送到目的站，而表示层则要保证经传送后的数据其意义不变。由于各种计算机都可能有自己描述数据的方法，因此不同类计算机之间交换的数据一般要经过一定的数据转换才能保证数据的意义不变。可见表示层的功能是对源站的数据进行编码（信源编码），形成适合于传输的比特流；到了目的站再进行解码，转换成用户所要求的格式（保持数据的意义不变）。因此表示层为上层用户提供数据或信息语法的表示变换，即负责某机器内部的数据表示与抽象数据表示之间的变换（使数据结构的描述与机器无关），以便信息的相互理解。

7. 应用层

前面介绍的各个层次，其功能都是为应用层（Application Layer）提供可靠的数据传输服务，但与用户的实际应用没有什么直接联系，直接为用户提供各种应用服务的是应用层。应用层可以包含各种应用程序，有些由于使用非常普遍而实行了标准化，这些标准就形成了应用层上的各种应用协议，如电子邮件（E-mail）、万维网（WWW）、远程登录（TELNET）、文件传输（FTP）等。此外，应用层上还有一些协议支持应用程序的工作，比如各种网络安全协议、域名服务系统、网络管理协议等。

2.1.2 车载通信网络概述

车内网络是一种专用的内部通信网络，是联通每个 ECU 的通信通道，将车辆内部的组件相互联结起来。车辆控制有其特殊要求，如确保信息传递、非冲突信息、最短传递时间、低成本、冗余路由等，车内网络汽车内部传感器、控制和执行器之间的通信用点对点的连接方式连成复杂的网状结构。

车载网络功能与带宽如图 2.3 所示。最初 CAN 总线的出现是为了在较少的控制器范围内共享车上的不同传感器信号数据和参数，如发动机转速、温度等。当车辆上引入防抱死制动系统（ABS）和电子稳定控制系统（ESC）这类监控车辆内部性能和动力学的功能时，如果采用最原始的点对点链接方式，则需要增加链接的数量，安装在车内的 ECU 数量呈指数上升，为了解决点对点链接方式效率低、成本高的问题，CAN 这一总线型的网络开始出现。CAN 总线能够满足传统汽车对汽车发动机、行驶、转向、制动等控制信号实时可靠的通信需求，因而至今仍在汽车上得到广泛使用。

传统车辆使用 CAN/LIN 总线通信技术，由于较低的带宽和较少的载荷传输，已经不能满足对传输载荷带宽和传输延时的要求。随着以智能电动汽车为代表的汽车功能定义的日趋复杂，汽车电子控制系统的需求逐渐由单一功能的发动机控制深入功能复杂的动力、底盘、车身、信息、娱乐等。随着汽车电子传感器和控制器数量的增加，车载通信所需的带宽急剧增加。为了满足带宽需求，FlexRay 和 MOST 总线应运而生。FlexRay 最初是为了解决线控底盘的问题，也就是向下的面向控制的问题，后来随着智能座舱的发展，FlexRay 开始尝试解决向上的面向信息的问题。MOST 的出现是为了解决影音娱乐的通信，也就是面向信息的问题。面向信息的通信对带宽的要求更高，并且允许一定的信息损失，但面向控制的通信传递需要高可靠性和高实时性。

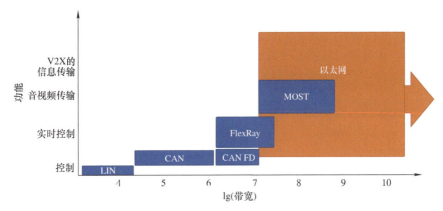

图 2.3　车载网络的功能与带宽

但是，随着智能座舱、高级辅助驾驶系统（ADAS）、自动驾驶、高清车载娱乐系统、车联网系统、V2X、云服务、大数据等的发展，需要传输的数据大幅增加，数据达到点云（激光雷达）、像素（摄像头）层面，工程上对车载网络带宽的要求越来越高。例如，对于激光雷达（Lidar）可能要求 70Mbit/s 带宽，一个摄像头可能要求 40Mbit/s 的带宽，而导航的数据可能是 50kbit/s 的数据量，显然 CAN 总线或 CAN FD 总线已经不足以支持，FlexRay 和 MOST 总线也不能满足带宽需求。此外，总线型网络的带宽由于竞争机制，信道利用率低，且会随着 ECU 及报文数量的增加而显著降低，其传输带宽不足的问题凸显。

同时，现在的车载网络有更高的服务质量（Quality of Service，QoS）需求，主要从传输的带宽、传送的时延、数据的丢包率等方面衡量。而提高服务质量主要就是保证传输的带宽，降低传送的时延，降低数据的丢包率以及时延抖动等，因此迫切需求下一代的车载网络技术及架构，车载以太网应运而生。

以太网本身是一种高带宽低成本的网络，已经在计算机互联网上使用多年，技术非常成熟，且成本比 FlexRay 和 MOST 低很多，所以将以太网引入车载网络作为面向信息的通信是自然而然的选择。但传统以太网的实时性和可靠性较差，而在将来的中央域架构下，区域按 ECU 所在位置划分，每个域中的 ECU 会混杂各种信息，如面向控制的高实时性小容量数据和面向音视频传输的大容量弱实时性数据，如此，作为主干网络，为了使与之通信的控制相关控制器能满足实时性需求，需要以太网具有更高的实时性和可靠性。

车载以太网对互联网领域广为使用的以太网既有继承，也有创新。继承的是物理层以上的协议，但对物理层做了适应性创新，汽车以太网简化了分布式架构的工作模式，通过仅改变物理层技术，就可以扩展支持的数据传输速率；它还能够支持不同的配置选项，以成本最优化的方式应用于不同的车型。

但是汽车以太网的定位也不是对面向分布式控制的传统 CAN 总线的替代，因为汽车以太网也存在实时性问题和拓扑结构的难以拓展问题。因此，车载网络可能会逐渐形成两层架构：面向机电（动力和底盘的控制）的部分仍使用 CAN 总线，解决实时性问题和分布性问题，面向信息（自动驾驶、车载娱乐、智能座舱）的部分可能使用车载以太网，解决带宽问题和与互联网的兼容性问题。

2.2 传统车载网络及其发展

现今汽车普及的网络技术主要有 CAN、FlexRay、LIN、MOST 和 LVDS 等，最为典型的是 CAN 总线技术。以上通信协议主要是由汽车行业联盟组织发起后推广的，承载着深厚的汽车工业色彩，车载网络技术对比见表 2.1。

表 2.1 车载网络技术对比

协议	最高带宽	传输介质	实时	成本
CAN	1Mbit/s	双绞线	否	低
LIN	20kbit/s	单缆	否	低
FlexRay	20Mbit/s	双绞线/光纤	是	中
TTP/C	10Mbit/s	双绞线/光纤	是	高
MOST	150Mbit/s	双绞线/光纤	否	高
LVDS	850Mbit/s	双绞线串/并行	否	低
以太网	1Gbit/s	非屏蔽双绞线	否	低
AVB	100Mbit/s	非屏蔽双绞线	否	高

1）控制器域网（Controller Area Network，CAN）是使用最为广泛的汽车通信技术，可用于各类控制指令、交互数据的传输，传输带宽可达 1Mbit/s。

2）LIN 是一种低成本汽车通用串行总线，最大传输速度约 20kbit/s，适用于对网络的带宽、性能或容错功能没有过高要求的应用，如车门、车窗和后视镜的控制等。

3）FlexRay 技术带宽可达 20Mbit/s，可支持多种拓扑形式，但成本相对较高，主要运用在中高端车线控系统，如线控转向、线控换档和制动器控制等。

4）MOST 总线主要运用场景是多媒体流数据传输，以 MOST150 为例，其最大传输带宽可达 150Mbit/s，但因为供应链体系相对单一，开发成本高，主要应用于中高端车载影音系统。

5）LVDS 一种基于电气数字信号的通信技术，对线束要求较高，通常采用铜缆或双绞线作为高速数据的传输介质，主要用于数字视频传输，如全景系统屏幕和摄像头间的图像数据传输。

2.2.1 CAN 总线

CAN 总线是国际标准化的串行通信协议，是由博世公司开发的汽车专用总线标准技术，其相关技术最早被应用于武器电子设备系统的通信功能，主要负责传递车上控制数据。它定义了开放系统互连（OSI）网络模型的第 1 层和第 2 层功能，多个 ECU 可以通过由两根数据线组成的 CAN 总线进行数据信息交换，对插接器没有定义，可以借用 ECU 插接器的针脚，消息封装在最大数据字段大小为 64 位的帧中，传输速率最高可达 1Mbit/s，长度可达 40m，且节约线束成本，目前在车载网络中应用最为广泛。

CAN 总线作为传统车载网络通信技术，有强功能性，可以满足大部分车内模块通信需求，在绝大多数汽车中仍旧是主流车载通信方式。由于其节点自动关闭功能以及优先级报文接发机制，CAN 总线的特点总结如下：

1）传输介质为双绞线，传输速率可变，最高为 1Mbit/s（40m），传输速率随距离增加而下降，受驱动能力限制，挂在总线上的节点数最多 110 个。

2）采用点对点、一点对多点及全局广播几种方式发送接收数据。

3）可实现全分布式多机系统，且无主、从机之分，每个节点均可主动发送报文，用此特点可方便地构成多机备份系统。

4）采用 CSMA/CR 非破坏性总线优先级仲裁技术，当两个报文同时向网络上发送信息时，优先级低的报文主动停止发送数据，而优先级高的报文可不受影响地继续发送信息。按报文类型分成不同的优先级，可以满足不同的实时要求。

5）支持 4 类报文帧：数据帧、远程帧、出错帧和超载帧。采用短帧结构，每帧有效字节数为 8 个。这样传输时间短，受干扰的概率低，且具有较好的检错效果。

6）采用循环冗余校验（Cyclic Redundancy Check，CRC）及其他检错措施，保证了极低的信息出错率。

7）节点具有自动关闭功能，当节点错误严重的情况下，则自动切断与总线的联系，这样可不影响总线正常工作。

有一些基于 CAN 总线的协议，都是在 CAN 的基础上进行发展的，包括 TTCAN、CANopen、J1939 等协议，它们有着不同的特性与应用场合。尽管 CAN 总线已经有 30 年的历史，但它仍广泛应用，并处于不断改进之中。

从 2000 年开始，一个由数家公司组成的 ISO 任务组定义了一种时间触发 CAN 报文传输的协议，即"时间触发通信的 CAN（TTCAN）"，并已制定为 ISO 11898-4。TTCAN 是在高速 CAN 基础上发展起来的。它不仅兼容事件触发方式，还规定了一套时间触发消息机制，提高了 CAN 在车用环境下的实时通信性能。TTCAN 不仅可实现闭环控制下支持报文的时间触发传输，而且可以实现基于 CAN 的 X-by-Wire 应用，因为 CAN 协议并未改变，所以在同一个物理层上既可以实现传输时间触发的报文，也可以实现传输事件触发的报文。

CANopen 是一种架构在 CAN 上的高层通信协议，包括通信子协议及设备子协议，常在嵌入式系统中使用，也是工业控制常用到的一种现场总线，其实现了 OSI 模型中的网络层及其以上各层的协议。CANopen 标准包括寻址方案、数个小的通信子协议及由设备子协议所定义的应用层，CANopen 支持网络管理、设备监控及节点间的通信，其中包括一个简易的传输层，可处理资料的分段传送及其组合。一般而言，数据链路层及物理层会用 CAN 协议来实现，但也可以用其他的通信协定（如 EtherCAT）来实现 CANopen 的设备子协议。

SAE J1939 也基于 CAN 总线的协议，可达到 250kbit/s 的通信速率，它描述了重型车辆现场总线的一种网络应用，包括 CAN 网络物理层定义、数据链路层定义、应用层定义、网络层定义、故障诊断和网络管理。在 SAE J1939 协议中，不仅指定了传输类型、报文结构及其分段、流量检查等，而且对报文内容也做了详细的定义。目前，J1939 是在商用车辆、舰船、轨道机车、农业机械和大型发动机中应用最广泛的应用层协议。

2.2.2 MOST 总线

面向媒体的系统传输（Media-Oriented System Transport，MOST）是一种用于多媒体数据传输的网络系统。车载多媒体影音娱乐系统工作时，为保证音质清晰、画面流畅，需要传输的数据量很大，对数据传输速率要求也很高。例如，仅仅是带有立体声的数字式电视系统，就需要约 6Mbit/s 的传输速率，而 CAN 总线的最高数据传输速率为 1Mbit/s，不能满足这一要求。因此，需要用 MOST 总线传输视频和音频信号，CAN 总线传输控制信号。

2.2.3 LIN 总线

本地互联网（Local Interconnect Network，LIN）的定位是车身用的低速低成本总线，LIN 总线所控制的控制单元一般都分布在距离较近的空间内（如车顶、仪表台、车门等处）。为了降低成本，LIN 总线借用单片机系统传统的串口，其协议也以软件形式体现。为了避免复杂的仲裁协议，LIN 采用主从方式，即总线的控制权归主控单元。只有当 LIN 主控制单元发送出带有相应识别码的信息标题后，从控单元对应的数据才会传输至 LIN 总线上。

2.2.4 FlexRay 总线

由于 CAN 总线的传输速率有限，且基于 CSMA/CR 的竞争方式导致了信道利用率不高、传输确定性不强等问题，难以满足如 X-by-Wire 等应用场景对高带宽、强实时性通信的需求，FlexRay 曾被认为将是 CAN 总线的替代标准。FlexRay 的目标是应用于需要高通信带宽和决定性容错数据传输能力底盘控制、车身控制和动力总成控制等场合。

FlexRay 使用一对屏蔽或不屏蔽的双绞线，每个通道有两根导线，采用不归零法（Non-Return to Zero，NRZ）进行编码，FLexRay 可以使用双通道通信，第二个通道既可以发送与第一个通道相同的信息，以冗余来换取安全性，也可以发送与第一个通道不同的信息，来提高传输速率。在两个信道上的数据速率最大可达到 10Mbit/s，总数据速率可达到 20Mbit/s。FlexRay 的拓扑是多样的，有总线线型、星形和混合型三大类，再结合单通道和双通道的使用，FlexRay 的两个通道可相互独立实现，所以两个通道可采用不同的拓扑结构。

FlexRay 用的是时分多址（Time Division Multiple Access，TDMA）和柔性时分多址（Flexible Time Division Multiple Access，FTDMA）两种方法。FlexRay 将一个通信周期分为静态部分、动态部分、网络空闲时间。

1）静态部分使用 TDMA 方法，每个节点会均匀分配时间片，每个节点只有在属于自己的时间片里面才能发送消息，即使某个节点当前无消息可发，该时间片依然会保留（也就造成了一定的总线资源浪费）静态部分用于发送需要经常性发送的重要性高的数据。

2）在动态部分使用 FTDMA 方法，会轮流问询每个节点有没有消息要发，有就发，没有就跳过。动态部分用于发送使用频率不确定、相对不重要的数据。

FlexRay 可以有效管理多重安全和舒适功能，适用于各类线控操作（X-by-Wire），可以在单信道高速动力传动、辅助驾驶和提高舒适性的汽车电子系统中应用。虽然 FlexRay 的功能很强大，但是复杂程度高、开放性不足、成本高制约了其发展。2006 年，FlexRay 首次应用于量产车,作为数据主干网用在 BMW X5 的主动悬架系统中,但 2008 年遇上席卷全球的金融危机,FlexRay 协会在 2009 年年底解散,等到全球金融危机过去,以美国博通公司主推的车载以太网技术已经悄然崛起,业界已经把注意力转至车载以太网的研发和应用。至此,FlexRay 陷入进退两难的尴尬境地。

FlexRay 的分层结构如图 2.4 所示。

OSI参考模型	FlexRay系统	车载诊断标准	
应用层	特定制造商	ISO14229-1,ISO14229-4	诊断会话、清除诊断信息、安全访问、读DTC、通过ID读数据、通过ID写数据、待机握手
表示层			会话层数据单元定义、时序参数的定义、通信期间的定时处理
会话层		ISO14229-2	通信服务、协议参数设置服务、状态服务、传输控制服务、分段、流量控制、重组
传输层		ISO10681-2	通信控制器工作状态、帧和特征符的编码、解码、帧格式、通信周期的实现、帧和特征符的定时准确性、语法正确性、语义正确性检查过程、唤醒与启动过程、时钟同步原理、通信控制器与主机的接口
网络层			
数据链路层		ISO17458-2,ISO17458-3	通信控制器(CC)、总线驱动器(BD)、传输媒介、拓扑结构、时序约束
物理层		ISO17458-4,ISO17458-5	

图 2.4 FlexRay 的分层结构

2.2.5 CAN FD 总线

1. 修订 CAN 总线的动因

自 CAN 总线被发明并在汽车中广泛应用的几十年中,车辆中电控系统的结构和数量都发生了深刻的变化。从结构来看,分布式控制系统确立,从数量来看,ECU 的数量从几个增加到几十甚至上百个,CAN 上传输的信号从数百个增加到数千个甚至上万个。数据流量的增加导致 CAN 总线上的总线负载越来越高,除了带宽需求不断增长之外,对确定性系统行为的需求不断增加,这推动了新总线系统的开发。因此,出于信息娱乐目的的 MOST 总线的带宽高达 150Mbit/s;面向确定性通信的 FlexRay 总线提供 10Mbit/s 的带宽,适用于线控及自动驾驶辅助;而 LIN 被引入作为"传感器-执行器-区域"任务的低成本解决方案。这些新的定制总线系统覆盖了特定市场,尽管如此,CAN 仍然是车辆中的主要总线系统。

CAN 在报文传输的特定阶段,多个网络节点可能同时处于访问总线状态,在仲裁阶段的传输开始时可能就是这种情况,并且在消息末尾的确认字段中也是如此,这意味着一个位的传输时间不得短于其电平从总线一端的节点传播到另一端的节点并再次传播回来的时间。例如在长度为 40m 的 CAN 总线上,最大传输速率约为 1 Mbit/s,以满足所需的一位传输时间,这一基础的物理限制,也成了 CAN 总线带宽限制的根本原因。

但是,仔细考察 CAN 总线协议,在 CAN 报文帧仲裁段和帧结束的应答段之间的部分,只允许一个发送节点访问总线,因此,在帧的这一部分中,对位时间的最小持续时间没有限制。据此,博世的工程师们提出了一个在两种不同的传输速率之间切换的设计理念,即在 CAN 帧开头的仲裁段和帧结尾处的应答段采用慢速传输,在其中间采用快速传输。

2. CAN FD 发展简介

传统 CAN 总线最高只支持 1Mbit/s 的位速率和 8 个字节的单帧最高数据长度，这种技术约束限制了 CAN 总线的应用场景。为了与其他类型协议进行竞争，博世公司作为 CAN 总线的发明者，也在寻找一种具有更高带宽的新总线系统来替代 CAN 总线，以填补 CAN 与其他协议总线之间的带宽缺口。博世公司通过两种途径对 CAN 总线进行了改进：支持大于 1Mbit/s 的位速率和支持大于 8 个字节的数据净载荷。这个新协议名为"支持可变数据速率的 CAN 总线"（CAN with Flexible Data-Rate，CAN FD）。

CAN FD 协议的设计目标是在增加 CAN 网络带宽的同时尽可能保留现有的软件和硬件，尤其是物理层，因此，需要改变的只是在 CAN 控制器中加入 FD 特性。当然，CAN FD 协议控制器也能参与标准的 CAN 通信，因此 CAN FD 节点可以逐渐加入标准的 CAN 系统中，最终实现从 CAN 总线系统往 CAN FD 总线系统的过渡。

2011 年，博世公司公开了白皮书（1.1 版）。2012 年，博世公司提出了 CAN FD 技术作为现有 CAN 网络中增加数据传输量的解决方案；同年，在第 13 届 ICC 大会上正式发布 CAN FD，并正式向国际标准委员会提出国际标准授权申请（CAN FD）。2014 年，第一款嵌入了非国际标准 CAN FD 模块的微控制器发布；同年，CAN FD 改进了 CRC 部分。2015 年，CAN FD 被纳入国际标准 ISO 11898-1，随后 CiA601 和 CiA602（CAN in Automation，CiA）系列也相继发布，并提交给 SAE 作为 J1939 的底层协议。CiA601 系列指南和建议填补了 CAN FD 的 ISO 标准与系统设计之间的空白，CiA602 系列是 CAN FD 面向重型车辆的应用层协议。

3. CAN FD 的通信机理

CAN FD 继承了 CAN 总线的主要特性，支持 CAN FD 协议的节点能够完全兼容传统 CAN 协议，也就是说，CAN FD 节点既可以收发 CAN FD 报文，也可以收发传统 CAN 报文。但是，只支持传统 CAN 协议的节点不能兼容 CAN FD 协议，也就是说，传统 CAN 节点只能收发传统 CAN 报文，不能收发 CAN FD 报文。在 ISO 七层模型中，CAN FD 总线和 CAN 总线一样，拥有其中的物理层、数据链路层和应用层三层。

在物理层上，CAN FD 总线的物理层协议与 CAN2.0 中的物理层协议完全相同。物理层处理比特位并且定义了信号如何发送，如何处理比特定时、比特位的译码和同步的类型。也就是说，在 CAN FD 总线协议中，物理层的驱动器和接收器的特性没有定义，这是为了能根据具体应用场景优化传送介质的总线信号。当然，在一个网络中，物理层对于所有节点来说必须一样，但在不同网络中物理层仍有自由选择的空间。

CAN FD 总线协议的数据链路层分为逻辑链路控制（LLC）和介质访问控制（MAC）两个子层。逻辑链路控制子层对应于节点的主机控制器接口并且与信息过滤、过载通知、恢复管理有关，包括是否接收通过 MAC 子层接收到的信息、为数据传送和远程数据请求服务、为 MAC 子层提供传输的信息和提供恢复管理与过载通知的方法等功能。介质访问控制子层负责的是信息框架、仲裁、确认、错误检测和错误信号。它由一个被称为故障限制的管理实体监控，故障限制是一种用于区分短期干扰和永久故障的自我检查机制。介质访问控制子层是 CAN FD 协议的核心，其性质不是可自由修改的。依据 ISO/OSI 参考模式，CAN FD 的分层结构如图 2.5 所示。

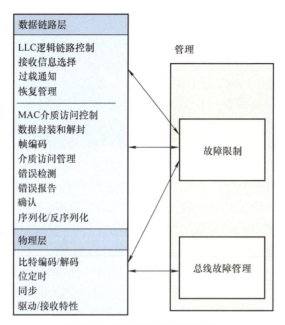

图 2.5　CAN FD 的分层结构

如图 2.6 所示，就像传统的 CAN 一样，CAN FD 也有两种类型的数据帧格式：具有 11 位标识符的标准帧和具有 29 位标识符的扩展帧。这保证了 CAN 的附加协议（如 CANopen 和 SAE J1939）也可以作为 CAN FD 的附加组件与一些适应性一起使用。

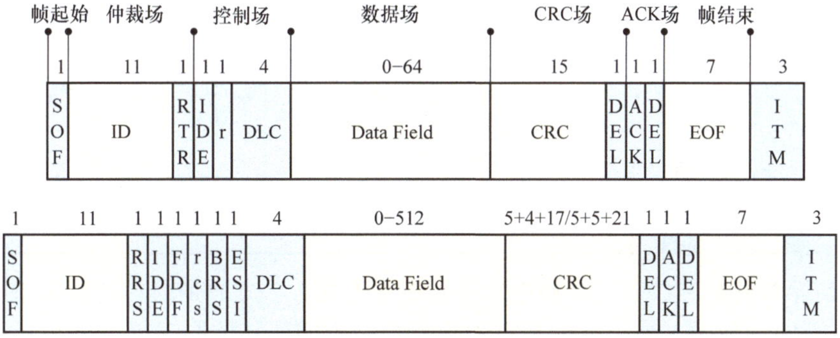

图 2.6　CAN 与 CAN FD 帧格式的对比

从图 2.6 可见，CAN 和 CAN FD 的帧格式不同。帧开始（SOF）、标识符和标识符扩展位（IDE）保持不变。在 CAN FD 帧的末尾，确认位（ACK）、相应的分隔符（DEL）、帧结束（EOF）以及帧间休息场（ITM）与传统 CAN 帧一样。CAN FD 没有为远程帧定义单独的格式，因此，CAN FD 协议允许经典 CAN 远程帧请求 CAN FD 帧。由于 CAN FD 没有远程帧，因此 RTR 位不是必需的，取而代之的是 RRS。

与传统 CAN 相比，CAN FD 的修改发生在 IDE 位和确认位之间，CAN FD 新增了 FDF、BRS、ESI 位。

1）FDF：表示是 CAN 报文还是 CAN-FD 报文。传统 CAN 帧的保留位 r 现在成为 CAN FD 格式的开关，如果是显性的 0，则表示经典的 CAN 帧；如果是隐性值 1，则表示

CAN FD 帧。

2）BRS（Bit Rate Switch）：表示位速率转换。该位为显性 0 时，以正常的 CAN FD 总线速率传输（恒定速率），即波特率 2 等于波特率 1，不会发生加速传输。该位为隐性 1 时，速率可变，则 CAN FD 帧的 BRS 至 DEL 部分将以较高的波特率 2 传输。对于一条总线上的所有 CAN FD 控制器，必须统一配置两种传输速率。从波特率 1 到波特率 2 的转换发生在 BRS 的采样点，从波特率 2 到波特率 1 的转换发生在确认位之前的 CRC 定界符采样点。为了使接收方在高传输速率的情况下与发送方完全同步，在其之前直接执行第二次硬同步。

3）ESI（Error State Indictor）：表示发送节点错误状态，显性为错误激活状态，设置该位的目的是实现更透明的错误跟踪方式以及更简单的网络管理。

CAN FD 控制器可以发送和接收传统的 CAN 帧和 CAN FD 帧，但传统 CAN 控制器在接收 CAN FD 帧时总是会对误差帧做出反应，这是因为在传统的 CAN 中，处于 r 位定义为显性 0，该位置的隐性位被视为不符合协议的规则，传统 CAN 中将用错误帧进行回答，也就是说，传统 CAN 控制器既不能理解也不能容忍 CAN FD 帧。为了解决传统 CAN 和 CAN FD 的兼容性问题，芯片厂提出了一种解决方案，在传统 CAN 节点上采用 CAN FD Shield 模式的收发器，当收到 CAN FD 报文时，收发器会将其过滤掉，防止传统 CAN 节点发出错误帧，从而实现网络的兼容。

传统 CAN 总线中数据长度码（DLC）由 4 位组成，可以描述数据字段的 9 种可能的规定长度，即 0～8 字节。DLC 的其余 7 个值（9～15）将用于 CAN FD。但当 DLC>8 时，DLC 与字节数之间的线性相关性被放弃。DLC 数值与 CAN 和 CAN FD 数据字段长度之间的对应关系见表 2.2。

表 2.2　DLC 数值与 CAN 和 CAN FD 数据字段长度之间的对应关系

DLC		0	1	2	3	4	5	6	7	8	9	10	11	12	13	14	15
数据字段字节	CAN	0	1	2	3	4	5	6	7	8	8	8	8	8	8	8	8
	CAN FD	0	1	2	3	4	5	6	7	8	12	16	20	24	32	48	64

与传统 CAN 相比，CAN FD 帧中的误码概率增加，一方面是因为随着速率提高，波特率 2 的每比特时间较短，另一方面是因为数据字段中的比特数要多得多。为了不降低错误检出率，需要增加 CAN FD 帧中的冗余的字段来应对。因此，CAN FD 增加了 CRC 的宽度。CRC 宽度有两种：当传输数据为 16 字节或更少时，CRC 为 17 位；当传输数据超过 16 个字节时，CRC 为 21 位。而且 CAN FD 的 CRC 计算不仅要包括数据段的位，还包括来自 SOF 的 Stuff Count 和填充位，通过比较 CRC 的计算结果，可以判断接收节点是否能够正常接收。

在传统的 CAN 帧中，位填充从帧起始（SOF）到校验和（CRC）的结束添加，在每五个相同的位之后插入一个补码，这些填充位不计算到 CRC 校验中。使用 CAN FD 时，SOF 之后也会按照传统 CAN 帧添加填充位，但该规则现在以数据字段结束，CAN FD 的 CRC 字段本身也被位填充，且规则不同。

CAN FD 在 CRC 场中增加了填充位计数器，记录填充位的个数并用格雷码表示，还增加了奇偶校验位，CRC 字段总是以一个填充位（FSB）开始，在后面的每四位之后，无论它们是否相同，都会插入一个填充位，FSB 固定为前一位的补码。

4. CAN FD 的应用

自 2012 年博世公司在第 13 届 ICC 大会上发布、2015 年提交国际标准化 ISO 11898 系列之后，CAN FD（CAN with Flexible Datarate）步入快速发展时期。

如图 2.7 所示，CAN FD 的应用提高了数据传输速率，增加了总线传输信息的可靠性，弥补了 CAN 总线带宽和数据场长度的制约，因此在电动汽车和无人驾驶汽车等需要大量实时数据传输的场景中得到广泛应用。高级驾驶辅助系统和人机交互技术，复杂的系统与大量通信信息的存在使得汽车中的 CAN 节点向 CAN FD 升级。在应用过程中，由于 CAN FD 可以并且大多与标准 CAN 混用，原车的 CAN 节点逐渐升级为 CAN FD 节点，并且通过 CAN shield 技术，可避免标准 CAN 节点将 FD 报文识别为错误帧的情况。

在车载应用领域，已经有多家设备、工具厂商支持 CAN FD 总线协议。国外厂商以 Vector 为代表，它的工具体系完整地支持 CAN FD 的开发、测试、网络分析等全部功能，另外，其 GL 系列总线记录仪也已支持 CAN FD 协议。国内厂商如广州致远电子公司 2009 年加入 CIA 协会，其自主研发的 ZDS2024Plus 示波器是一款标配 CAN FD 协议解码的示波器。

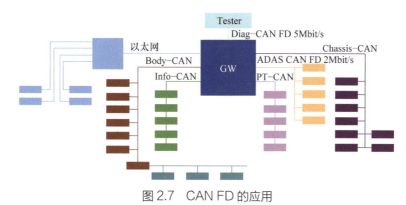

图 2.7　CAN FD 的应用

2.2.6　CAN XL 总线

从中长期来看，由于 FlexRay 和 MOST 的应用领域被以太网完全覆盖，因此 FlexRay 和 MOST 很可能被替换掉，只保留 CAN 和以太网。其中以太网工作在 100M～1000Mbit/s 之间，用于娱乐、ADAS、车联网等系统中；CAN/CAN FD 工作在 0.5M～5Mbit/s 之间；而第三代 CAN 总线 CAN XL 将"连接"这两种本质不同的总线系统，并在协同通信方面起到决定性作用。而且 CAN XL 的传输速率可达 10Mbit/s，填补了 CAN FD 和百兆车载以太网（100BASE-T1）之间的"鸿沟"。2020 年的第 17 届国际 CAN 大会（iCC）上，CiA 又推出了第三代 CAN 通信技术 CAN XL。

考虑到车载网络系统中大约 90% 控制器节点的通信速率在 10Mbit/s 以下，因此 10Mbit/s 的通信速率可覆盖广泛的应用领域，从音频到雷达和超声波传感器，再到底盘控制均可采用，CAN XL 和以太网 10BASE-T1S 在该领域存在竞争。

CAN XL 是一种高度可扩展的通信技术，涉及比特率和数据字段的长度，物理层仍在开发中，目标是实现高达 10Mbit/s 以上的比特率。CAN XL 针对面向区域的异构网络体系

结构进行了优化,该方法以最优的长度满足未来车载网络的要求。CAN XL 的几个核心期望特性如下:

1)有效负载长度:与以太网帧长度一样。
2)可靠性:等于或者优于 CAN、CAN FD 和 10Mbit/s 以太网的稳定性。
3)鲁棒性:与 CAN FD 一样好,甚至要优于 10Mbit/s 以太网。
4)波特率:在数据段的传输速率最大可达 10Mbit/s。
5)兼容性:向后兼容 CAN FD。

CAN XL 是对 CAN 和 CAN FD 的进一步扩展,并且在很大程度上遵循相同的运行原理。CAN 报文分为仲裁场和数据场,尽管 CAN XL 在仲裁场使用 500kbit/s~1Mbit/s 的低速率,但数据场的传输速率却可提升至 2M~10Mbit/s,相对于 CAN FD 的可选速率切换功能,CAN XL 强制执行速率切换,CAN XL 的数据场支持 1~2048B 的可变长度。

此外,CAN XL 总线访问仍旧采用 CSMA/CD(载波侦听多路访问/冲突解决方案),通过位仲裁解决总线访问权限问题。CAN XL 遵循严格的优先级概念,允许更重要的消息无延迟地传输。CAN XL 仅支持 11 位标识符 ID,不再使用 29 位标识符 ID。

面向服务的通信通常以 Ethernet 和 IP 技术承载,应用程序基于数据和服务来实现,并不关心服务由谁提供,因此需要动态建立服务提供者(Provider)和服务消费者(Consumer)之间的连接。与此同时,能够实现变长数据结构序列化传输是面向服务通信的另一大优势。例如,用于感知融合计算的传感器数据是系统在运行时才产生的大量数据,这些数据无法静态映射满足应用需求,因此通信系统必须支持数据动态序列化。CAN XL 的主要功能之一是数据场支持 1~2048B 的可变长度,在必要时,可将以太网帧打包为 CAN XL 消息,直接或间接通过 CAN XL 使用 IP 通信技术。

2.3 车载以太网

随着采用 L3 级及以上等级的自动驾驶技术的快速发展,车载网络上传输的数据量急剧增加。随着 V2X 技术的逐渐普及,汽车网络的开放性也成为必须,车辆不再是信息孤岛,因此需要更高带宽、更低时延、更大开放性的通信协议,而车载以太网正是符合以上功能和性能要求的解决方案。智能网联汽车电子电气架构车载总线通信需求见表 2.3。

表 2.3 智能网联汽车电子电气架构车载总线通信需求

功能列表	功能描述
骨干网络采用高带宽传输网络	域和域之间通过 100Mbit/s/1000Mbit/s 通信速率的高带宽网络,如车载以太网
域内网络采用传统总线网络	控制域内根据功能需求采用适合的传统 CAN/CAN FD/LIN 总线实现通信
通信系统需要具有物理冗余	提供至少双通道的物理总线冗余,以满足自动驾驶安全性要求

1. 以太网成为下一代车载网络发展趋势的原因

(1)以太网是通用技术

就目前采用的车载网络技术,都是难以与外部设备及网络服务连接的封闭标准,究其原因，目前占主流的车载网络标准 CAN、LIN 及 FlexRay，以及面向媒体的系统传输标准 MOST 等都具有浓重的"汽车行业"色彩，导致其应用的局限性。反之，以太网是一种简单、成熟的开放标准，基于以太网的应用都极大地降低了应用成本。例如，使用以太网物理层的车辆诊断标准 DoIP，该标准（ISO 13400）使用以太网代替 CAN 总线，规定了基于 IP 协议的车载诊断系统（OBD）和为 ECU 进行软件更新，通过 CAN 上传 81MB 的更新数据需要 10h，而通过以太网上传 1GB 的数据只需要 20min。显而易见，采用以太网 100BASE-TX 和 CAT5 的诊断接口和软件更新显然更节省时间、生产及服务成本。

（2）应用对带宽的迫切需求

高级驾驶辅助系统（ADAS）及信息娱乐设备的新型信息平台主导了新一代汽车电子的发展趋势。从功能性的角度来看，车载子系统增加，不同的子系统之间对共享数据的需求越来越多，另外随着摄像头分辨率的提升，显示需求大量增加，传统车载网络在带宽上面临巨大挑战，目前主导车载网络标准的 CAN 和 FlexRay 无疑将遭遇发展的瓶颈。MOST 总线当前最大带宽为 150Mbit/s，但 MOST 常用架构为多个设备共享带宽。与 MOST 相比，以太网可以采用更为灵活的星形连接架构，使得每一条链路都可以专享 100Mbit/s 甚至更高的带宽（如 IEEE P802.3bp RTPGE 标准，其目标是用少于 4 对的信号线实现 1Gbit/s 的传输速度）。

（3）以太网的开放性和互联扩展优势

传统汽车网络的基本功能是支撑分布式控制，其目标是连接弱耦合的总成或子系统，而智能汽车的发展需要一种简化和标准化的方法，可以把车载系统看作一个统一的网络去设计和管理，以得到更好的重用性和互操作性。以太网则提供了一个整体性的解决办法，以其灵活性及可扩展的带宽，可以连接远程信息处理和多媒体娱乐系统，适合作为主干网络连接各个应用领域。此外，基于 TCP/IP 的应用层协议，也使得车辆与外部网络的交互更加密切，例如近几年兴起了 V2X、V2V 和 V2I 等基于汽车的互联网应用。

以太网是由 IEEE 802.3 标准化制订的，如图 2.8 所示，它由完整的物理层（PHY）和特定技术的数据链路层（DLL）组成，包括数据包格式和介质选定方法。

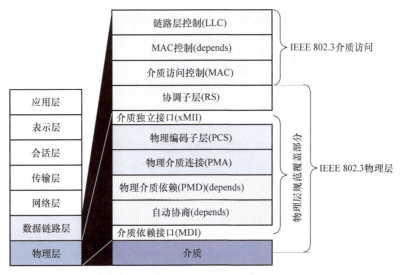

图 2.8　IEEE 以太网

2. 以太网发展时间节点

在进入汽车领域之前，以太网已经获得了广泛的应用，同时还具有技术成熟、高度标准化、高带宽以及低成本等优势，以太网发展有以下几个重要时间节点：

1) 1973 年以太网被发明。
2) 1989 年 10 月 IETF 发布了 TCP/IP 互联网协议套的完整协议族。
3) 1995 年 6 月发布 IPv4 路由器规范。
4) 1997 年 IEEE 802.3 用全双工通信和流量控制取代共享介质方法。
5) 1995 年新增自动协商；2003 年新增以太网供电（PoE）。
6) 2010 年提出节能以太网（EEE）。
7) 2013 年成立适用于汽车的减少双绞线对的千兆以太网（RTPGE）的任务组。

除了直接与物理层有关的活动之外，IEEE 一直致力于以太网的服务质量（QoS）方案和其他管理功能。在早期以太网中，基本上所能提供的质量控制就是接收端的 CRC 校验，检测到错误后将包丢弃，除此之外没有其他的处理。后来，IEEE 802.3 工作组成立，致力于以太网标准的制定，主要是物理层和数据链路层，802.3 技术支持 802.1 确定的网络架构，同时 802.3 也定义了局域网的连接机制是 CSMA/CD。

另外一个重要的概念在 2011 年成型，即 IEEE（主要在 802.1）完成了第一套归纳为音视频桥接（AVB）的标准。AVB 旨在提升以太网上音视频的传输质量。2016 年，更多 AVB/QoS 功能的增强仍在名为时间敏感网络（TSN）任务组中进行标准化。

3. 车载以太网的关键技术问题

将以太网应用在汽车上，形成车载以太网的过程中，解决了以下几个关键技术问题：

（1）使用一对双绞线

传统以太网（如 100BASE-TX）使用 4 对双绞线，在成本和重量上相比汽车行业的 CAN 总线都不占优势，而汽车以太网使用一对非屏蔽双绞线，解决了成本和重量问题。

（2）实时性问题

传统以太网采用载波监听多路访问/冲突检测（CSMA/CD）的介质访问控制方式，当有数据需要使用网络控制权时，首先需要监听网络上是否有数据在传输，直到网络空闲时才能传输数据，这导致其数据传输具有不确定性或者说非实时性。因此，传统以太网一直被认为是在数据传输过程中具有"非确定性"的网络系统。当网络负荷较大时，数据传输的不确定性不能满足工业控制领域的准确定时通信的实时性要求（即确定性要求），故传统以太网技术难以直接在汽车中应用。现有车载网络如 FlexRay 中的确定性 TDMA 的行为，对于安全关键应用是其设计的出发点，技术优势远远高于使用 CSMA/CD 模式的以太网。目前有相当多研究致力于解决汽车领域以太网对实时关键数据的传输问题，最为成熟的两项技术是以太网音频视频桥接（AVB）和时间触发以太网（TTEthernet）。

2.3.1 车载以太网简介

车载以太网（Automotive Ethernet）是一种用以太网连接车内电子控制单元的新型局域网技术。与传统的以太网使用 4 对非屏蔽双绞线（Unshielded Twisted Pair，UTP）电缆（共 8 根铜质电线）不同，车载以太网在单对非屏蔽双绞线（共 2 根铜质电线）上可实现

100Mbit/s 或 1Gbit/s，甚至更高的数据传输速率，同时还能满足汽车行业对高可靠性、低电磁辐射、低功耗、带宽分配、低延迟以及同步实时性等方面的要求。

车载以太网的历史可以追溯到 2004 年，宝马公司为加快汽车故障诊断的软件刷写过程，选择并发起使用标准的 100BASE-TX 以太网来解决此问题的研究。2008 年，宝马采用 100BASE-TX 技术，即采用两对非屏蔽双绞线电缆和以太网 RJ45 插接器与车内 OBD 插接器相连，用于解决故障诊断和程序刷写问题。此外，这项技术也在 2008 年用于宝马量产车的高端后座娱乐系统（RSE），但为了满足车辆 EMC 要求，物理链路需要屏蔽，造价高昂。

为解决成本问题，满足在非屏蔽线缆上使用 100BASE-TX 的电磁兼容性（EMC）要求，2008 年 1 月，博通公司提出的 BroadR-Reach 技术进入宝马 EMC 实验室，测量结果显示其具有超越许多传统网络技术的 EMC 性能，并证实了汽车环境中可以使用单对非屏蔽线缆以 100Mbit/s 传输以太网数据包。2013 年，宝马发布首款搭载车载以太网 100BASE-T1/OABR 的 BMW X5 车型，将其用于环视系统（SVS）中摄像头数据到环视 ECU 的传输信道。2015 年，宝马 7 系将车载以太网用作信息娱乐系统与辅助驾驶系统的系统总线。2016 年，三家汽车制造商（宝马、JLR 和大众）在量产车上支持汽车以太网。

据博通公司称，以太网技术的线缆重量可减轻 30%，车内互联成本可降低 80%。博通 BroadR-Reach 技术如图 2.9 所示，利用单对非屏蔽双绞线电缆和标准以太网 PHY 组件组成车内以太网互联网络，可实现 100Mbit/s 速率全双工数据传输，PHY 与上层 MAC 之间连接采用标准的 MII 接口。

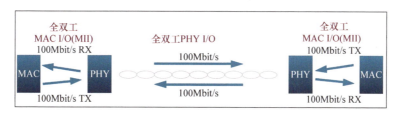

图 2.9　BroadR-Reach 技术

车载网络节点至少需要两个连接：一个连接到车载网络；一个连接到电源。汽车工业中，由于不断强调减轻质量和降低成本，将功率传输和数据交互在同一条线缆上实现的能力尤其具有吸引力，削减电缆具有降低成本的优势，同时更少的电缆意味着更轻的质量，这有助于提高燃料经济性。

为了满足这些需求，以太网工程师开始研究一种巧妙的方法，通过承载网络数据的以太网电缆传输直流电源，这项技术被称为以太网供电（Power over Ethernet，PoE）。PoE 的一种变体技术被称为数据线供电（Power over Digital Line，PoDL），即双绞线在传输数据的同时还可以为连接终端供电，省去了终端外接电源，降低了供电的复杂度，专门用于汽车以太网应用。

PoDL 原理比较简单，对于 100BASE-T1 而言，数据的差分传输是通过一个阻塞电流直流分量的电容来实现的。为了供电，共模电流在经过特定电路后耦合到发送侧的电缆上，并在接收端解耦合，如图 2.10 所示。

2003 年推出的 PoE 技术可通过标准的以太网线缆提供 15.4W 供电功率，而到 2009 年，供电功率已高达 25.5W。PoDL 预计用于为 DC 12V 和 DC 5V 电压供电规定功率限制和方法，而 DC 5V 供电可能更加有利，因为它能够降低车载 ECU 对电压转换电路的需求。

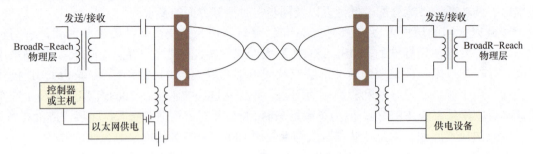

图 2.10　以太网供电技术基本原理

PoDL 不仅可以节省线束和降低成本，还可以进一步优化系统抗电磁干扰性能，因为电源线始终是电磁干扰的来源之一。通过正确的端接和数据线良好的平衡性，电流可以闭合回到电源，在这种情况下，仅需使用同一地，就可以避免车内不同位置部件地电位的偏移。

图 2.11 所示是车载以太网及其支持的上层协议架构，与 CAN 总线不同，以太网不仅定义了 OSI 模型中的第一和第二层，上层协议还包括计算机网络常用的 TCP/IP 协议、音视频桥和时间敏感网络 AVB/TSN，以及中间件和应用层协议。

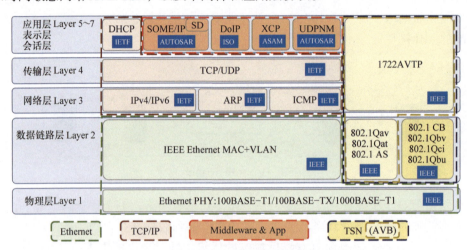

图 2.11　车载以太网及其支持的上层协议架构

1. 车载以太网技术应用发展路线

作为一种新的汽车网络技术，汽车以太网在汽车的搭载和普及不是一蹴而就的，它不会在短期内完全代替现有车载网络技术。在进入汽车领域后，车载以太网技术更多的是先从部分子系统慢慢融合，并最终推进汽车网络架构的演进过程。车载以太网技术的运用可归纳成如下三个阶段：

（1）第一阶段

在某个单独子系统上应用车载以太网技术，实现子系统功能。如面向汽车诊断功能（OBD）和 ECU 软件更新的 DoIP 协议的推广运用。以 ECU 软件更新为例，在使用以太网之前，软件只能通过车载诊断（OBD）插接器连接的外部测试设备来刷写程序更新 ECU。

以这种方式，高端汽车的刷写需要超过 16h，但采用以太网后带来如下优势：

1）数据速率足够高，相对于传统基于 CAN 的刷新（1Mbit/s），刷写带宽可提高 100 倍，刷写更新也只需要 15min。

2）通过动态主机配置协议（DHCP）服务器将 Pv4 地址分配给汽车，通过独有的车辆识别码（VIN），每辆车都能被明确地识别。它与临时分配且唯一的 IP 地址结合在一起，汽车就可以在世界各地的任何车间被定位。外部设备中诊断应用通过 UDS 协议与汽车的内部设备进行通信，也就是说，刷写进程成为互联网功能的一部分。

3）通过使用以太网，测试软件可以安装在普通 PC 上，而不需要专用硬件。由此可见，基于以太网的 ECU 软件更新显著提高了汽车诊断和软件更新的时效性，降低了生产和服务成本。

（2）第二阶段

将几个子网络整合，构建车载以太网子系统，实现各个子系统的功能。如面向智能座舱和智能辅助驾驶功能的推广使用，这是由于 BroadR-Reach 技术不断完善，产业生态逐渐形成。基于 SOME/IP、AVB 等协议，车载以太网技术会以独立的节点或小范围内子系统的形式实现量产，如使用高清以太网摄像头的环视泊车系统、基于以太网传输的多屏互动的高清智能座舱系统等。

（3）第三阶段

基于前两个聚焦于特定子系统技术与应用阶段性成果的积累，第三阶段将开启以太网为汽车主干网络，集成动力总成、底盘控制、车身控制、数字座舱等，形成一个跨域汽车以太网网络，并逐步引入 TSN、千兆超高速汽车以太网等技术。

如图 2.12 所示，车载以太网从开始时应用于外部访问汽车 ECU 的诊断和固件程序刷新阶段，逐渐发展到作为汽车网关的重要附件，用于连接摄像机或多媒体组件。汽车以太网在先进辅助驾驶系统领域获得了极大成功，被广泛用于激光雷达、机器视觉等数据的传输，目前正在向着用车载以太网骨干网方向快速发展。

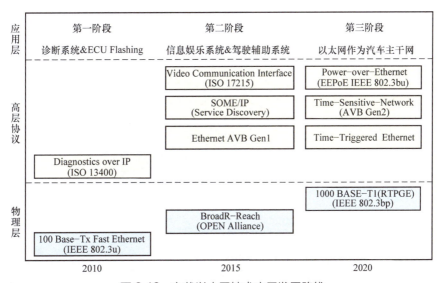

图 2.12 车载以太网技术应用发展路线

2. 交换机

基于总线的网络通常需要系统内所有节点采用统一的数据传输速率，且所有节点分享通道的最大传输带宽。相反，基于交换的网络允许每个链路上不同数据传输速率参与者均为最大数据速率。而分组交换技术将通信数据分成若干分组，以太网中称这些分组为帧，这些帧可以在节点间的物理链路上发送，允许多个设备间同时实现数据分组交换，由交换机串联了各硬件总成，为各端口之间提供了有效的网络数据转发、虚拟网络划分、链路聚合等功能。

现代交换机内部，电路可以实现将来自不同发送方的帧数据发送到各自的接收方，因此可以实现网络内部多个设备之间数据的同时交换。如图 2.13 所示，考虑一个简单的 BroadR-Reach 分组交换网络，某一时刻，中央处理单元与传感器之间在某一方向上有 100Mbit/s 的传输速率，控制器和显示仪之间情况类似。可以看出，如果所有的网络链路均工作在最大传输速率，那么即使 BroadR-Reach 的传输速率为 100Mbit/s，实际网络的理论吞吐量为 400Mbit/s。

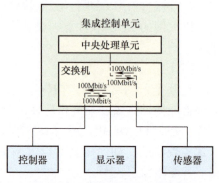

图 2.13　交换网络流量示意图

交换机可以分为控制器内部交换机和外部交换机两种类型，两种交换机均工作在 OSI 参考模型中的数据链路层。对自动驾驶架构，交换机不仅要满足基本数据通信及转发，同时需要提供适当的时间同步、调度延迟处理、资源管理及可靠性保证，如图 2.14 所示。

Ser Des: SERializer(串行器)/DERializer(解串器)
MII: Media Independent Interface(介质独立接口)
RGMII: Reduced Gigabit MII(简化的GMII)
RVMII: ReverseMII
SGMII: Serial GMII(串行GMII)
SR-IOV:Single Root I/O Virtualization(虚拟化技术)
PCIe: peripheral component interconnect express(高速串行计算机扩展总线标准)
GPIO: General-purpose input/output
SPI: Serial Peripheral Interface(串行外设接口)
UART:Universal Asynchronous Receiver/Transmitter(通用异步收发器)
JTAG: Joint Test Action Group(联合测试工作组)
MACsec: 介质访问控制安全

图2.14　交换机

（1）交换机的数据播发

自动驾驶采用冗余的 EE 架构设计，域控制器内部和域控制器之间都采用包含传感器、执行器、通信、电源等的双路计算交互方式。比如，域控制器内部对于传感器数据的处理，通常是多 SoC 均接入某一类传感器数据进行数据处理、融合，输入的传感器数据会通过交换机传递至不同的 SoC。传感器数据类型可以是原始数据，也可以是结果数据，不同的传递方式依赖不同的传输介质及交换机，如原始数据依赖 PCIe 交换机传递图像，结果数据依赖以太网交换机传递环境目标信号。交换机工作的方式有单播、广播和组播的方式，为了实现资源利用率、效率和可靠性的最大化，通常会选择带有组播优势的交换机。因为组播方式的交换机相当于"点对点订阅"所需信息，所以既避免了单播无法全面找到适配的接收端的弱点，又可以规避广播中对于交换机存储和 CPU 处理能力的极大挑战。

（2）交换机的时间同步

汽车 EE 架构将以太网作为主干网，域控通过以太网交换机进行直连，且关联的每个域都会有自己的交换机，各域控之间的交互需要考虑时间同步。为了更好地适配整个架构，需要增加时钟冗余和时钟传输路径冗余，同时需要满足车辆功能安全的需求。交换机在整个域控内部及域控之间都可以看成一个边界时钟节点，即传递至接收端的帧信息有数据和时间戳信息，这使接收端可以定期进行时间同步。由于交换机具备一定的存储转发功能，因此，当主时钟失效的时候，可以通过存储的时钟信息起缓冲作用。可以考虑采用时间敏感网络（TSN）中相关时间同步协议 802.1AS/802.1AS-Rev 进行交换机同步规范，可参考 2.5.2 节。

（3）交换机的调度延迟处理

交换机的调度延迟也可以理解为传输延迟，交换机对智驾域输入需要传输的数据庞杂，每种数据从重要度、紧急度、轻量化等方面有一定的优先级。在交换机多个待输出队列中识别 VLAN 或 IP 所代表的优先级队列，利用循环列表的方式来控制每个队列的开关时间窗口，调整时间感知整形器，通过灵活配置来实现不同延时需求的调度规则集合。配置过程可以高优先级在传输帧中抢占低优先级发送数据，从而减少不同数据帧的最大传输延时，确保实现传输延时确定性和带宽的稳定性。

（4）交换机的资源管理与可靠性

传统的 CAN 网络通信具有天然的组播通信方式，某一个节点的故障不会中断其他节点间的通信。功能安全在应用汽车以太网作为骨干网的拓扑中主要关注的是通信安全，集中式 EE 架构是在基于以太网基础上采用集中式的点对点通信实现的，这就需要使用一定的消息队列来缓存一定大小的报文和控制通信信息。并且，考虑功能安全所关注的通信安全，要求该以太网交换机利用软件或者硬件冗余通道来保持实施数据备份。很多车身网络工程师采用 TSN 协议中的 802.1CB 规范来设计硬件线路和软件流量的双重备份，这种类似复制帧的方式有效地提升了功能安全等级。

3. 车载以太网的主要特点

（1）高带宽、低成本

相比于 CAN 总线的 1Mbit/s，车载以太网的 100Mbit/s 乃至 Gbit/s 级的网络带宽，显示了其具有高带宽的特点。同时，由于 BroadR-Reach 物理层技术采用非屏蔽单对双绞线作为传输媒介，节省了线束，使占整车成本很大比例的线束成本得以大幅降低，且线束还可以基于质量、位置或空间的要求来进行优化，有可能会放松线束制造的设计和限制。以太网这种点对点的通信方式为车载通信架构开辟了新的可能性。

（2）全双工

采用点对点的全双工通信链路，这意味着两个相连的设备可以同时发送和接收。与CAN总线网络相比，两个设备可以立即发送和接收，而不是需要通过非破坏性仲裁方式获得总线的使用权，节点通信过程中没有冲突发生。在100Mbit/s的BroadR-Reach技术情况下，在考虑数据的发送和接收时，理论上可以具有最大200Mbit/s的总吞吐量（实际上，通常不会在两个方向上拥有完全饱和的链路）。全双工操作为不同设备对之间的同步对话以及AVB/TSN等高级功能铺平了道路。

（3）广泛的技术支持

基于以太网的车载网络的另一个根本性的优势是继承了现有ISO/OSI架构下分层通信技术的资源，各种物理层技术，包括不同速率等级或不同媒介的技术（如铜线或光传输甚至无线传输），都可以通过交换机被应用层采用。十多年前，人们认为电气通信系统无法支持汽车环境中需要的Mbit/s量级的数据传输，车载电子网络系统将像广域网一样被光纤传输及光学系统所取代，因此大大增加了车载宽带传输的复杂性。而2016年之后，行业中讨论的热点是Gbit/s量级以太网的电气传输，这种通过跨界实现的技术的借用为全双工通信（而不是固定带宽的环结构）交换网络的成本优化奠定了基础。

车载以太网目前存在的主要不足之处就是采用星形拓扑结构，星形拓扑中节点之间的连接需要通过交换机作为通信中介来完成。星形拓扑网络通过增加交换机数目可以很容易实现网络中通信节点的添加，但由于交换机端口数目的限制，需要增加节点时星形拓扑结构会进化为树形拓扑网络结构。与CAN总线型网络相比，交换机的存在使得车载以太网拓扑结构的伸缩性较差，只有交换机有空余端口时才能增加节点，网络测试和分析工具也不能随意地连接到总线上。

4. 车载以太网国际组织

车载以太网是汽车网络技术的主要发展方向，目前推动车载以太网技术应用与发展的主要国际组织有：

（1）单线对以太网（One-Pair Ether-Net Alliance SIG，OPEN）联盟

2011年11月，恩智浦（NXP）、博通和宝马成立了单线对以太网（OPEN）联盟。OPEN联盟的总目标是有助于将基于以太网的通信建设成为车载网络技术，早期的重点是BroadR-Reach/100BASE-T1技术，定义了功能性和EMC符合性测试，并制定了互操作性测试规范，OPEN还规范了组件（如电缆、插接器和线束制造）并确定了适合的工具。OPEN联盟成立了14个技术委员会，分别用于指定和统一IEEE 100BASE-T1和1000BASE-T1等通信方式的物理层协议一致性和互操作性的规范。OPEN通过推进BroadR-Reach单对非屏蔽双绞线以太网传输技术的标准化和汽车以太网标准的完善，逐步实现基于该标准的开放系统的创建。

（2）电气和电子工程师协会（Institute of Electrical and Electronics Engineers，IEEE）

IEEE 802.3工作组制订的局域网标准代表了业界主流的以太网标准。车载以太网是在IEEE 802.3的基础上开始研制的，根据汽车行业需求，IEEE对汽车以太网的物理层和上层通信协议进行标准化。其中，IEEE 802.3主要负责定义传输物理层的标准，IEEE 802.1则主要负责定义二层数据链路中的标准，包括AVB/TSN规范等。

-1、0 和 +1。由于 3bit 二进制数据可以对应 8 个值，而 2 个三进制符号有 9 个可能值，这样就可以通过一对三进制实现 3bit 二进制编码值的覆盖，且有一个符号对未使用，通常情况下，三进制 0、0 不使用，如图 2.18 所示。

```
4B/3B (33.33M*3) :  000 | 001 | 010 | 011 | 100 | 101 | 110 | 111
3B/2T (33.33M*2) : -1 -1 | -1 0 | -1 +1 | 0 -1 | 0 +1 | +1 -1 | +1 0 | +1 +1
```

图 2.18　3B→2T 编码

这种编码下，时钟周期不变，仍是 33.33MHz，但是每个时钟周期的两个电平就表示了上面的 3 个位，所以此时的数据速率仍然是 100Mbit/s。

（3）2T → PAM3

最后一步是脉冲输入调制。发送数据时，由 PCS 模块创建的每个三位块对被传递到物理媒体附件子层（PMA 模块）以进行传输，接收数据时，过程相反。为了能在双绞线上传输，需要将 2T 中的 -1、0、+1 对应成低电平、0 或高电平，对应的电平值分别是 -1V、0V、1V，这是一种 3 级脉冲幅度调制技术，称为 PAM3（图 2.19）。

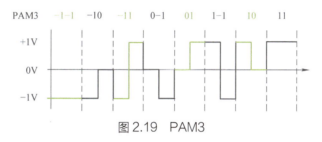

图 2.19　PAM3

每组 3 个比特位需要 2 个三进制符号，但车载以太网 100BASE-T1 只有一对双绞线用于传输数据，因此必须按顺序发送。为了达到 100Mbit/s 的目标标称吞吐量，需要每秒发送 33.33Mbit 数据组，这意味着每秒有 66.67M 三进制符号。由于数据的处理和传输方式，这种 66.67M（符号率）信号的带宽仅为 33.33MHz 左右。这个频率的选择很重要，因为它允许 100BASE-T1 在频谱的最佳频段运行，从而降低对电磁干扰和其他信号劣化问题的敏感性。PMA 模块还负责实施 100BASE-T1 所需的众多其他功能，包括实现同时全双工操作所必需的链路监控、时钟同步、滤波和数字信号处理技术。

最后在总线上的波特率是 66.666Mbit/s，但平均每个电平周期实际上包含了 1.5bit 信息，实现的是 100Mbit/s 的通信速率。

3. 全双工（Full Duplex）

该物理层的特点之一是可以用双绞线以 100Mbit/s 的速度双向传输信息，即两个相互连接的节点可以同时发送信息（全双工）。双工通信系统是一种点对点系统，由两个或多个连接方或设备组成，可以双向通信。在许多通信网络中采用双工系统，以允许两个连接方之间同时进行双向通信，或者为现场设备的监控和远程调整提供反向路径。

有两种类型的双工通信系统：全双工（Full Duplex，FDX）和半双工（Half Duplex，HDX）。全双工系统中，双方可以同时进行通信。如打电话时，通话双方可以同时发言和被对方听到。当送话器传输本地方的语音时，耳机再现远程方的语音。它们之间存在双向通信通道，或者更严格地说，它们之间存在两个通信通道。在半双工系统中，双方可以互相通信，但不能同时通信。半双工设备的一个例子是对讲机，当本地用户想和对方通话时，他们按下这个按钮，打开发射器并关闭接收器，防止他们在通话时听到对方的声音；为了听远处的人说话，他们松开按钮，打开接收器并关闭发射器。不需要双工功能的系统可能会使用单工通信，其中一个设备发送而其他设备只能收听，例如广播电台、电视和监控摄像头，在这些设备中，通信仅在一个方向上。

全双工系统允许双向通信，且允许同时发生。许多以太网连接通过同时使用同一套管内的两对物理双绞线或直接连接到每个联网设备的两根光纤来实现全双工操作，其中一对双绞线或光纤用于接收数据包，而另一根用于发送数据包。其他以太网变体如 1000BASE-T，同时在每个方向使用相同的通道。无论是以上哪种情形，通过全双工操作，电缆本身成为无冲突环境，并使每个以太网连接支持的最大总传输容量增加 1 倍。

在车载以太网通信中，作为发送方时，节点会将自己的差分电压施加到双绞线上，而作为接收方时，节点会从总电压中减去自己施加的电压，从而得到对方节点发送的电压，此机制属于回波消除法。在电话等全双工音频系统中，当来自远端的声音从近端的扬声器发出并重新进入那里的送话器，然后被发送回远端时，就会发生回波。回波消除是一种信号处理操作，它在送话器信号通过网络发回之前从送话器信号中减去远端信号。回波消除可用软件和硬件实现，它们可以是通信系统中的独立组件，也可以集成到通信系统的中央处理单元中。

10BASE-T 和 100BASE-TX 有两对信号线，分别进行收和发，但是 100BASE-T1 也是物理全双工接口，却允许在同一对上进行发送和接收。这个物理全双工通过叠加原理完成，100BASE-T1 PHY 具有集成的混合功能，并使用回声消除功能来消除其自身的发送信号并从链路伙伴中提取接收到的信息。为了做到这一点，一个 PHY 专门用作主机，另一个作为从机。当两个 100BASE-T1 PHY 连接时，它们会经过同步传输过程，从而使被测设备（DUT）和链路伙伴以相同的频率和相同的相位传输信息。为了计算差分电压，两个节点必须知道新的电压信号的开始时间，这意味着两个节点必须同步符号流，即主节点生成一个连续符号流，从节点与之同步，微控制器的基础软件将 PHY 配置为主节点或从节点。

图 2.20 说明了每个 PHY 内的混合和回波消除的简化框图。

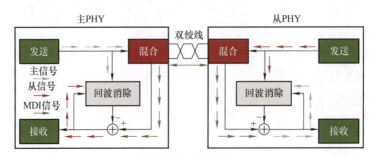

图 2.20 回波消除

2.3.3 车载以太网物理层规范

目前车载以太网常用的是 IEEE 100BASE-T1 和 IEEE 1000BASE-T1，本文以 IEEE 100BASE-T1（前身即 OABR）为例介绍车载以太网的物理层。OABR（Open Alliance

BroadR-Reach)是一种物理传输技术,起初由博通公司开发,后由 OPEN Alliance SIG 标准化为 IEEE 100BASE-T1。此外,目前车载以太网也正在发展 10BASE-T1S(10Mbit/s)用于面向实时控制的通信,直接与 CAN 总线的拓展技术发生正面竞争。

1. 100BASE-T1 特点

100BASE-T1 采用博通公司 BroadR-Reach 技术,可以实现单对非屏蔽双绞线完成全双工通信,从而节省线束、节约成本,100BASE-T1 汽车以太网标准实现了在单对电缆上同时发送和接收(即全双工)操作。为了更好地解码相关信号,与 100BASE-TX 中使用的扰码器相比,数字信号处理器(DSP)使用高度优化的扰码器,提供了汽车应用所需的稳健且有效的信号方案。100BASE-T1 汽车以太网标准使用的信号方案具有比 100BASE-TX 更高的频谱效率,将汽车以太网 100BASE-T1 的信号带宽限制在 33.33MHz,大约是 100BASE-TX 带宽的一半,较低的信号带宽可改善回波损耗,降低串扰,并确保 100BASE-T1 汽车以太网标准符合严格的汽车电磁辐射要求。

车载以太网物理层 100BASE-T1 的主要技术指标如下:

1)理论吞吐量:100Mbit/s。
2)传输带宽:33.33MHz。
3)线缆和接口:单对非屏蔽双绞线(Cat-3/5 线缆),最长距离为 15m,电阻标称值为 100Ω,线缆中间最多可有 4 个直插式插接器,线缆机械接口采用 2 针插接器或多针插接器的 2 个针脚,具体特性要求详见 IEEE 802.3 标准。

2. 10BASE-T1S 特点

汽车行业引入车载以太网技术迎接面向实时传输和处理高带宽数据的挑战,包括被 ADAS 采用的 100BASE-T1 和 1000BASE-T1。而面向低端应用,正在开发的 10BASE-T1S 同样使用 10Mbit/s 的传输速率,其中"S"代表短距离或低速率,并且明确应用在车载系统中,其传输距离可达 25m。10BASE-T1S 不应与 10BASE-T1L(L 代表长距离)相混淆,后者的最大距离可达 1000m,通常用于工业应用。

10BASE-T1S 的物理层使用非屏蔽双绞线,与现今其他基于交换机的以太网拓扑相比,10BASE-T1S 拓扑是总线型的,所有节点均通过支线(最大长度为 10cm)连接到主干,这将引起网络访问的冲突问题。为解决此问题,需要在以太网物理层(PHY)中采用循环控制的方法,允许通过物理层冲突避免(Physical Layer Collision Avoidance,PLCA)进行无冲突的网络访问,从而保证每个网络节点的确定性响应时间,如图 2.21 所示。

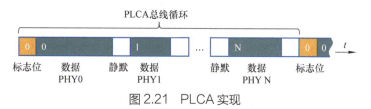

图 2.21 PLCA 实现

目前,IEEE 802.1DG 项目组正在修订车载以太网 10BASE-T1S 相关通信协。10BASE-T1S 用作车载网络的子部分,常用作终端树(Ending Tree),到车内通信的其余部分会有一个中继或网关。

(1) 10BASE-T1S 的使用限制

10BASE-T1S 网络中的所有节点都通过多点拓扑连接，因此必须将其视为点对多点通信。当在此拓扑上使用 802.1AS 时，这会导致以下新的限制：

1）所有 10BASE-T1S 节点应使用单个广义精确时钟协议（general Precise Time Protocol，gPTP）域，目的是确保所有局域网里的节点的时间完全一致。

2）传统以太网允许动态配置网络中提供最佳系统时间的 ECU，并将其设置为 Global Master。而汽车中的节点大多数都是静态预定义的，最佳主时钟算法（BMCA）不得用于 10BASE-T1S 网络，所有网络节点的时钟主机位于中继或网关中。

3）中继或网关将 10BASE-T1S 网络连接到车载通信的其余部分。

(2) 10BASE-T1S 和 CAN XL 的比较

过去，以太网技术与 CAN 技术本身是完全不同的技术，一个设计的目标是在一定时间内传输大量数据，另一个设计的目标是在复杂恶劣情况下可靠传输数据。本来其应用领域并不存在竞争，但随着 CAN 总线提升速率，而以太网降低速度，两者在 10Mbit/s 这个级别出现了重叠。100BASE-T1 应用到骨干网络后，10BASE-T1S 和 CAN XL 都可作为子系统的网络总线通道，10BASE-T1S 可以通过开关切换耦合到 100BASE-T1，而 CAN XL 则需要网关来连接，两种实现方式各有利弊，理论上可以并行存在。未来哪种通信系统将在这一领域中扮演主要角色，取决于成本及技术因素。两种方式的拓扑如图 2.22 所示。

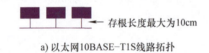

a) 以太网 10BASE-T1S 线路拓扑

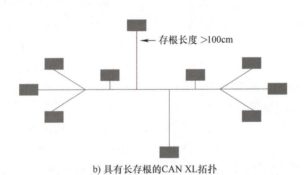

b) 具有长存根的 CAN XL 拓扑

图 2.22 10BASE-T1S 和 CAN XL 拓扑示意图

作为汽车电子控制的底层关键技术，10BASE-T1S 和 CAN XL 这两类技术仍需要进行一些定性和定量的比较：

1）传输速度：从数据净荷来看，两种技术相当，都可以达到 10Mbit/s，但是为了兼容老的 CAN 规范，CAN XL 的帧头速率较低，这其实降低了整体的传输速率。

2）规范成熟度：10BASE-T1S 已经发布了标准文档，CAN XL 规范还没有最终确定，仍有一些悬而未决的问题。

3）软硬件成本：CAN 控制器目前大多是集成到微控制器或微处理器芯片中的，这减少了一部分软件成本，也保证了一致性。可能会有一些处理器集成 10BASE-T1S 控制器，但由于需要以太网软件协议栈，可能会增加一些软件成本，并带来协议一致性的问题；同时受限于 25m 的最长通信线路和最大 8 个节点，会导致一些特殊域（如空间分布范围比较大的新能源汽车的电池域）使用起来会分成多网段，增加成本。

4）可靠性：CAN XL 继承了 CAN 良好的可靠性特性，可以保证收发数据无丢失，这个特性都是固化在 CAN 控制器中的。10BASE-T1S 与其他以太网协议一样，需要通过较高层的协议（如 TCP）才能检测出数据丢失，而且依赖于软件实现。

5）错误恢复：CAN XL 与 CAN 一样，可以检测故障并从故障中恢复出来，当帧头速率 1Mbit/s 时可以在 23μs 内恢复，但 TCP/IP 却要花几十毫秒才能从故障中恢复过来。

6）仲裁访问：CAN 提供基于优先级的仲裁来管理竞争节点之间的网络访问，10BASE-T1S 基于全局时钟，用时间分片的方式访问网络。

7）兼容性：CAN XL 可以实现对大多数 CAN/CAN FD 应用的兼容，但是不支持远程帧和 29 位的 ID 场，10BASE-T1S 在以交换机为核心的车载网络中是完全兼容的。

8）软件可移植性：CAN XL 在一般乘用车 ECU 上移植软件问题不大，但由于不支持 29 位 ID，在商用车应用就比较麻烦；10BASE-T1S 继承了以太网的良好特性，很多成熟的基于 TCP/IP 的工业界软件都容易移植到新的车载以太网协议上去。

9）协议扩展性：CAN XL 的数据字段长度为 2048B，11 位优先级字段。另外，为使用更高的协议，CAN XL 提供了一个 8 位指示符。这是一个嵌入式层设置参数（Embedded Layer-Setting Parameter），不适合经典的 OSI 参考模型。这种嵌入式层设置参数将有助于其他更高层协议简化协议栈。10BASE-T1S 基于以太网，具有良好的扩展性。

10）节能性：CAN XL 可以支持低功耗后唤醒，而以太网目前缺乏这个功能。

支持 CAN XL 的一个有力论据是在车辆中基于信号的通信仍旧占据主导地位，对于典型的控制任务，基于信号的通信方法经历了近三十年的测试和验证，其主要特征是预先定义通信矩阵，诸如温度、压力、速度或转速之类的信号始终表示相同的固定参数，该参数被映射到已建立的 CAN 报文中，并发送到总线上。

与 10BASE-T1S 相比，CAN XL 能够借助星形和总线型拓扑，构建更复杂的拓扑结构。由于 10BASE-T1S 不允许支线超过 10cm，因此现有的 CAN 解决方案的可靠拓扑结构无法一对一地用 10BASE-T1S 网络代替，然而从 CAN/CAN FD 升级到 CAN XL 却非常灵活。

正是与 CAN 总线兼容这种平滑的过渡方式，使得关注紧凑型和中型汽车的整车厂对采用 CAN XL 颇具兴趣，在这个面向大众的市场中，没有雷达传感器和高分辨率摄像头产生的巨量数据，就没有迫切需要引入基于以太网的网络通信技术，传统 CAN 仍将占主导地位。对于此类车辆，CAN XL 在现有车辆架构的基础上提供了进一步开发的理想平台，无需重新设计线束、控制器和协议栈。与 TCP/IP 相比，CAN 的协议栈更简单，因此可以使用体积更小、成本更低的微控制器，CAN XL 的目标之一就是继续保持这一传统优势。

此外，未来面向服务的通信会大行其道，SOME/IP 支持服务提供方（数据发送端）和服务消费方（数据接收端）之间建立动态链接，由谁提供底层通信并不是应用程序关心的重点。CAN XL 仍可以支持面向服务的通信。

面向服务的通信还负责动态数据的传输，例如传感器数据融合仅在应用程序运行时才使用感知系统采集的数据，而基于信号通信的静态映射数据无法满足此类应用需求，这需要通信系统必须支持动态地序列化数据。在 AUTOSAR Classic 平台中，SomeIpXf 模块负责序列化工作，属于 AUTOSAR 基础软件的一部分，因此可考虑用于序列化 CAN XL 的动态数据。

2.3.4 车载以太网数据链路层

以太网通信的第二层是数据链路层,提供用于控制数据传输的重要基本功能,包括统一的报文结构、节点寻址和总线访问方式(Bus Access Method),所有基本功能在以太网控制器中实现。目前,该控制器可以单独实现,但通常是微控制器的一个组成部分。

1. 数据传输

符号和符率是针对物理层而言的,第二层传输的是按位组成的以太网帧,位流通常通过介质无关接口(MII)在以太网PHY和以太网控制器之间传输。MII是IEEE标准化接口,具有多种变型以满足不同的传输速度。

2. 总线访问方式

在发送报文之前,以太网控制器首先侦听物理介质(载波监听),判断网络中的另一个节点是否正在发送报文,从而防止报文被覆盖。如果介质处于空闲状态,则以太网控制器开始进行数据传输。由于多个节点可能会通过以太网同时访问总线(多路访问),因此如果两个节点同时开始发送,则在传统总线网络上可能会发生冲突。对于这种情况,以太网控制器具有用于取消传输的冲突检测(Collision Detection, CD)功能。为防止产生第二次冲突,节点须等待随机时间之后才开始重新发送(避退过程),每个发送方必须自己计算随机时间,以减少再次碰撞的概率。

3. 冲突检测

完整的总线访问方式被称为载波监听多路访问/冲突检测(CSMA/CD),相关算法在以太网控制器中实现。对于车载以太网的物理层,因为不是共享总线方式,所以冲突检测位于次要地位。

4. 寻址

节点寻址用于在以太网中定向传递报文,为此,每个节点至少具有一个MAC地址,作为局域网(LAN)中的唯一标识。传输的报文始终包含源地址和目标地址,以便可以推断通信节点。

(1)单播(Unicast)

单播MAC地址是帧从一台发送设备发送到一台目的设备时使用的唯一地址。要传送和接收单播数据包,目的IP地址必须包含于IP数据包头中,相应的目的MAC地址也必须出现于以太网帧帧头中,只有IP地址和MAC地址相结合,才能将数据传送到特定的目的主机。

(2)广播(Broadcast)

发送广播时,数据包将本地网络(广播域)中的所有主机都作为接收和处理该数据包的主机,广播MAC地址长48位,全部为1,以十六进制显示时则为FF-FF-FF-FF-FF-FF。许多网络协议,如动态主机配置协议(DHCP)和地址解析协议(ARP)等,都使用广播。

(3)组播(Multicast)

为了使报文传递到多个节点,除了单播报文之外,还可以使用组播地址。通过定义一组节点,组内成员可通过共享的MAC地址接收报文,与允许将报文发送到所有节点的广播地址不同,组播地址必须在相应的节点中配置。

（4）虚拟局域网（VLAN）

作为经典寻址方式的扩展，VLAN 地址经常用于汽车行业。这些地址虚拟网络存在于整个网络中，并允许划定通信范围，这样就可以为不同的应用划分不同的域，域内成员可相互通信。由于某 ECU 可以使用或提供多个应用，因此该 ECU 可能是多个域的成员，进而可能是多个 VLAN 网络的成员。为了提高实时性，VLAN 还提供定义报文优先级的选项，确保重要的数据优先通过交换机进行路由，从而减少延迟时间。

5. 以太网帧

IEEE 规范定义了不同格式的以太网帧。汽车行业通常使用 Ethernet Ⅱ 帧，包含可以标志 VLAN 的扩展信息，如图 2.23 所示。因此，可以把以太网帧划分为基本 MAC 帧（Basic MAC Frame，不含 VLAN）和标识 MAC 帧（Tagged MAC Frame，包含 VLAN）。

1）MAC 地址：Ethernet Ⅱ 帧通常以接收方/目的地址开头，指定哪些网络节点将接收这帧报文，与发送方/源地址只能使用单播地址不同，接收方/目的地址还可以使用组播或广播地址。对于以太网帧来说，只能有一个发送方，但可以有多个接收方。

2）以太网类型：基本 MAC 帧和标识 MAC 帧通过类型字段（以太网类型）进行区分，类型字段通常会标识有效负载数据区域中所包含的数据包（Packet），并提供关于更高层（如 IPv4）中使用的协议的信息。如果以太网类型的值为 0x8100，那么类型字段将向后移动四个字节，并在其原始位置插入一个 VLAN 标签。

3）VLAN 标签：VLAN 标签由协议标识符（TPID）和控制信息（TCI）组成。TPID 包含原始类型字段的值，而 TCI 由优先级（PCP）、丢弃资格指示符或规范格式指示符（DEI 或 CFI）和 VLAN 标识符（VID）组成。标识符和优先级主要应用于汽车行业，标识符为不同的应用领域划分各自的虚拟网络，优先级的设定使得交换机可以依据优先级转发重要信息。

4）有效负载：在字段类型之后，是 Ethernet Ⅱ 帧包含的有效负载数据区域，有效负载的最小长度为 46 个字节（不含 VLAN 标签）或 42 个字节（含 VLAN 标签）。在汽车行业中，有效负载一般最多可包含 1500 个字节。

5）CRC 校验：CRC 校验在 Ethernet Ⅱ 帧的末尾。标准算法用于计算校验，且该算法在发送方和接收方中以相同的方式实现，CRC 校验和覆盖以太网 Ⅱ 帧所有字段，因此可以确保整个报文的完整性。

6）以太网数据包：为了传输 Ethernet Ⅱ 帧，以太网控制器在开始时会插入一个前导码和一个起始帧界定符（SFD），旧的以太网标准以此作为传输开始的标识。因此，以太网数据包包括前导码、起始帧定界符和以太网 Ⅱ 帧。

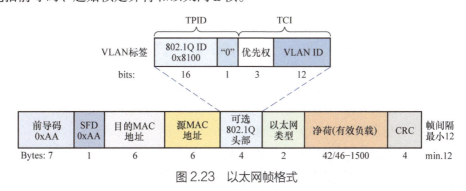

图 2.23　以太网帧格式

2.3.5 车载以太网 TCP/IP 协议栈

以太网协议是包括多个不同层次上的协议家族，每一层具有不同的功能。通常认为车载以太网协议是一个 5 层协议系统：应用层、传输层、网络层、数据链路层和物理层。每一层都具有不同的功能。5 层结构对应于 OSI 参考模型，并且提供了各种协议框架下形成的协议族及高层应用程序。

车载以太网协议是一组不同层次的协议族，包括传统以太网协议和汽车专用以太网协议。传统以太网协议主要指 TCP/IP 协议族，汽车专用以太网协议包括 AVB 协议和 TSN 协议。

通常，TCP/IP 协议在汽车网络中的使用并不需要做特定的适配或修改，这也是选择基于以太网技术作为车内通信网络的主要原因。不过，在应用这些协议的时候必须考虑软件的占用空间，对于小型 ECU，如集成在侧视镜中的摄像头在优化的 DSP 或 MCU，几乎没有能力进行其他的运算，因此软件的具体实现非常重要。

1. IP 协议

IP 协议的主要功能是寻址，即识别和定位节点（在 IP 中称为 "hosts"）的地址及路由数据。在公共互联网中，IP 地址必须是全球唯一的。为确保这一点，地区互联网注册管理机构分配 IP 地址，而互联网号码认证机构（IANA）则公布地址的可用性。此外，还有可用于封闭/专用网络的 IP 地址范围，只要不进入全球网络，任何人都可以使用这些私有地址。

IP 协议支持超出局域网范围的通信，为此，对负责实际传输数据的底层协议进行抽象，无需对传输的数据包进行调整即可实现在同一网络中或跨多个网络（如 UMTS、WLAN 等）访问目标节点。

IP 数据包可实现标准化通信，其报头包含目标地址和源地址信息。目标地址可以是非本地网络的节点地址，理论上，IP 数据包可以实现对全球范围内的任何节点进行寻址。

为了实现各种局域网络的互联，采用路由器（Router）作为连接设备。路由器是一个同时属于多个网络的节点，因此也具有多个 IP 地址。

为了避免 IP 数据包在错误情况下依然长时间在互联网上流转，当路由器在网络之间转发 IP 数据包时，会对 IP 报头中的一个参数进行倒计时，如 IPv4 报文中的存活时间（Time To Live，TTL）、IPv6 报文中的跳数限制（Hop Limit，HL）。该参数值等于零时，下一个路由器会丢弃该数据包。

32 位 IPv4 地址通过点分十进制逐字节表示（如 192.168.10.1）。以前，IPv4 地址分类用于管理互联网公共地址结构。尽管这些分类如今已经没有太大的意义，但通过它们可以对网络地址和主机地址进行基本划分，从而推断网络中的节点数。公共网络中的 IPv4 地址早已分配殆尽，但本地或私有地址不受此限制，仍可供自由使用，例如在公司或私人网络中，这些地址无法通过公共网络访问，路由器也不会在未更改的情况下将本地地址转发到互联网上。

IP 数据报头所使用的目标和源节点地址由高位（左侧）的网络地址和低位（右侧）的主机地址组成，通常使用子网掩码（Subnet Masks）定义划分 IP 地址的位置，可以将其表示为独立地址（255.255.255.0）或 IP 地址加后缀（192.168.10.1/24），左侧已设置位表示网络地址（如左 24 个位），而右侧未设置位表示主机地址（如右 8 个位）。

如果要将 IP 数据包发送到多个节点，则可以使用组播地址或广播地址。组播地址必须通过 IGMP 协议配置或创建，而广播地址可以通过主机地址得出，主机地址范围的最大值始终对应于相应的广播地址（如 192.168.10.255）。

公共网络中 IPv4 地址的耗尽，不得不考虑将 IPv4 迁移至 IPv6。IPv6 主要是为了解决 IPv4 地址不足和优化路由过程而开发的，但这对于汽车以太网并不是真正的问题。大部分汽车通信仅限于车辆内部，车内通信可以继续使用静态 IPv4 的寻址方式（IPv4 的复杂度比 IPv6 小），但是当汽车与外部网络通信时，必须融入外部世界所定义的网络中，各个组件自然需要支持 IPv6 以保证未来的发展。因此，未来汽车以太网应同时支持这两种方案。

2. UDP 协议

OSI 7 层模型的第 4 层有两种传输协议：传输控制协议（Transmission Control Protocol，TCP）和用户数据报协议（User Datagram Protocol，UDP）。TCP 协议是面向连接的传输，而 UDP 协议则是无连接的传输。这两种协议都会将需要传输的数据划分为更小的部分，在 TCP 协议中称为段（Segment），在 UDP 协议中称为数据报（Datagram）。因为传输协议支持面向连接或无连接的传输，因此适用于不同的用途。根据对安全性和传输速度的要求，可以单独使用 TCP 或 UDP，或者两种协议的组合。

为了到达目标节点，数据通过第 3 层的 IP 协议进行传输。寻址端口用于连接上层的具体应用或功能，如果端口已打开，则可以通过相关的功能或应用程序交换数据。

UDP 协议是一种无连接传输协议，支持简单的数据报传输。与 TCP 协议不同，UDP 协议没有用于保障数据传输的机制，如图 2.24 所示。发送方不会收到关于数据报丢失或受到干扰的通知，也没有允许重新发送或再次请求数据报的机制，但是如有需要，可以在更高层的协议中实现这些功能。

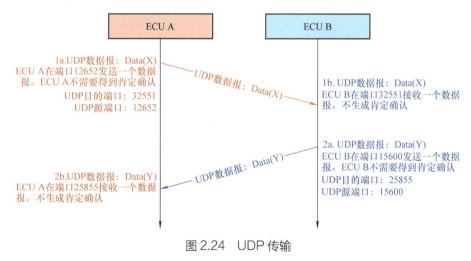

图 2.24 UDP 传输

UDP 协议的优点如下：

1）传输时间变化较小。与 TCP 协议不同，发送方不必等待来自接收方的反馈，因此不会出现可能延迟数据报发送的额外等待时间。

2）能够将数据报作为组播或广播发送。这意味着可以将 UDP 数据报发送到网络中的多个节点或所有节点，因此，在信息必须同时发送到多个接收方的情况下，UDP 协议传输可降低总线负载率。

UDP 数据报封装在 IP 数据包中，并通过 IP 发送。在此情况下，IP 数据包的报头指示所包含的数据是 UDP 数据报。因为 UDP 数据报可包含的数据（65535 个字节）超过 IP 数据包（1480 个字节），所以可使用分包将 UDP 数据报分成多个 IP 数据包。

对 UDP 数据报进行分包时，每个相应的 IP 数据包都包含两个标识符：一个用于标识 UDP 数据报；另一个用于标识分包数据在整个 UDP 数据报中的位置，接收方可以据此将所有分包数据重组为 UDP 数据报。如果 IP 数据包丢失，则接收方将无法重组 UDP 数据报。由于出现错误后不会再次请求数据，因此接收方将丢弃不完整 UDP 数据报的所有 IP 数据包。

3. TCP 协议：传输控制协议

与 UDP 协议不同，TCP 协议是面向连接的传输，这意味着在实际的数据传输之前必须在两个节点之间建立连接，IP 地址和端口号用于分别标识两个节点。

（1）建立连接

TCP 协议使用三次握手（三个步骤）建立连接，如图 2.25 所示。意图建立连接的节点首先传输包含同步顺序编号（Synchronize Sequence Number，SYN）标识的段，SYN 标识表示发送方想要与接收方建立连接。

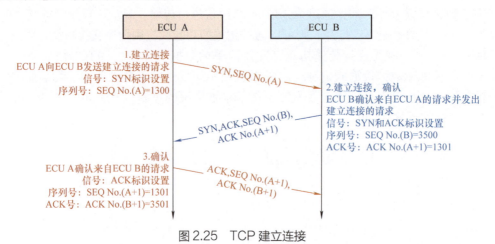

图 2.25　TCP 建立连接

除了 SYN 标志，第一个段还包括单独的序列号、窗口字段和其他可选参数。序列号由一个随机数、初始序列号（Initial Sequence Number，ISN）和一个连续编号组成。连续编号表示当前发送的字节在整个数据流中的位置，接收方根据连续编号确定所有段的顺序，并重组数据流。

窗口字段提供节点的可用内存的信息，确保发送方发送给接收方的数据不会超过其可用内存的允许范围。因为通信是双向的，所以两个节点都可将各自的可用内存信息传递给对方。

在第二步中，原始接收方会发送一个 SYN ACK，包含 SYN 标识和 ACK 标识，从而通知原始发送方已经接收建立连接的请求，并做出肯定确认。原始接收方还会发送自己的序列号，现在两个节点都了解对方的信息，将来所有用于交换的段都可关联到相应的发送方。

建立连接的第三步（也是最后一步）是原始发送方发送确认报文，通知对方节点已成功建立连接；之后，数据可以在两个节点之间进行交换。

（2）数据传输

由于 TCP 协议需要在两个节点之间建立连接，因此无法在没有特定接收方的情况下向网络发送广播或组播报文，如图 2.26 所示。只有通过连接才能进行可靠的数据传输，各种机制可确保数据到达接收方并且不被损坏。

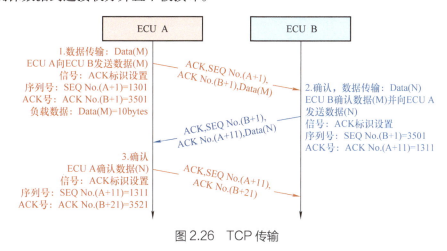

图 2.26　TCP 传输

CRC 校验和用于保护段数据在传输期间免受损坏，连续编号可确保即使先发送的段较晚到达接收方，段的顺序也是已知的，即不受到达顺序影响。

ACK 编号用于向发送方确认已接收每个段，前提是未检测到任何错误。接收方通过发送包含 ACK 标识的段进行确认，这表示该段具有一个有效的 ACK 编号。每个段还包含有关窗口字段中可用内存的更新信息，以便发送方了解当前可以向接收方发送的数据量。

如果发送方在规定的时间段内未收到肯定确认，则再次发送该段，因为这意味着该段出现故障或未到达接收方，该时间段由重发定时器决定，存在于每个段中，并且单独进行倒计时，收到肯定确认之后，发送方将清除该段对应的定时器。

（3）连接释放

TCP 连接释放如图 2.27 所示，所有数据交换完毕并得到肯定确认之后，连接关闭。为此，节点会发送包含 FIN 标识的段，表示连接终止，该 FIN 段的接收方必须进行确认响应，使连接处于半关闭状态。如果接收方也想终止连接，则向原始发送方发送一个包含 FIN 标志的段，如果得到确认，则完成终止连接，不再传输数据。

4. ARP、NDP、ICMP、DHCP 协议及其应用

为了辅助和支持任务的执行，一系列附加协议在后台运行，例如，汽车行业当前使用以下附加协议。

（1）动态主机配置协议（Dynamic Host Configuration Protocol，DHCP）

DHCP 能够自动将 IP 地址分配给一个或多个节点，新的 IP 节点可以自动集成到现有网络中，无需手动配置，支持这一点的关键之一是 IP 地址的动态设置。

现代基于互联网的信息系统非常灵活，网络中节点数量和路由均在不断变化，动态主机配置协议（DHCP）和域名系统（DNS）服务器应运而生。汽车以太网的网络完全不同，车载网络是一个几乎封闭的系统，即使在车内网络中活动节点的数量也可能不同，但车内节点数量可以确定，或者节点数量的上限可以明确预计。此外，与广域互联网不同的是，汽车可能会在一天内起动多次，因此网络能够快速启动非常重要。车载网络的封闭性和快速性要求使得静态 IP 配置变得理所当然，然而在一些特定的用例中，动态寻址也是有意义的，可以增加系统的灵活性。

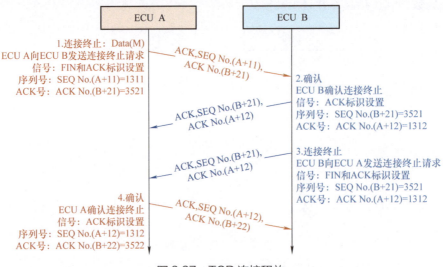

图 2.27　TCP 连接释放

以下列举了汽车内部分配 IP 地址的方法，以及汽车以太网添加 IP 地址的情况，这也是汽车内部电子产品开发设计包含的内容。

1）静态地址分配：IP 地址是在开发的过程中进行分配的。同一级别的 ECU（如头端，HU）始终设定为相同的地址，而不受不同汽车的影响。显然，若在汽车中重复使用相同的地址，则可以从特定的地址范围中对其进行选择。在静态寻址的情况下，最重要的是不要将同一级别的两个 ECU 内置到同一辆汽车中。

2）伪动态（Branding）地址分配：在这种情况下，ECU 是在没有 IP 地址的情况下交付的，但是在组装时会收到一个静态的 IP 地址，在分配了地址之后，就不能再更改它了。以环视系统的镜头为例，完全相同的镜头放置在车内的不同位置，在组装和修理过程中交付的镜头本身没有 IP 地址，而在组装之后收到分配的 IP。这种地址分配方式降低了物流和存储的成本，该方式在 ISO 17215 第 4 部分进行了标准化。

3）动态地址分配：当车辆或车辆的部件与外部部件 / 车辆外部的网络，如诊断测试仪（见 ISO 14300）或互联网进行通信时，将用到此分配方式。在该情况下，不再可能使用汽车内部地址空间中的地址。相反，直接将汽车连接到外部的 ECU 将使用位于外部的 DHCP 服务器分配给它们的 IP 地址。这些连接车内其他 ECU 的"端口 ECU"可以通过动态 / 静态地址转换（NAT）的方式来获取地址，还可以请求外部 DHCP 服务器分配更多的临时 IP。

4）多重地址分配：在这种情况下，一个 ECU 使用多个地址。当 ECU 需要使用不同地址时，就需要采取此方法。在这种情况下，汽车内部网络使用静态 IP 地址，外部测试仪不知道汽车内部地址结构，内部网络也不能参与外部通信。在测试时，ECU 附加的 IP 地址由测试仪所属外部网络的 DHCP 分配（如图 2.28 所示，显示了使用多个 IP 地址的情况），以完成与外部诊断设备的通信。可以看出，在适当的情况下，可以通过分配给第 3 层上的通信节点多个 IP 地址实现流量分离（不仅在第二层上使用 VLAN）。在此示例中，诊断过程仅使用了动态 IP 地址 B 和 C，因此只有在诊断系统连接并且想要直接与内部组件通信时才会分配它们。

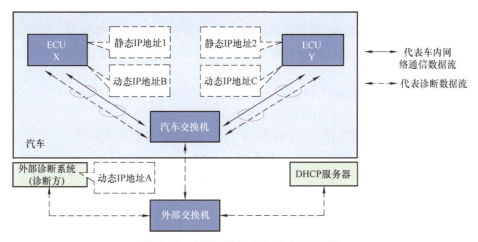

图 2.28　ECU 使用多个 IP 地址示例

（2）互联网控制报文协议（Internet Control Message Protocol，ICMP）

ICMP 用于控制任务，是每个 IP 实现的一部分。一个典型的应用示例是 ICMP 回应请求（PING），此命令用于检查两台计算机之间的 IP 通信，请求节点向目标节点发送 PING 报文。如果稍后收到了 ICMP 回应应答（PONG），则表示目标节点可用。

（3）地址解析协议（Address Resolution Protocol，ARP）

ARP 用于确定 IP 和 MAC 地址之间的相关性。如果 IP 节点想要与已知 IP 地址但不知道 MAC 地址的某个目标进行通信，则可以请求获取其 MAC 地址，发送节点为此向网络广播发送一个包含目标 IP 的 ARP 请求，收到 ARP 响应后，可将 MAC 地址保存在 ARP 缓存中，供后续发送时使用。

（4）邻居发现协议（Neighbor Discovery Protocol，NDP）

当使用 IPv6 时，邻居发现协议（基于 ICMPv6）将替换 ARP，NDP 用于以下目的：

1）路由器发现：识别网络中现有的路由器。
2）前缀发现：确定本地和远程节点的 IPv6 地址前缀。
3）在不使用 DHCP 协议的情况下自动配置网络节点的 IPv6 地址（本地链路地址生成）。
4）参数发现：设置各种参数，如跳数限制。

2.4　面向服务的协议 SOME/IP

经典的总线系统（CAN、LIN、FlexRay）使用面向信号的数据传输。如在以 CAN 总线为主的车载网络中，通信过程是面向信号的（除了诊断通信之外），这是一种根据发送者需求实现的通信过程。当发送者发现信号的值变化了，或者发送周期到了，就会发送信息，而不考虑接收者是否有需求。

而 SOME/IP 协议允许引入面向服务的信息传输。面向服务的数据传输只有当网络中至少有一个接收方需要这些数据时，发送方才会发送数据。这种传输方式的优点是网络和所有连接的节点不会被不必要的数据影响，从而导致负载率上升。因此，面向服务的数据传输要求服务器能够被告知哪些接收者在等待其数据。

但需要注意的是，SOME/IP 协议不仅限于描述通信，也可以理解为一种对软件组件产生影响的中间件。某个 ECU 有时会需要调用实现在其他 ECU 上的各服务，这个时候二者就分别扮演了客户端（Client）和服务端（Server）的角色，而 SOME/IP 就是实现这种远程服务调用的接口。

面向服务的通信方式 SOME/IP 适合车用，因为其满足如下特性：
1）协议简单，软件运行占用资源少，响应快。
2）与 AUTOSAR 体系兼容，是 Adaptive AUTOSAR 的重要组成部分。
3）可用于车用的各种操作系统，如 OSEK、QNK 和 Linux 等。

2.4.1 SOME/IP 消息头格式

SOME/IP 的消息头格式如图 2.29 所示。

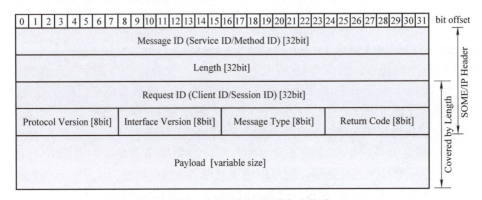

图 2.29 SOME/IP 的消息头格式

1）Message ID：Message ID 的前 16bit 表示所使用的服务（服务 ID），每个服务需要有一个唯一的服务 ID。Message ID 的后 16bit 是方法 ID，用于表示构成服务的方法、时间和字段，如 "track_number.set"。SOME/IP 的 Message ID 的基本思想与 CAN 的 Message ID 类似，因此可以使用相同的进程来处理 SOME/IP 的 Message ID，这只需对 CAN 总线的处理方法进行附加的定义即可。

2）Length：长度字段，包括有效载荷、头信息和请求 / 客户端 ID 在内的字节长度。

3）Request ID：Request ID 用于客户区分同一处理方式的多次调用，Request ID 的前 16bit 为 Client ID 并标识特定的客户端。例如，如果头端（客户 A）与后座娱乐系统（RSE）（客户 B）均需要设置 CD 播放器（服务端）中的曲目，则客户 A 和客户 B 使用不同的 Client ID。Request ID 的后 16bit 代表 Session ID，例如，如果客户端 A 多次在 CD 播放器中设置曲目，则每一条设置消息都包含不同的 Session ID。在服务端响应时，服务端始终需要使用请求中的 Request ID，将响应与请求正确对应。

4）Protocol Version：用于表示 SOME/IP 协议的版本，该字段的长度为 8bit。

5）Interface Version：用于表示服务接口的版本，该字段长度为 8bit。此接口的定义和版本均由接口设计方提供，若定义了新的版本，则该字段自动检测接口的兼容性。

6）Message Type：此字段用于区分不同的消息类型。SOME/IP 版本 1.0 中用到的重要的消息类型见表 2.4。

表 2.4 SOME/IP 版本 1.0 中用到的重要的消息类型

消息类型	消息名称	目的
0x00	REQUEST	期待回应的请求消息
0x01	REQUEST-NO-RETURN	不需要回应的请求消息（FireandForget）
0x02	NOTIFICATION	通告请求（即订阅事件 subscription 或某字段），不期望回应
0x80	RESPONSE	回复消息（对 REQUEST 的回应或订阅后的消息）
0x81	ERROR	RESPONSE 无法正确交付时发送的消息

7）Return Code：长 8bit，用于表示消息的反馈（接收方是否成功处理消息）。

8）Payload：有效载荷字段包含 SOME/IP 消息的参数。在上述设置曲目的示例中，如果该曲目应设置为"10"，则有效载荷为"10"，SOME/IP 有效负载字段的长度取决于使用的传输协议。对于 UDP 而言，SOME/IP 有效载荷范围为 0~1400B，该上限主要为日后协议栈更改而设定（如使用 6 或添加安全协议）。由于 TCP 可以将数据进行分段，因此 TCP 支持更大的有效负载，在 SOME/IP 传输协议（TP）中。UDP 同样支持有效负载分段。在 SOME/IP 中，详细规范了参数序列化的方法，即有效载荷中的数值以及低位至高位比特位的排列顺序。

SOME/IP 协议支持传输结构体、联合体、一维和多维数组、固定/动态长度的字符串，详细内容参考 AUTOSAR 标准。

2.4.2 SOME/IP 通信模式

SOME/IP 这种通信方式将节点分成客户端和服务端两个角色。SOME/IP 向上层应用程序提供 API 接口，创建 Client/Server 客户端，向下通过 TCP/IP 协议对应的以太网进行通信，通信架构如图 2.30 所示。

SOME/IP 通过网络提供面向服务的通信。它基于服务的定义，其中列出了服务提供的功能。服务可以由零个或多个事件（Event）、方法（Method）和字段（Field）的组合组成。

事件提供从提供者到订阅者的周期性发送或更改时发送的数据。

方法为订阅者提供发出远程过程调用的可能性，这些调用在提供者端执行。

字段是下面三个字段中一个或多个字段的组合：①从提供者向订阅者发送变更数据的通知程序（notifier）；②订阅者可以调用的 getter，用于显式地向提供者查询值；③订阅者想要更改提供者端的值时可以调用的 setter。

字段通知程序和事件通知程序之间的主要区别在于，事件仅在更改时发送，字段通知程序在订阅后直接发送数据。

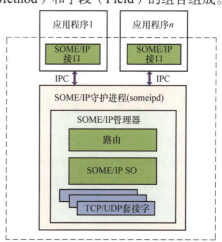

图 2.30 SOME/IP 通信架构

1. SOME/IP 通信机制

SOME/IP 通信机制大致可以划分为两类：远过程调用（Remote Procedure Call，RPC）方法和事件通知类服务。

（1）远过程调用方法

请求/响应方法（Request/Response Methods）与触发和忘记方法（Fire and Forget Methods）都属于远过程调用方法，使用消息类型中的 Request、Request_Without_Return、Response，如图 2.31 所示。

当客户端有需求的时候，发送一个请求消息，服务端根据这个消息类型（Request 或 Request_Without_Return）来决定是否发送响应消息。

1）请求/响应方法：从客户端发送到服务端的请求和从服务端发回给客户端的响应。请求是客户端向服务端发送的调用方法的消息，响应则是服务端反馈客户端调用结果的消息。

2）触发和忘记方法：请求从客户端发送到服务端。与请求/响应方法相同的是，客户端向服务端发送请求调用一个方法。不同的是，在此情况下客户端并不期待来自服务端的回复响应。

（2）事件通知类服务

事件（Event）和字段（Field）属于事件通知类服务，使用消息类型中的 Notification。客户端使用 SOME/IP-SD 向服务端订阅服务内容，然后服务端向客户端自动发布服务内容。

事件通知如图 2.32 所示，服务端会周期性或在情况发生变化时（即事件发生时）向客户端发送具有特定内容的消息，客户端不发送回应服务端的消息。事件通知对应一个表单，包含快照属性，与之前事件无关。

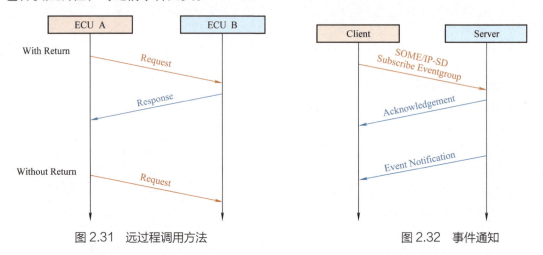

图 2.31　远过程调用方法　　　　　　　　图 2.32　事件通知

字段通知如图 2.33 所示，字段通知包含与之前内容相关的值，支持访问历史值。因此，可以扩展字段从而包括 Getter/Setter 方法，使客户端能够读写所需内容。这样，即使没有订阅，客户端也可以只读或读写服务器的内容。

2. 通信错误处理

SOME/IP 支持两种不同的错误处理机制，根据配置进行选择：

1）消息是 0x80：Response 消息，通过 Return Codes 来请求是否被成功处理。从

SOME/IP 的角度来看，这不被视为错误，仍是一个响应。

2）消息是 0x81：错误消息，SOME/IP-SD 错误错误处理顺序主要包括检查 SOME/IP-SD 消息是否有足够的字节，因为一个空 SD 消息至少 12 字节；检查 Entry 中的 Service ID、Instance ID、Major Version、Eventgroup ID 是否正确；检查接收到的 Option 是否正确；检查 TCP 连接等。

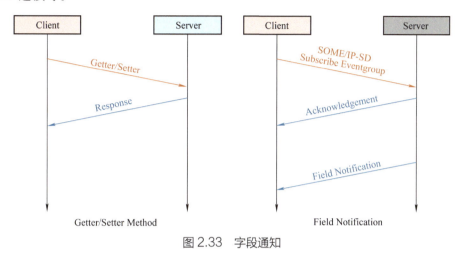

图 2.33　字段通知

2.4.3　服务发现协议 SOME/IP-SD

SOME/IP-SD（Service Discovery）通常用于定位服务实例、检测服务实例是否正在运行，以及实现发布/订阅处理。

SOME/IP-SD 是一种特殊的 SOME/IP 格式，它对 SOME/IP 头部中的 Payload 进行了定义和实现。SOME/IP-SD 消息头格式如图 2.34 所示。

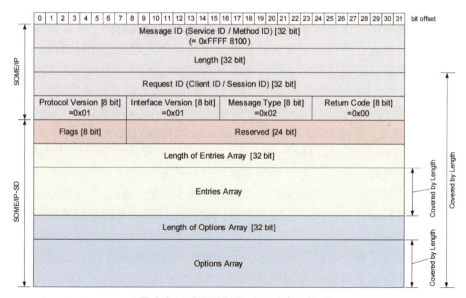

图 2.34　SOME/IP-SD 消息头格式

为了让客户端知道当前有哪些服务可用，SOME/IP-SD 提供两种动态发现服务的机制：
1）提供服务（Offer Service）机制：服务端可向网络发布其所提供的所有服务。
2）查找服务（Find Service）机制：客户端可以请求可用的服务。
SOME/IP-SD 通过 Subscribe 消息来实现订阅。

2.5 基于以太网的实时通信 AVB/TSN

2.5.1 以太网实时性需求与 AVB/TSN

基于以太网的 TCP/IP 方案有很多优点，但是 TCP/IP 对于确定性实时应用程序也有其固有的缺点。

以太网中所有的传输都是串行传输，就是说在网卡的物理端口会在每一单位时间内写入或读取一个电位值（0 或 1），这个单位时间对于 1Gbit/s 带宽来说就是 1/1000000000=1ns。以太网传输数据以帧为单位，规定每个数据帧最小字节为 64B，最大字节为 1518B，每个数据帧之间有 12B 的间隔，以太网数据帧较大是造成实时性差的一个基础原因。

以太网的媒体访问控制层采用 CSMA/CD 方式。网络负荷较大时，网络传输的不确定性不能满足控制系统要求准确定时通信的实时性要求，使用 CSMA 模式的以太网由于存在竞争，不能保证行为的确定性，面向高安全应用时不如现有车载网络协议，例如 FlexRay 具有 TDMA 模式，可保证高度的实时性和确定性。

以太网采用的是事件触发传输模式。在该模式下端系统可以随时访问网络，对于端系统的服务也是先到先服务。事件触发模式的一个明显缺点是当几个端系统需要在同一传输介质上进行数据通信时，所产生的传输时延和时间抖动会累积。

标准以太网信息技术网络设备没有"时间"的概念，所有的发送端没有基于时间的流量控制，不能提供同步和精确的计时，而是采用尽力而为的转发机制，即这些发送端永远是尽最大可能发送数据帧，这样来自不同设备的数据流就会在时间上产生冲突。在交换网络上产生的拥塞是通过在传输层限制流量和重新传输丢弃的数据包来处理的。为了解决冲突问题，需要对数据包进行排序，而排序离不开对数据的缓冲，当缓冲区太小或带宽不足时，数据可能会丢失，但过多的缓冲会增加延迟，这在需要低确定性延迟时是不可接受的。

为了提高网络处理音视频数据的服务质量（QoS），以太网音视频桥接技术（Audio Video Bridging，AVB）作为 IEEE 802 开放标准（包括 IEEE 802.3 以太网）的增强版被开发出来。汽车 AVB 网络的总体目标是通过允许在端设备中实时地重建音视频流来向用户提供高质量的收听和观看体验，它可以用于满足网络在汽车环境中的低时延要求，使单一网络同时解决娱乐、驾驶辅助以及关键安全功能通信成为可能。AVB 在传统以太网络的基础上，使用精准时钟同步，通过保障带宽来限制传输延迟，提供高级别服务质量以支持各种基于音视频的多媒体应用。

为了同时能够满足驾驶辅助以及关键安全功能信号的传输需求，IEEE 音视频桥接工作组在 2012 年 11 月正式更名为"时间敏感网络（Time-Sensitive Networking，TSN）工作小组"。TSN 在 AVB 的基础上增加了安全关键功能（Safety Critical），AVB/TSN 是在非确定性的以太网中实现确定性的最小时间延时的协议族，定义了以太网数据传输的时间敏感机制，以确保数据实时、可靠地传输。此处，实时性是指一个帧从一个节点发出来必须在规定的时间内到达另一个节点，可靠性是指在传输过程中即使因为某些原因出现了差错，还是能够传输到指定的节点。

车载系统相对固定，网络结构和线缆在出厂后基本不会发生变化，因此使用流预留协议等动态带宽预留协议在面对网络结构动态灵活这点优势在车载网络里失去了应用价值，所以都会选用静态的配置方式。AVB/TSN 支持低延迟和高质量的流数据（如摄像头数据）传输，由于数据不会跨汽车网络边界传输，可以不使用 IP、TCP 和 UDP 协议。AVB/TSN 协议直接基于以太网，也就是说，AVB/TSN 协议所基于的标准虽然可以通过 IP 使用，但由于动态响应问题，在汽车内部 AVB/TSN 追求更快的运行，就跳过 IP 协议而直接基于以太网。

在 AVB/TSN 中，数据源被称为 Talker，数据接收器被称为 Listener，连接 Talker 和 Listener 的交换机被称为 Bridge。除了 Talker 和 Listener 之外，交换机也必须支持 AVB/TSN 功能，因为交换机要能够支持特殊的 MAC 组播地址、支持"时间敏感网络的转发和排队"功能以及更改 PTP 报文。

AVB 的基本思路如下：首先 Talker 会公告有什么样的 Stream 流，同时发布各流需要多少带宽；交换机把这些信息转发到各 Listener，Listener 会根据兴趣来订阅相应的 Stream 流；如果对应的链路上有足够的带宽，Bridge 就会预留下相应的带宽，配置好转发表，然后给 Talker 发送信号，让它开始发送。

此外，音视频传输协议（AVTP）使用带 VLAN 标签的以太网帧，以便交换机可以对数据进行优先级排序。AVTP 在其有效负载区域传输数据，通常是视频、音频或控制数据。如果传输的是流媒体数据（音频/视频），那么 AVTP 报头中始终会包含一个指向未来某一时刻的时间信息。当携带未来时间点的帧到达 Listener 之后，AVTP 将帧交付给应用层（如 Speaker），为了使这个时间点即呈现时间（Presentation Time）在所有接收节点中同时发生，需要对节点进行高度精确的同步，精确时间协议（PTP）负责此项工作。

AVB 的音视频流可以分为四类，分别为 IEEE 定义的 A、B 和 Avnu 定义的 64×48kHz 和 64×44.1kHz。每一个流都有自己的一个分属类，这个类是相对于整个组网而言的，每个网络上可以容纳 1~2 个 AVB 类，这四类的优先级从高到低，PDU 从小到大，发送频率从大到小，发送效率从低到高。也就是说要保证低延迟，PDU 就不能太大，发送频率得高。频率高了，很多带宽就被非媒体数据型的控制数据占用，所以自然发送效率就会降低。A 类要求是低延迟抖动，Talker 和 Listener 之间的延迟小于 2ms。

AVB/TSN 可以处理速率受限的流量，其中每个流都有一个由最小帧间间隔和最大帧大小定义的带宽限制，以及具有要发送的准确时间的时间触发流量。不像普通网络通信以随机随时性的方式发送数据包为主，音视频一般都是一连串数据，间隔规整，但是并没有把所有的带宽完全占据，留下的空隙可以被标准以太网的低优先级流量，依据传统的尽力而为（Best Effort）的发送策略，但没有计时和交付保证。因此通过不同的优先级，这些通信和流媒体数据可以互不干扰地传递。

为了保证确定性信息在以太网的不同场景下顺利传输，AVB/TSN 协议族包含了以下四个类别的主协议：定时与同步、可靠性、延时、资源管理。

IEEE 802.1 指定的不同 AVB/TSN 标准文档可以分为三个基本的关键组件类别。这些类别是基于交换式以太网网络的完整实时通信解决方案所必需的，这些交换以太网具有确定性的服务质量（QoS）用于点对点连接，每个标准规范都可以单独使用，并且大多是自给自足的。然而，只有当 TSN 作为通信系统协同使用时，才能充分发挥其潜力，这三个基本组件是：

1）时钟同步（Time Synchronization）：所有参与实时通信的设备都需要对时间有共同的理解。

2）调度和流量整形（Scheduling and Traffic Shaping）：参与实时通信的所有设备在处理和转发通信数据包时都遵循相同的规则。

3）通信路径选择、路径预留和容错（Selection of Communication Paths, Path Reservations and Fault-Tolerance）：参与实时通信的所有设备在选择通信路径以及预留带宽和时隙时都遵循相同的规则，可能利用多个并发路径来实现容错。

在汽车中，需要以可预测的方式运行的确定性网络应用包括：AVB 中定义的音频和视频；传感器的输入、控制的反馈通路及执行信号；具有不同时间敏感性和优先级的混合数据网络，例如支持气候控制、信息娱乐、车身电子设备和驾驶员辅助的座舱网络；实现数据包和链路冗余的安全关键网络等。IEEE AVB/TSN 套件用作确定性网络的基础，满足这些应用程序的共同要求。

车用 AVB/TSN 协议框架（2019 年 IEEE dg 会议）见表 2.5，后文将详细介绍其中主要协议和协议间的关系。

表 2.5　车用 AVB/TSN 协议框架

	传输	同步	流	服务质量	冗余	安全
AVB 802.1BA— 2011	1722—2011 媒体传输协议	802.1AS— 2011 gPTP	802.1Qat—2010 SRP（现在是 Q clause 35）	802.1Qav—2009 信用整形器（现在是 Q clause 34）	—	802.1X—2010 802.1Xbx—2014 802.1Xck—2018 网络访问
TSN	1722—2016 Adds CAN, FlexRay, LIN, 其他视频/音频传输协议	802.1AS— 2020 冗余 gPTP	802.1Qcc—2018 增强型 SRP 802.1Qca—2015 路径控制	802.1Qbv—2015 时间感知整形器 802.1Qbu—2016 & 802.3br—2016 抢占 802.1Qch—2017 循环队列转发 802.1Qcr 异步整形	802.1CB— 2017 帧复制和消除 802.1AS—2020 冗余 gPTP	802.1Qci—2017 管制 802.1AEcg—2017 （端到端） MACSec

2.5.2　时钟同步

时钟同步有两个主要目的：首先，它提供了一个公共时基，用于在源设备处对数据进行采样，并在一个或多个目标设备上以相同的相对时序呈现该数据；其次，它允许多个流彼此同步，如前后音频。

与 IEEE 802.3 的标准以太网和 IEEE 802.1Q 的标准以太网桥接相比，时间在 TSN 网络中非常重要。为了实现硬实时及确定性的端到端通信，该网络中的所有设备都需要有一个共同的时间参考，因此需要彼此同步它们的时钟，这不仅适用于通信流的终端设备，也适用于网络组件，例如以太网交换机，只有通过同步时钟，所有网络设备才有可能协同工作，并在所需的时间点执行所需的操作。

TSN 网络中的时间通常使用 IEEE 1588 精确时间协议（Precision Time Protocol，PTP）从一个中央时间源直接通过网络本身进行分配。该协议利用以太网帧来分发时钟同步信息。IEEE 802.1AS 具有亚微秒级的时间精度，是 IEEE 1588 的严格约束子集，即简化 IEEE 1588 以适用于汽车或工业自动化环境的网络中，其时钟层次结构如图 2.35 所示。

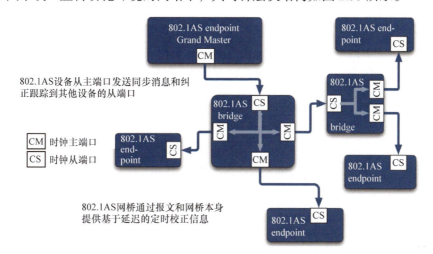

图 2.35　IEEE 802.1AS 时钟层次结构

通用精确时间协议（gPTP）定义有两种设备类型，即 Time-aware-end Station 和 Time-aware Bridge，每种设备都具有本地时钟。本地时钟都是通过晶振的振荡周期进行度量的，设备内部硬件计数器负责对振荡周期进行计数，设备中用来发布时钟同步报文的网络端口称为主端口，用来接收时钟同步报文的端口称为从端口。Time-aware-end Station 既可以作为主时钟，也可以作为从时钟，Time-aware Bridge 既可以作为主时钟，也可以作为桥接设备，类似交换机。

IEEE 802.1AS-2011 定义了 gPTP 配置文件，该配置文件使用 UDP 消息，在由交换时间事件的设备形成的 gPTP 域中建立时钟层次结构并同步时间，gPTP 为网络上的所有节点提供公共时间参考基础。

为了考虑数据路径延迟，gPTP 协议测量每个网桥内的帧停留时间（从入口到出口端口的处理、排队和传输所需的时间）以及每一跳（hop）的链路延迟（两个相邻网桥之间的传播延迟）。然后计算出的延迟被传输到由最佳主时钟算法选择的网桥中，由该网桥中的 GrandMaster（GM）时钟进行补偿。该算法是一种时钟生成树协议，所有来自主时钟（CM）和端点的设备都必须同步该协议，任何不与时序消息同步的设备都在该时序域的边界之外，示意如图 2.36 所示。

gPTP 定义有两类报文：事件类型报文（包括 Sync、Pdelay_Req、Pdelay_Resp 三条）和一般类型报文（包括 Follow_UP、Pdelay_Resp_Follow_UP 二条）。gPTP 定义设备工作在网络七层模型中的第二层数据链路层的媒介访问控制（Media Acess Control，MAC）子层。

当设备 MAC 层接收或发送事件类型报文时，会触发对硬件计数器进行采样，从而获得时钟振荡周期计数值。结合时钟振荡频率及基准时间，可获得此时的时间戳，而一般类型报文仅用来携带信息，不会触发内部硬件计数器的采样操作。

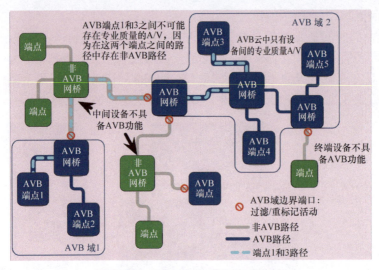

图 2.36　AVB 不同时间域及其连接

同步过程分为三步：时钟偏差测量、传输延迟测量、频率同步，详述如下。

（1）时钟偏差测量

gPTP 定义的五条报文中，Sync 和 Follow_Up 为一组报文，周期发送，主要用来测量时钟偏差。Sync 由主端口发送，在报文离开主端口 MAC 层时，触发主端口记录此时的时间戳 t_1，从端口 MAC 层收到 Sync 报文后会记录此时的时间戳 t_2。随后，主端口将 t_1 值附到 Follow_Up 报文里发送给从端口，时钟偏差为（t_2-t_1），如图 2.37 所示。

（2）传输延迟测量

全双工以太网采用 P2P（Peer to Peer）的方法来测量传输延迟，如图 2.38 所示。在 P2P 方法中，测量的是相邻设备间的传输延迟，报文不允许跨设备传输，这也就要求 gPTP 网

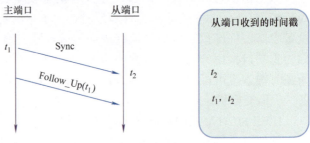

图 2.37　时钟偏差测量

络内的所有设备都需要支持 gPTP 功能，同时定义一组独立的报文专门负责传输延迟测量，分别为周期发送的 Pdelay_Req、Pdelay_Resp 和 Pdelay_Resp_Follow_Up。

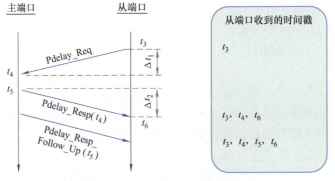

图 2.38　P2P 传输延迟测量

从端口首先发送 Pdelay_Req 报文，标志传输延迟测量的开始。在报文离开从端口 MAC 层时，触发从端口记录此时的时间戳 t_3，主端口 MAC 层收到 Pdelay_Req 报文后会记录此时的时间戳 t_4；随后，主端口通过 Pdelay_Resp 报文将值 t_4 发送给从端口，同时在 Pdelay_Resp 报文离开主端口的 MAC 层时，触发主端口记录此时的时间戳 t_5，从端口 MAC 层收到 Pdelay_Resp 报文后记录此时的时间戳 t_6；以同样的方式，主端口通过 Pdelay_Resp_Follow_Up 报文将值 t_5 发送给从端口；至此，一次传输延迟测量过程结束。在假设路径传输延迟是对称的前提下，相邻设备间的传输延迟 D 计算如下：

$$D = \frac{\Delta t_1 + \Delta t_2}{2} = \frac{(t_4 - t_3) + (t_6 - t_5)}{2} = \frac{(t_6 - t_3) - (t_5 - t_4)}{2}$$

（3）频率同步（Logical Synchronization）

上文的传输延迟测量是基于从端口与主端口的时钟振荡频率一致的前提下得到的。假设从端口的时钟振荡频率是 25MHz，则一个时钟振荡周期是 40ns；主端口的时钟振荡频率是 100MHz，则一个时钟振荡周期是 10ns。在一次传输延迟测量过程中，从端口在 t_6 和 t_3 时刻记录的振荡周期差值若为 200 个振荡周期，由于主端口的时钟频率是从端口的 4 倍，因此从端口收到 t_5 和 t_4 时刻的振荡周期差值大概 800 个。以从端口的 40ns 一个时钟振荡周期为基准进行计算，传输延迟则为 −24μs，传输不仅没有延迟，反而提前知道了。

除了主从端口时钟振荡频率的先天不一致，温度、老化等原因也会导致晶振振荡频率的不稳定。为了解决频率不同步的问题，gPTP 通过频率同步来实现从端口对主端口的时钟振荡频率同步，如图 2.39 所示。

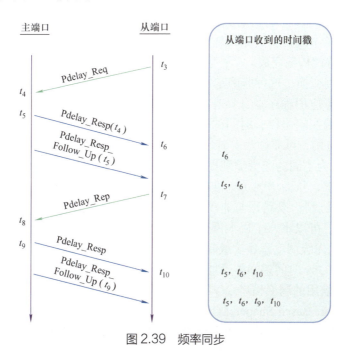

图 2.39　频率同步

频率同步复用传输延迟测量过程的 Pdelay_Resp 和 Pdelay_Resp_Follow_UP 报文，通过采用两组答复，可得主从端口的频率比 R 为

$$R = \frac{t_9 - t_5}{t_{10} - t_6}$$

根据上文计算出延迟时间和频率差异之后，从端口就可以利用主端口不断发送的Sync和Follow_Up报文将自己的时钟与主端口进行同步了，具体的同步方式如图2.40所示。

同步的目的是根据从端口在某时刻的本地时间戳 t_b 可以推算出该时刻主端口上的本地时间戳 t_a 的值，计算式为

$$t_a = t_1 + D + (t_b - t_2) \times R$$

IEEE 802.1AS—2020 引入了改进的时间测量精度，并支持多个时间域以实现冗余。

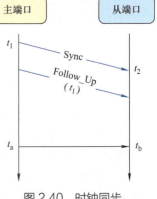

图2.40 时钟同步

2.5.3 调度和流量整形

流量整形是指及时均匀分布帧/数据包以平滑流量的过程。如果在源和网桥处没有流量整形，数据包将可能"聚集"，即聚集成突发流量，从而溢出沿路径的后续网桥/交换机中的缓冲区。调度和流量整形允许在同一网络上共存具有不同优先级的不同流量类，每个类对可用带宽和端到端延迟都有不同的要求。

根据 IEEE 802.1Q 的标准，桥接使用具有八个不同优先级的严格优先级方案。在协议级别，这些优先级在标准以太网帧的 802.1Q VLAN 标记的优先级代码点（PCP）字段中可见，这些优先级已经区分了更重要和不太重要的网络流量。但即使具有八个优先级中最高的优先级，也无法绝对保证端到端的交付时间，其原因是以太网交换机内部的缓冲效应，如果交换机已在其某个端口上开始传输以太网帧，那么即使是优先级最高的帧，也必须在交换机缓冲区内等待此传输完成。

使用标准以太网交换，这种非确定性是无法避免的。在非实时应用环境中，文件传输、电子邮件或其他业务应用程序本身具有有限的时间敏感性，并且通常受到协议栈中其他机制的保护，例如传输控制协议，时间的非确定性不是问题，但在工业控制和汽车环境中需要闭环控制或安全应用，可靠性和实时性至关重要。

AVB/TSN 通过为不同的流量类别提供不同的时间片的机制，并确保及时交付控制系统应用的软硬实时要求，从而增强了标准以太网通信的实时性，该协议保留了利用八个不同的 VLAN 优先级的机制，以确保与非 TSN 以太网完全向后兼容。为了实现具有保证端到端延迟的传输时间，可以将八个以太网优先级中的一个或多个单独分配给现有方法（例如 IEEE 802.1Q 严格优先级调度程序）或新的处理方法，例如 IEEE 802.1Qav 基于信用的流量整形器、IEEE 802.1Qbv 时间感知整形器或 IEEE 802.1Qcr 异步整形器。

（1）AVB 基于信用的调度程序

802.1Qav（Credit Based Shaper，CBS）基于信用的整形器在网络数据突发的状态时做平衡处理，能以较均匀的速度输出音视频相关的数据，这样在音视频解码时能够较稳定地接收数据，达到较顺畅的播放效果。Credit 是当前可用于队列的传输信用，是基于信用的流量整形的一个重要参数（bit 形式）。当帧等待时，Credit 上升，帧传输时 Credit 下降，增减的速率算法详见 IEEE Std 802.1Qav—2009。只有当 Credit 大于或等于零时，帧才可以转发。

突发流量的情况如图 2.41 所示，存在冲突流量，有 A、B、C 三帧正在等待，A、B、C 在冲突流量传输完成后才开始传输，A 帧传输完成时 Credit 大于零，所以 B 帧可以立刻传输，B 帧传输完成时 Credit 小于零，需要等 Credit 回到零才能传输。

根据上述基于信用的负反馈方式，基于信用的整形器为低优先级数据包提供了公平的调度，并平滑了流量以消除拥塞，但可能会造成更大的平均延迟，在网络结构比较复杂时延迟会更加明显。

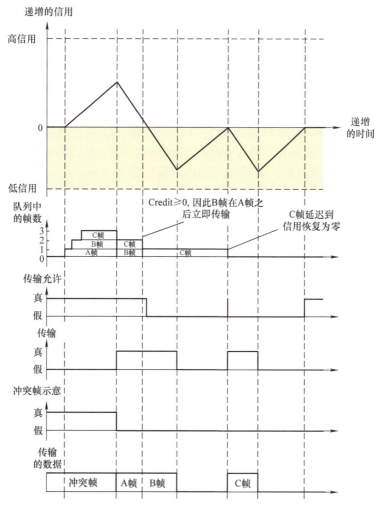

图 2.41 基于信用的整形器工作——突发流量

基于信用的流量整形，类 A 使用 VLAN 优先级 3，类 B 使用优先级 2。

（2）AVB 调度的增强功能

虽然 802.1Qav CBS 在处理软实时流量时效果很好，但最坏情况下的延迟取决于跳（hops）数和网络拓扑，复杂的拓扑引入了延迟，因此缓冲区大小必须考虑网络拓扑。

IEEE 802.1Qch 循环队列和转发（Cyclic Queuing and Forwarding，CQF）也称为蠕动整形器（Peristaltic Shaper，PS），引入了双缓冲，允许网桥以循环方式同步传输（帧排队 / 取消排队操作），具有有限的延迟仅取决于跳数和周期时间，完全独立于网络拓扑。CQF 可与 IEEE

802.1Qbv 时间感知调度程序、IEEE 802.1Qbu 帧抢占和 IEEE 802.1Qci 入口流量监管一起使用。

CQF 的基本原理是将流以循环的方式沿着网络路径传输并排队等待传输，时间以周期 T 为间隔分片，按时间将接收到的帧定向到一对出站队列中的一个，流量调度用于确保使用相同的周期时间从适当队列发送帧。在偶数周期，队列 1 累积从网桥接收端口接收到的帧（不发送它们），而队列 2 发送来自前一奇数周期的排队帧（不接收任何帧）；在奇数周期内，队列 2 累积从网桥接收端口接收到的帧（不发送它们），而队列 1 发送来自上一个偶数周期的排队帧（不接收任何帧）。由此可以看出，给定帧所经历的最大延迟是 $(h+1)T$，给定帧所经历的最小延迟是 $(h-1)T$，h 是跳的数量，因此，Qch 实现了延迟仅取决于跳数和周期时间，完全独立于网络拓扑。但是如果存在干扰（如数据流经过交换机，当前整帧数据没有发送完成），就会一直占用端口，只有等干扰数据发送完，其他数据才会发送，或者如果交换机设定的时间过短，就更有可能被网络本身干扰，超过 Qch 设定的周期。

（3）TSN 调度和流量整形

汽车中控制相关的帧需要低延时稳定可靠的传输，仅按优先级排序不能满足需求。IEEE 802.1Qbv 时间感知整形器（Time-Aware Shaper，TAS）旨在将以太网网络上的通信分离成固定长度的重复时间周期，在这些周期中，可以配置不同的时间片，这些时间片可以分配给八个以太网优先级中的一个或多个。由此可以在有限的时间内授予以太网传输介质独占使用那些需要传输保证且无法中断的流量类，其基本概念是时分多址（Time-Division Multiple Access，TDMA）方案，通过为特定时间段建立虚拟通信通道，可以将时间关键型通信与非关键的后台通信分开。

由于可能存在多个与不同控制系统相关的时间关键业务流，所以以不相互干扰的方式协调不同时间关键业务流的能力也很重要。为了实现这一目的，Qbv 创建一个受保护的"通道"，该通道仅由该流量类别使用。然而，为了确保剩余的未保护通信量不会影响受保护通信量的传输，有必要在受保护时隙之前足够远的时间停止未保护通信量的传输，以确保在受保护传输开始之前完成最后一次未保护传输，即在受保护的业务传输即将开始之前创建保护带，保护带长度可以固定为最大帧的长度。如果能够动态确定帧传输时间，那么 T_0 可以在 T_1 之前的最大帧传输时间和 T_1 之前的最小帧传输时间之间变化，这取决于端口上可用于传输的未受保护帧。图 2.42 和图 2.43 说明了如何使用门操作为 3 级流量创建受保护窗口。

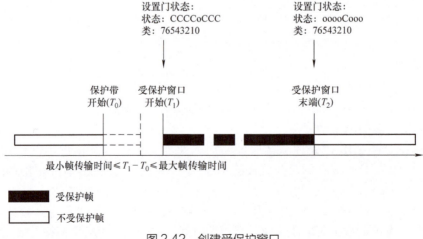

图 2.42　创建受保护窗口

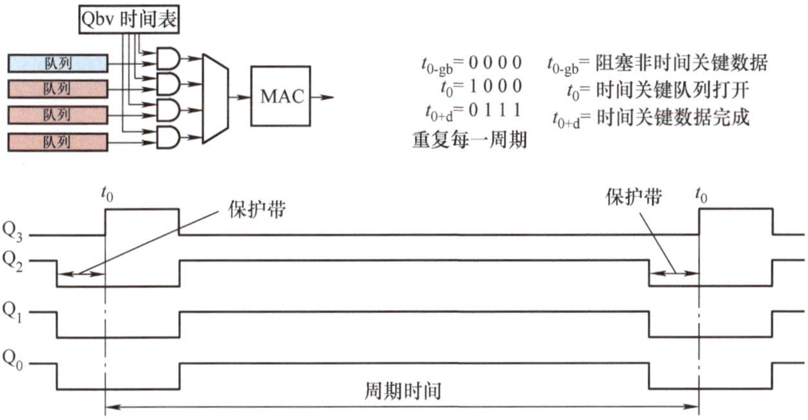

图 2.43 时间感知整形器允许调度

对于符合 IEEE 802.3 且具有单个 IEEE 802.1Q VLAN 标记并包含帧间距的以太网帧，总长度为：1500B（帧有效负载）+ 18B（以太网地址、以太网类型和 CRC）+4B（VLAN 标签）+ 12B（帧间距）+ 8B（前导码和 SFD）= 1542B。发送此帧所需的总时间取决于以太网的链路速度。使用快速以太网和 100Mbit/s 的传输速率，传输持续时间为

$$t_{\text{maxframe}} = \frac{1542}{12.5 \times 10^6} = 123.36 \times 10^{-6} \text{s}$$

在这种情况下，保护带的长度必须至少为 123.36μs。也就是说，使用保护带时，在时间片内可用的总带宽或时间需要减去保护带的长度。

为了进一步减轻保护带的负面影响，缩短保护带长度，IEEE 802.1Qbu 和 IEEE 802.3br 制定了帧抢占技术。帧抢占为出口端口定义了两个 MAC 服务，即可抢占式 MAC（preemptable MAC, pMAC）和快速 MAC（express MAC, eMAC）。快速帧可以中断可抢占帧的传输，一旦时间关键数据帧到达其目的地，非时间关键数据帧恢复其传输，MAC 合并子层将在下一个桥接中重新组合分段的数据帧，然后继续传输。

帧抢占功能可显著减小保护带，保护带的长度现在取决于帧抢占机制的精度，即该机制仍然可以抢占的帧的最小宽度。IEEE 802.3br 指定该机制的最佳精度为 64B，因为这是仍然有效的以太网帧的最小大小。在这种情况下，保护带的总长度可以减少到 127B，即 64B（最小帧）+ 63B（无法抢占的剩余长度），所有较大的帧都可以再次被抢占，因此，无需使用保护带来防止这种大小的帧。

这样可以最大限度地减少损失的最大带宽，并且还允许在较慢的以太网速度（如 100Mbit/s 及以下）下缩短循环时间。由于抢占发生在 MAC 的硬件中，因此当帧通过时，也可以支持直通切换，因为整体帧大小不是先验的。MAC 接口只是定期检查 64B 间隔是否需要抢占帧。

图 2.44 给出了帧抢占工作原理的基本示例，在发送尽力而为（best effort）的以太网帧的过程中，MAC 会在保护带开始之前中断帧传输，部分帧通过 CRC 完成，并将存储在下一个交换机中，以等待帧的第二部分到达。在时间片 1 中的高优先级流量经过并且循环切换回时间片 2 后，中断的帧传输将恢复。帧抢占总是在一个链路接一个链路的基础上运行，并且仅从一个以太网交换机分段到下一个以太网交换机，然后重新组装帧，每个部分帧由

CRC 完成，用于错误检测。与常规以太网 CRC 相比，最后 16 位反转以区分部分帧与常规以太网帧，此外，还更改了帧起始定界符（Start of Frame Delimiter，SFD）。

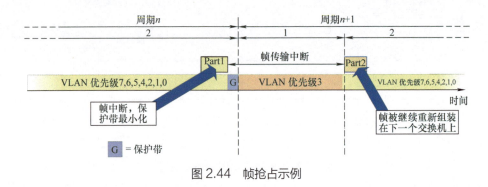

图 2.44　帧抢占示例

以紧急制动系统为例，如图 2.45 所示，两个以太网 MAC 传输时间关键数据帧（蓝色）和非时间关键数据帧（红色）。可抢占 MAC 让蓝色帧在红色帧之前通过，以实时到达其目的地，然后，系统也会实时制动，而不管网络上的其他数据帧如何。时间关键数据帧抢占了非时间关键数据帧，提供了显著的延迟改进，但更重要的是，它提供了可预测的延迟。

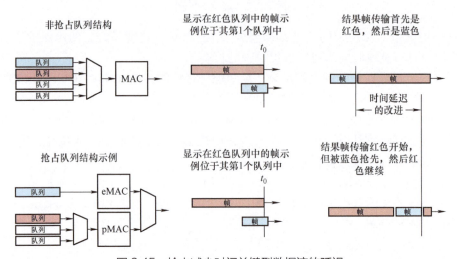

图 2.45　抢占减少时间关键型数据流的延迟

时间同步、IEEE 802.1Qbv 调度程序和帧抢占的组合已经构成了一套有效的标准，可用于保证网络上不同流量类别的共存，同时还提供端到端延迟保证。随着新的 IEEE 802.1 规范（如 802.1Qch）的最终确定，端到端延迟保证将得到进一步增强。

8 个以太网优先级以及各流量整形器的作用如图 2.46 所示。基于信用的流量整形 CBS 类 A 和 B 分别使用优先级 3 和 2，时间感知整形器（TAS）在严格优先级选择器（Strict Priority Selector）前为所有队列添加传输门（Transmission Gates）进行关键流量调度，关键流量类 TC2 在每个周期中一段时间不受干扰地通过，帧抢占后（流量类 TC1）优先级高于所有其他流量类。

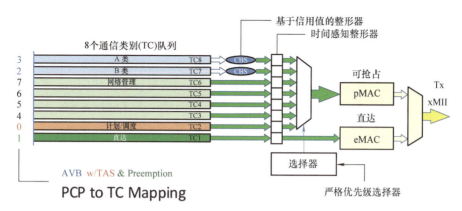

图 2.46　流量整形示意图

2.5.4　通信路径选择和容错

按流过滤和监管（Per Stream Filtering and Policing）使网桥或端点组件能够检测网络中的组件是否符合规则。例如，一个节点被分配了一定的带宽，当这个带宽由于组件故障或恶意行为而超出时，可以采取措施来保护网络。该标准包括执行帧计数、过滤、监管等程序，监管和过滤功能很有价值，可用于检测和随后消除破坏性传输，从而提高网络的稳健性和安全性。

IEEE 802.1Qca 路径控制和预留（Path Control and Reservation，PCR）指定对中间站到中间站（Intermediate Station to Intermediate Station，IS-IS）协议的扩展，以在桥接网络中配置多个路径。IEEE 802.1Qca 集成了控制协议来管理多个拓扑、配置显式转发路径（每个流的预定义路径）、保留带宽、提供数据保护和冗余以及分发流同步和流控制消息。

IEEE 802.1CB 帧复制和消除（Frame Replication and Elimination for Reliability，FRER）通过多个不相交路径发送每个帧的重复副本，为无法容忍数据包丢失的控制应用程序提供主动无缝冗余，它检测并缓解由循环冗余校验（CRC）错误、断线和连接松动引起的问题。数据包复制可以使用流量类和路径信息来最大限度地缓解网络拥塞。时间关键数据帧被扩展为包括一个序列号，并在每个帧遵循网络中的单独路径的地方进行复制，每个复制的帧都有一个序列标识号，用于对帧进行重新排序和合并以及丢弃重复项。在网络中的任何桥接点或合并点，当单独的路径再次连接时，重复的帧将从流中消除，从而允许应用程序无序地接收帧，如图 2.47 所示。

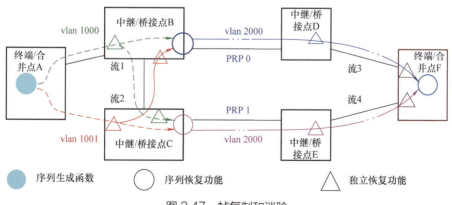

图 2.47　帧复制和消除

FRER 需要集中式配置管理，需要与 802.1Qcc 和 802.1Qca 一起使用。

例如，当自适应巡航控制系统向控制系统发送信号以保持一定的速度和与前方汽车的距离时，会在网络上创建单独的路径，以允许该信号和来自其他应用程序的信号无缝传输。一旦信号合并在一起，就会消除重复帧以不干扰后续的信号传输。IEEE 定义了三种帧复制和消除实现方式，其中通话者发送信号，收听者接收信号：① Talker 复制，Listener 删除重复；② Bridge 复制，Listener 删除重复；③ Bridge 复制，Bridge 删除重复。

2.6 本章小结

汽车网络技术是汽车电子硬件、通信及软件基础，汽车主干网将从 LIN/CAN 总线向车载以太网发展。本章根据车载网络的原理、发展过程及动因，首先介绍了 OSI 七层网络结构和 TCP/IP 基础，随后介绍了传统汽车网络技术，包括 CAN 及 CAN FD 总线、MOST 总线及 FlexRay 等，并介绍了为进一步增加带宽而修订的 CAN XL 技术。之后，本章着重介绍了车载以太网技术，包括汽车应用环境对其物理层的改进需求，基于 TCP/IP、SOME/IP 的通信协议，以及为汽车实时通信修订的 AVB/TSN 协议。

思 考 题

2-1 开放式互联通信（OSI）参考模型将网络系统结构分成了哪几层？
2-2 在物理层中多采用多路复用技术，具体包括哪些？
2-3 常用的车载通信网络有哪几类？举例说明应用的场景。
2-4 CAN 与 CAN FD 报文帧有哪些不同之处？
2-5 车载以太网相比于传统以太网主要有哪些不同之处？
2-6 AVB/TSN 重点要解决什么问题，采用了什么技术思路？
2-7 SOME/IP 是如何支持面向服务的通信方式的？

第 3 章　软件架构与基础软件

在汽车电子中，软件可以分为基础软件和应用软件。应用软件的目标是实现一系列具体的功能，而基础软件的目标则是起到底层硬件和应用软件沟通的桥梁。随着汽车电子的发展，基础软件的部分也逐渐剥离出来，并且逐渐标准化和工具化，形成了从 OSEK 到 AUTOSAR 的 CP 及 AP 架构，使得汽车的软件架构逐渐清晰。基于这个架构，应用软件开发方法也逐渐标准化和简化，使得应用工程师更加集中于对象特征而不必费心于底层实现。本章从汽车电子软件技术的发展过程出发，分析了各阶段下面临的问题以及相应的解决方案，梳理了技术演变的脉络，并介绍了汽车软件架构和基础软件的基本功能。

3.1 汽车软件开发中面临的挑战及其解决思路

从人们试图对发动机的点火精确控制开始，电子控制系统被广泛应用于汽车的方方面面，并成为汽车不可或缺的重要组成部分。随着社会的进步和汽车工业的飞速发展，汽车在降低能耗、提高安全性和舒适度以及环保等方面的要求越来越高。这些要求刺激了电子技术在汽车上的应用，而且比重不断增加。在汽车智能化、网联化被提出后，不同于传统汽车电子针对物理系统的控制，将重心放在数据分析与计算的"信息系统"被引入汽车。从汽车电子的发展来看，根据其不同阶段的问题，人们在软件架构和基础软件方面使用了不同的方法来解决这些问题。

1. 多任务的实时调度问题与操作系统的出现

起初，汽车电子是围绕控制展开的，是典型的嵌入式系统的应用，引入汽车电子的目的就是精确地控制各执行机构。在传统汽车电子的视角下，无论处理器能力如何提高、应用程序功能如何复杂、电子电气架构如何变化，都会对控制的精确度和实时性有较高的要求。传统汽车电子的控制几乎都是硬实时的，也就是说，需要执行机构在指定时间范围内完成所需要的任务，否则，很有可能造成严重的损失。

随着处理器能力的提升，越来越多的装置"电控化"，随之而来的是应用程序的不断复杂化、精确化。在这样的背景下，复杂的应用程序被划分为重要性不同的任务。因此，随着汽车电子的发展，摆在人们面前的首要问题就是：如何保证这么多任务都满足其实时性的要求？任务的执行需要占用处理器、内存甚至变量等资源，因此，这个问题也就是如何合理地在各个任务之间分配这些资源，来满足各任务的实时性要求，同时提高整个系统的效率。在计算机中，这样的问题被称为"多任务的实时调度问题"，解决方案是在嵌入式软件中引入实时多任务操作系统（Real-Time Operating System，RTOS）。

但是，依靠应用程序开发人员自己编写一个上述功能的内核一般是不现实的，而这种需求又是普遍的。在这种形势之下，由计算机专业人员编写的、满足大多数用户需要的高性能的 RTOS 内核就是一个必然的结果了。

此外，车载嵌入式系统软件开发已经非常工程化，产品进入市场的时间不断缩短，也迫使管理人员寻找一种有利于程序继承性、标准化、多人并行开发的管理方式。RTOS 的推广能带来嵌入式软件工业更有效、更专业化的分工，减少社会重复劳动，提高劳动生产率。

在如上所述的背景下，针对汽车电子控制的操作系统标准也应运而生，其中开放系统和对应接口标准 OSEK 逐渐在汽车行业中得到越来越多的认可。

2. 应用软件与基础软件接口的规范化与中间件的出现

汽车电子领域的软件依旧主要属于嵌入式软件，基于 OSEK 架构的软件开发依旧是可行的，然而，汽车电子和电气系统结构变得越来越复杂，不同的厂商依旧生产各种各样的操作系统、嵌入式软件、微处理器以及软件组件，这在很大程度上加重了分布式电子架构的集成工作。

在嵌入式软件的背景下，软件的控制目标主要是车上的物理系统，总体而言，应用软件属于整体架构的上层，硬件属于总体架构的下层，上层的软件之间以及上层的软件和下层的硬件之间需要信息交互。在 OSEK 架构当中，OSEK COM 规范给出了一套 ECU 内部以及 ECU 之间的信息传输方案，但是 OSEK COM 仅停留在 ECU 的级别，也就是说，仅给出了一种上层内部信息交换的解决方案，上层和下层之间的信息交互并没有一套系统性的规范，其中的基础软件、接口协议等都没有一套规范的开发方法。可想而知，此时在软件结构的概念上仍然存在一个模糊不清的领域。

上层和下层之间的"中间层"规范的缺失导致不同的厂商在设计上层的应用软件时，还要设计一套自己的"中间层"。在应用软件数量较少的时候，这并没有带来太大的负担，但随着应用软件的数量不断提高，"中间层"的设计也变得复杂，这导致系统的复杂性以及成本剧增。

不同厂商"中间层"不同也导致不同厂商之间的软硬件不能互通，软件的可管理性、可重复使用性、可裁剪性很差。第三方软件想要加入进来就需要按照目标车辆的"中间层"的规范对应用软件做出相应的调整，效率相当低下。实际上，不论要实现什么样的控制目标，"中间层"的功能都大同小异，基本都是实现上下层的信息交互、任务调度等。因此，人们在 OSEK 的基础上，将其 ECU 级别的规范化扩展到整个控制域架构的规范化，通过建立一套规范的架构来解决上述问题。

"中间层"的规范化使得上层的应用软件和下层的硬件得以"分离"，软件的开发可以脱离硬件进行，在基础软件部分，只需要对特定的接口进行调用即可，不需要进行额外的开发。这种"分层的开发模式"大大地提高了软件开发的效率、测试的简便性、软件的可复用性和可裁剪性，这样的一套"中间件"的架构系统被称为汽车开放系统架构（Automotive Open System Architecture，AUTOSAR）。

3. 广义信息系统的加入与中间件的扩大化

智能化、网联化和电动化是汽车的发展趋势，而正是这样的变化，将会给汽车 E/E 架构和软件架构带来巨大的革新，以辅助或替换人类驾驶员为目标的智能驾驶系统以及以第三空间为目标的智能座舱的概念被引入汽车当中，上述系统与传统的汽车电子有很大不同，主要表现为：

（1）面向的对象不同

传统的汽车电子是面向物理系统，对一系列机械、液压、电气、电子等元器件或系统进行控制，对象非常明确，而且在其生命周期中变化不大，可以通过建立模型利用各种不同的控制理论对其进行控制；智能驾驶系统和智能座舱则是面向数据的，智能驾驶系统通过采集大量的道路、环境、车辆数据并处理这些数据用于控制汽车、智能座舱要搜集海量的用户信息，包括语音、图像、用户设置等，完善用户画像，根据用户的喜好对座舱内部进行调节。

（2）系统要求不同

传统的汽车电子和新加入的信息系统面向的对象以及设计目标都不相同，势必导致针对两部分的基本要求不同。传统的汽车电子要求稳定可靠以及硬实时，也就是说，所有的控制需要在设定的时间内完成，但对计算能力的要求相对较低。信息系统则与传统的汽车电子相反，由于需要处理海量的数据，对计算能力的要求很高，但对于实时性的要求相对较低，例如智能座舱系统面对的对象是驾驶员以及其他乘客，其响应速度远不及物理系统。

（3）计算平台不同

汽车智能化的实现需要大量数据的实时处理以用于计算机视觉或基于多传感器输入的模型推导，应用程序通过对数据的并行处理及时给出解决方案。高性能计算首先需要新硬件架构的支持，例如异构多核处理器、GPU 加速等；其次也需要依赖新的软件架构以支持跨平台的计算处理能力、高性能微控制器的计算和远程诊断等。

（4）底层操作系统不同

对于汽车底盘的控制依旧会延续传统的汽车电子的逻辑，沿用传统的 AUTOSAR 平台来保证安全性；而智能驾驶、智能座舱则会引入信息系统，例如智能座舱中可能会引入安卓或 Linux 系统，汽车的这两部分需要使用不同的操作系统，同时，这两部分也不是完全独立的，需要信息的沟通。截然不同的两套系统如何兼容在同一辆汽车中，既保证两套系统的互联互通，又保证底盘动力域的信息可靠安全，是汽车电子发展到今天要面临的又一大问题。

（5）信息场域不同（图 3.1）

传统上汽车的信息在本车范围内流通形成一个信息孤岛，而 V2X 应用的实现需要车辆与车外系统的互动，这会涉及动态通信及大量数据的有效分配，例如对于交通路况的及时获取需要第三方合作伙伴的参与，因此新软件架构还需支持云交互以及非 AUTOSAR 系统的集成。

V2X 带来了车辆和云端信息的密切交互，打破了传统车辆因物理信息隔绝而实现安全的特色，因此带来了巨大的信息安全风险。车辆在云端的互联需要专用安全手段的支持，以确保云交互和车载系统的通信安全。

（6）通信方式不同

如图 3.2 所示，传统基于控制的汽车电子的通信是基于信号的通信方式，即信息发送者不关心谁接收而只负责将信号发送出去，接收者也不关心是谁发送的而只负责接收自己想要的即可，这种方式非常适用于有限大小控制数据的应用场景。诸如自动驾驶等先进应用场景加入后，大量数据的动态交互必须采用面向服务的通信方式，以提高通信效率，降低负载。在该种方式下，接收者作为客户端，只需要查找、订阅服务等待接收信息即可，而发送者作为服务提供者只需要给订阅者提供服务和信息即可，基于信号和面向服务的两种通信方式的结合对未来的 E/E 架构提出了严峻的挑战。

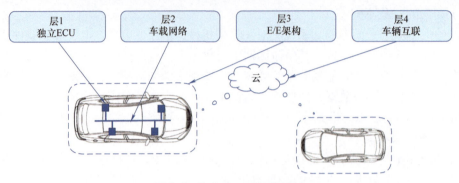

图 3.1 汽车的不同信息场域

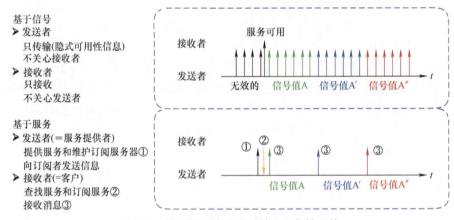

图 3.2 基于信号的通信和基于服务的通信

在这样的趋势下，需要一高度灵活、高性能且支持 HPC、动态通信等特性的新软件架构平台——Adaptive AUTOSAR，被称为 AUTOSAR AP。而传统的 AUTOSAR 架构被称为 Classic AUTOSAR 作为区分，简称 AUTOSAR CP。汽车新型软件架构如图 3.3 所示。

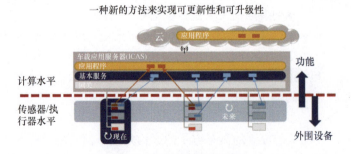

图 3.3 汽车新型软件架构

从本质上来讲，AUTOSAR AP 是中间件概念的扩充，是汽车智能化、信息开放化的必然要求。

3.2 分布式实时控制系统架构

OSEK 是一个德文缩写词（Offene Systeme und deren Schnittstellen für die Electronik im Kraftfahrzeug），意思是"汽车电子的开放系统及其接口标准"。德国汽车工业协会于 1993 年提出 OSEK 标准，旨在建立一个用于汽车电子分布式控制系统的开放式结构体系。1994 年，法国汽车电子规范 VDX（Vehicle Distributed Executive）并入 OSEK 标准，OSEK 标准更名为 OSEK/VDX（以下简称为 OSEK），并于 1995 年发布了它的第一个正式版本。目前，OSEK 标准已经加入 ISO 国际标准。

OSEK 的主要内容之一是定义了汽车领域的实时操作系统标准，它的提出解决了操作系统功能和接口的标准化问题。过去，由于不同的 RTOS 产品在功能和 API 接口上的差异，使得上层应用软件仍不具备完全的平台移植性。通过建立 OSEK 标准，将软件的应用层和系统层完全分离开，系统层则通过统一的标准将硬件和系统相关函数封装起来，为上层应用提供统一的开发接口，做到应用和系统完全无关，使得应用软件可以做到跨平台、跨结构地移植，也为汽车分布式控制网络提供了统一的软件开发平台。OSEK 标准还要求系统具有可配置性、可裁剪性，可以灵活地为不同的应用场合配置不同的系统软件环境。

OSEK/VDX 标准包含以下 7 个部分：

1）OSEK/VDX 操作系统规范（OSEK Operating System，OSEK OS）。
2）OSEK/VDX 通信规范（OSEK Communication，OSEK COM）。
3）OSEK/VDX 网络管理规范（OSEK Network Management，OSEK NM）。
4）OSEK/VDX 实现语言规范（OSEK Implementation Language，OSEK OIL）。
5）OSEK/ORTI 规范（OSEK Run Time Interface）。
6）OSEK-Time 规范（OSEK/VDX Time-Triggered Operating System）。
7）OSEK FTCom 规范（OSEK/VDX Fault-Tolerant Communication）。

以下主要介绍 OSEK OS、OSEK COM 和 OSEK NM。

3.2.1 OSEK OS 简介

1. OSEK OS 架构

OSEK 的操作系统为用户提供一组定义的接口，这些接口被竞争 CPU 的实体（应用程序）使用。在 OSEK 架构当中，实体被分为两种类型：操作系统管理的中断服务函数（Interrupt Service Routine，ISR）和 Task 任务。

OSEK 的操作系统是基于优先级（Priority）调度的，如图 3.4 所示。在上述架构下，优先级的先后顺序为：Ⅰ类中断（Category 1）的优先级高于调度器的逻辑级别（OS Level），调度器的优先级高于Ⅱ类中断（Category 2）和任务级别（User Level）。

在中断和任务级别中又细分了优先级，数字越高，表示优先级越高。中断和任务的优先级是事先静态分配的，在运行过程中不能动态改变。

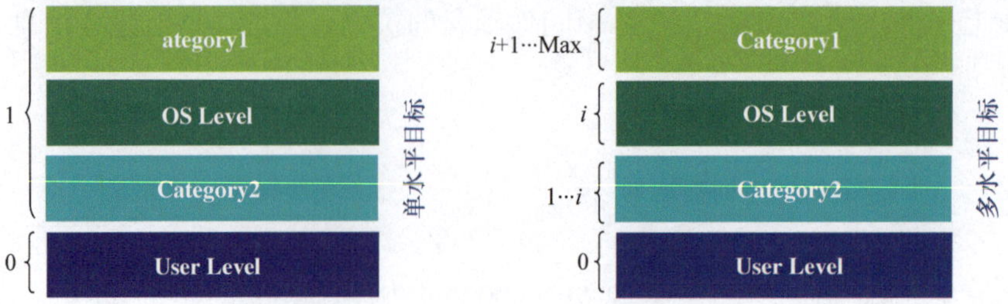

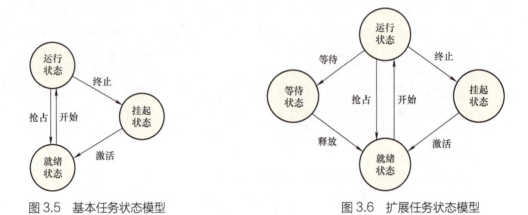

图 3.4　OSEK OS 中的不同优先级

2. 任务管理

在 OSEK 的架构中，任务被分为基本任务（Basic Task）和拓展任务（Extended Task）两种。其中，基本任务包括运行状态（Running）、就绪状态（Ready）和挂起状态（Suspended），如图 3.5 所示，任务切换只发生在这三种状态之间。

扩展任务状态模型中除了具有基本任务的三种状态之外，还有等待状态（Wating），如图 3.6 所示。

图 3.5　基本任务状态模型　　　　图 3.6　扩展任务状态模型

对于上述的任务状态，它们分别有如下特征：

（1）运行状态（Running）

处于运行状态时，处理器资源被分配给该任务，该任务的指令被执行，在同一个处理器上任何时候只有一个任务能处于运行状态，而处于其他状态的任务可以有多个。

（2）就绪状态（Ready）

只有处于就绪状态的任务才可以转换到运行状态，此时的任务等待处理器的资源分配，由调度器来决定哪个就绪任务被执行。在 OSEK 中，任务通过操作系统服务 Activate Task 或 ChainTask 来激活。

（3）挂起状态（Suspended）

处于挂起状态时，任务是被动的，可以被激活，激活后任务则处在就绪状态。

（4）等待状态（Wating）

任务因等待一个或多个事件而无法继续执行，当特定事件发生后，处在等待状态的任务随即进入运行状态。

基本任务只有在以下情况才会退出运行状态，释放处理器资源：①该任务运行结束；②操作系统切换到更高优先级的任务；③发生了一个中断，处理器切换到该中断对应的中断服务程序。

扩展任务在运行状态通过调用函数切换为等待状态，直到所等待的事件发生。扩展任务在等待状态下会释放处理器资源，操作系统会执行处于就绪状态且任务优先级最高的任务，而不需要终止该扩展任务，因此，扩展任务比基本任务更加复杂，需要占用更多的系统资源。

3. OSEK 操作系统的调度策略

OSEK 的任务调度是基于优先级的，如图 3.7 所示，0 表示最低的优先级，优先级数值越大表示优先级越高。为了提高效率，OSEK 不支持动态的优先级管理，任务的优先级都是静态指定的。

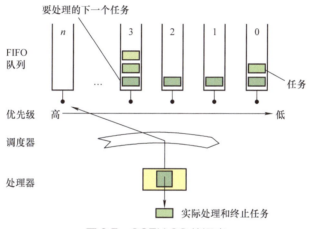

图 3.7　OSEK OS 的调度

被其他任务或中断抢占 CPU 资源的任务被认为是当前相同优先级就绪列表中的第一个（最早的）任务；从等待状态释放的扩展任务被认为是当前相同优先级就绪列表中的最后一个（最新的）任务。

一般而言，调度器基于优先级确定下一个执行的任务分为以下几步：

1）调度器寻找所有处于运行、就绪状态中的任务。
2）在所有处于运行、就绪状态中的任务中，寻找出具有最高优先级的任务集。
3）在寻找到的最高优先级的任务集中，调度器查找其中最早的任务。

OSEK 的操作系统中，需要配置任务的可抢占属性，可抢占属性分为非抢占与全抢占，这里的抢占是指内核可抢占。根据操作系统中各任务的可抢占性配置情况，OSEK OS 可提供以下三种调度策略：

1）非抢占式（Non-preemptive）：操作系统中所有任务都被定义成不可抢占的。
2）全抢占式（Preemptive）：操作系统中所有任务都被定义成可抢占的。
3）混合抢占式：操作系统中有的任务被定义成可抢占的，而有的任务被定义成不可抢占的。

当采用全抢占式任务调度策略时，运行的任务在任何时候都有可能由于更高优先级的任务就绪而被迫释放处理器，此时具有最高优先级的就绪任务被调度运行，而当前低优先级的任务就将从运行状态切换到就绪状态，并将当前的运行环境保存下来，待下次继续运行时恢复，如图 3.8 所示。

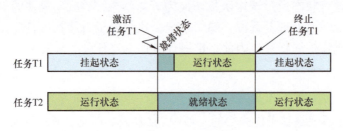

图 3.8 全抢占式调度策略

若采用非抢占式任务调度策略，任务在执行期间不会被高优先级的任务抢占，任务的切换只发生在当前任务完成时，它的最大缺点就是任务的响应时间无法确定，导致系统实时性比较差，如图 3.9 所示。

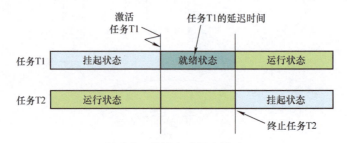

图 3.9 非抢占式调度策略

若采用混合抢占式任务调度策略，则操作系统的调度策略取决于当前任务的可抢占属性。如果当前任务为非抢占类型任务，则操作系统采用非抢占式任务调度策略，反之，如果当前任务为全抢占类型任务，则操作系统采用全抢占式任务调度策略。

4. 中断处理

OSEK 的操作系统中，中断分为两个种类：Ⅰ类中断和Ⅱ类中断。

1）Ⅰ类中断的优先级高于操作系统级别，也就是传统意义上的中断服务程序。Ⅰ类中断不受调度器的调度，而是由硬件直接调度，此类中断不使用操作系统的资源。ISR 结束后，处理程序将从产生中断的地方继续执行，这类中断对任务管理没有影响。由于不要求调用系统的 API，因此占用的资源少，处理速度快，花费也较小。

2）Ⅱ类中断类似于一种"高级的任务"，它们比所有的任务优先级更高，但依旧受操作系统的调度器调度，其优先级也可以被静态定义。一般而言，Ⅱ类中断用于实现一些快速且紧急的任务，例如激活一个任务、设置一个时间等。由于受到操作系统的调度，此类中断相比于Ⅰ类中断而言响应速度更慢，中断服务程序的执行时间不宜太长，以避免耽误重要任务的执行，从而降低整个操作系统的实时性。过于长的中断服务程序可以将并不紧急又相对冗长的部分单独写成一个任务，在中断服务程序结束后激活该任务。

5. 计数器与警报器

OSEK OS 提供了处理重复事件的服务，它是基于计数器（Counter）与警报器（Alarm）来实现的，反复出现的事件由特定的计数器来记录。在计数器的基础上，OSEK OS 向应用软件提供了警报机制，多个警报器可以连接到同一个计数器，当达到警报器相对应的计数器设定值时，可激活一个任务、设置一个事件或调用一个回调函数。这里的计数器设定值可以定义为相对于当前值的相对值（相对警报器，如图 3.10 所示），也可以定义为实际计数器值得绝对值（绝对警报器，如图 3.11 所示）。

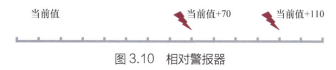

图 3.10　相对警报器

相对警报器示例：从相对当前值 70 个数的位置开始，计数器每计 40 个数，设置一个警报。

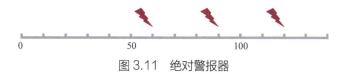

图 3.11　绝对警报器

绝对警报器示例：从相对计数的零点 60 个数的位置开始，计数器每计 30 个数，设置一个警报。

6. 资源管理

资源管理被用来协调有着不同优先级的多个任务对共享资源（如内存或硬件等）的并发访问（Concurrent Access）。

OSEK 操作系统采用优先级上限协议（Priority Ceiling Protocol）来避免优先级倒置（Priority Inversion）和死锁（Deadlock）问题的发生。在系统初始化阶段，每个资源拥有的上限优先级是静态分配的。资源的上限优先级必须高于所有要访问该资源的任务和中断的最高优先级，但是低于不访问该资源的任务的最低优先级。

如果一个任务要访问一个资源，并且该任务的优先级比该资源的优先级上限低，则将该任务的优先级提升到所要访问的资源的上限优先级。当该任务释放资源后，其优先级再回到要求访问该资源前的优先级。

如图 3.12 所示，任务 A、C 都需要资源 R1 和 R2，任务 A、B、C 的优先级由高到低为 A、B、C。当任务 C 先被执行时，它占用了资源 R1，在未释放资源 R1 时，任务 B 抢占了 CPU，执行了一段时间后被任务 A 抢占，任务 A 得到了资源 R2，而资源 R1 此时依旧被任务 C 占有，任务 A 和任务 C 都无法继续执行下去，此时，就发生了所谓的死锁。

如图 3.13 所示，按照上文的方案，任务 C 在得到资源 R1 后，其优先级提升到可能占用资源 R1 的所有任务的优先级的最大值。此时，任务 C 的优先级和任务 A 相同，任务 A、B 无法抢占任务 C 的资源，当任务 C 释放资源 R1 和 R2 后，其优先级退回到原始优先级。此时，CPU 以及资源 R1、R2 被任务 A 占用，当任务 A 结束释放所有资源后，依据优先级执行任务 B，在任务 B 结束后执行任务 C 的后续部分。

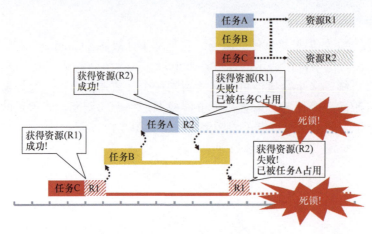

图 3.12　缺少资源管理导致的死锁

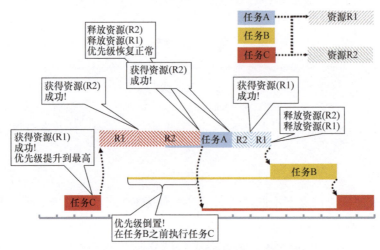

图 3.13　一种针对死锁的资源管理解决方案

7. 一致类

OSEK OS 支持 4 种一致类（Conformance Class），可使得开发者根据实际需求灵活地配置操作系统的调度程序。一致类的划分是根据每个优先级可能具有的任务个数、需要的是基本任务还是扩展任务等来决定的，按照大类可分为基础一致类（Basic Conformance Class，BCC）和扩展一致类（Extended Conformance Class，ECC）。每个大类又可分为两个小类，具体如下：

1）BCC1：每个优先级只有一个任务，基本任务的激活数只能为一次，仅支持基本任务。

2）BCC2：每个优先级可有多个任务，基本任务的激活数可为多次，仅支持基本任务。

3）ECC1：每个优先级只有一个任务，基本任务的激活数只能为一次，支持基本任务和扩展任务。

4）ECC2：每个优先级可有多个任务，基本任务的激活数可为多次，支持基本任务和扩展任务。

对于每种一致类，任务的调度都可以采用抢占、非抢占、混合调度方式，OSEK OS 提供了 12 种不同的任务调度和管理机制，用户可根据具体需要静态配置，见表 3.1。

表 3.1　OSEK OS 的一致类

一致类		各优先级的任务数量	基本任务的激活次数	支持的任务类型
BCC	BCC1	一个	一次	基本任务
	BCC2	多个	多次	基本任务或扩展任务
ECC	ECC1	一个	一次	基本任务
	ECC2	多个	多次	基本任务或扩展任务

值得注意的是，在任务调度中，需要正确处理 BCC2 和 ECC2 一致类中基本任务的多次激活。如果一个任务被多次激活，那么这个任务需要多次执行，并且任务执行的顺序与任务激活的顺序一致。

8. OSEK OS 的特点

OSEK 规范为实现其制定的初衷并满足汽车控制领域对系统安全性和节省有限资源的特殊要求，制定了系统而全面的操作系统规范，其特点主要体现在如下几个方面：

（1）实时性

越来越多的微处理器被应用到汽车控制领域，尤其是防抱死制动系统、动力设备的安全控制系统等直接关系着人生命安全的系统，即便是丝毫差错，也会导致危及生命安全的严重后果，因此要求操作系统具有严格的实时性。OSEK 操作系统通过静态的系统配置、占先式调度策略、提供警报机制和优化系统运行机制以提高中断响应速度等手段来满足用户的实时需求。

（2）可移植性

OSEK 规范详细规定了操作系统运行的各种机制，并在这些机制基础上制定了标准的应用程序编程接口，使那些独立编写的代码能够很容易地整合起来，增强了应用程序的可移植性。OSEK 还制定了标准的 OIL，用户只需更改 OIL 配置文件中与硬件相关部分，便可实现不同微处理器之间的应用程序移植。通过这些手段，OSEK 减少了用于维护应用程序软件和提高它的可移植性的花费，降低了应用程序的开发成本。

（3）可扩展性

为了适用于广泛的目标处理器，支持运行在广泛硬件基础上的实时程序，OSEK 操作系统具备高度模块化和可灵活配置的特性。它定义了不同的一致类（Conformance Classes）级别，并采用对不同应用程序有可靠支撑能力的体系结构，从而增强了系统的可扩展性。OSEK 操作系统可以在很少的硬件资源（RAM、ROM、CPC 时间）环境下运行，即便在 8 位微处理器上也是如此。

3.2.2　OSEK COM 简介

OSEK COM 为汽车 ECU 应用软件提供了一个统一的通信规范，OSEK COM 定义了独立于所用通信协议之外的应用软件通信接口，规定了内部通信（ECU 内部）和外部通信（ECU 之间）时的行为方式。此规范提供了多种服务以便在任务与任务之间、中断服务程序和中断服务程序之间以及任务和中断服务程序之间发送数据。

OSEK COM 规范隐藏了底层不同的通信协议、总线系统和网络，应用程序接口隐藏了内部和外部通信的区别，通过这样的方式，让上层的应用程序和下层的硬件部分分离，从而提高应用软件的移植性、复用性以及互操作性。

1. OSEK COM 的通信机制

OSEK COM 的通信模型分为三个层次，上层为应用层，中间层为交互层，下层为网络层、数据链路层以及物理层。

OSEK COM 的通信是基于消息的，消息包括了特定的数据，消息和消息的属性通过 OSEK 实现语言（OIL）静态配置，消息的内容以及使用方法和 OSEK COM 无关，OSEK COM 允许 0 长度的消息存在。

在内部通信的情况下，应用层调用交互层（Interaction Layer，IL）提供的发送消息 API，将发送方的数据传给交互层的消息对象，消息对象直接被复制到接收消息对象，然后接收方调用接收消息 API，从接收消息对象中读取消息数据。

在外部通信的情况下，IL 将一个或多个消息压缩成指定的交互层协议数据单元（Interaction Protocol Data Unit，I-PDU），并把它们传输到下层处理，交互层调用底层协议将数据发送出去。接收方的接收与发送方的过程相反，在一个接收指示请求后，底层协议数据单元（PDU）的消息根据底层协议收取数据到接收 I-PDU 数据区，然后从 I-PDU 数据区取出各接收消息对象的数据，完成接收过程。

内部通信的功能是外部通信功能的子集，交互层里的消息管理是基于消息对象的，消息对象存在于发送端的是"发送消息对象"，存在于接收端的是"接收消息对象"，COM 的主要对象和过程如图 3.14 所示。

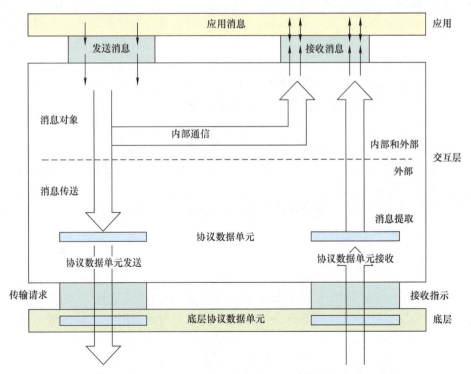

图 3.14　OSEK COM 中消息发送和接收的简单模型

2. 基于 OSEK COM 的外部消息发送过程的实现

发送外部消息时，在交互层，消息对象依次通过过滤算法、字节顺序转化，最后根据其传输模式封装到相应的 I-PDU。COM 规范定义了 3 种不同的消息传输模式：直接传输模式、周期传输模式和混合传输模式。下面以周期传输模式为例说明消息的传输过程。

当消息具有周期传输模式时，将其封装到具有周期传输模式特性的 I-PDU 里。在周期传输模式下，每次调用 API 函数 SendMessage()、SendDynamicMessage() 的服务更新传输的消息对象，交互层每隔周期传输模式时间间隔（I_TMP_TPD）执行一次周期传输请求，传输一个 I-PDU 到底层，当有传输请求时才执行 I-PDU 到底层的消息传输。周期传输模式忽略包含在 I-PDU 里面的所有消息的传输特性，当消息已经发送到底层后，如果在规定的时间间隔内，底层没有返回传输确认，那么立刻调用通知机制通知应用层，消息的周期传输失败。周期传输模式的传输机制如图 3.15 所示。

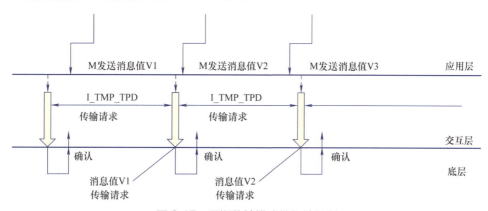

图 3.15　周期传输模式的传输机制

在周期传输模式的具体实现过程中，首先判断该消息是否具有周期传输模式的属性，如果具有，则将周期传输模式的标志位置 1。进入中断后，判断此时系统时钟节拍和上次记录的系统时钟节拍的时间间隔是否大于或等于 I_TMP_TPD：若大于时间间隔，则获得传输请求，调用底层接口函数立刻传输消息到底层，同时记录此时的系统时钟节拍；若消息传输成功，底层返回传输确认；若在规定时间内没有传输确认，则调用通知机制，表明消息传输失败。至此完成了消息从交互层发送到底层的传输过程。直接传输模式和混合传输模式消息的传输实现过程也类似。周期传输的实现流程如图 3.16 所示。

3. 基于 OSEK COM 的外部消息接收过程的实现

如图 3.17 所示，在消息的接收过程中，首先底层接口函数将底层 PDU 里面的消息取出放入接收 I_PDU 数据区，从底层向 OSEK COM 传递成功或失败的状态信息。如果接收指示服务没有产生错误，则表明消息已经成功接收到 I_PDU，然后从 I_PDU 数据区分别取出接收消息对象的数据，在经过字节顺序转化和过滤算法后，放入消息接收对象。消息接收对象分为队列消息和非队列消息，接收到的动态长度的消息都放入非队列消息，接收到的静态长度消息可以放入队列或非队列消息。

队列消息将收到的消息数据组合成一个队列，接收时向队尾添加新数据，读取时从队首移走旧数据，即先进先出（FIFO）方式。队列消息仅被读取一次，非队列消息可以被读取多次，直接用新数据覆盖旧数据。

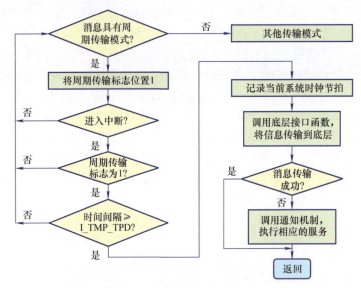

图 3.16　周期传输的实现流程

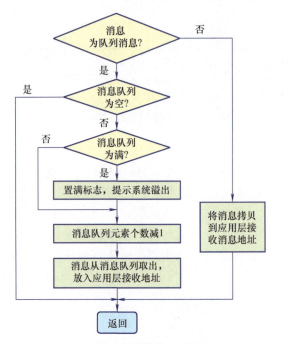

图 3.17　数据接收实现流程

3.2.3　OSEK NM 简介

OSEK NM 规范是为了提高 ECU 产品的网络互联能力提供的一个网络连接标准，它定义了一系列的服务来进行对节点的监测。网络管理的主要目的是确保汽车网络的安全性、通信的可靠性等。OSEK NM 规范规定了网络管理的机制和应用编程接口，OSEK NM 在整个系统中的位置如图 3.18 所示。

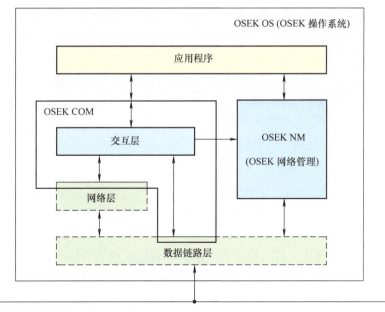

图 3.18　OSEK NM 在软件系统中的位置

作为一个基础的配置，遵循 OSEK 规范的网络管理实现必须应用在网络中的所有节点，每一个节点都能在规定的间隔内获得整个网络的状态信息。OSEK NM 为网络监控提供了两种机制：一种是通过监控应用的消息进行间接监控；另一种是对于特定的网络管理利用标记机制进行直接监控。OSEK NM 包括以下部分：①与应用程序的接口（API）；②节点监测算法；③OSEK 内部的一些接口（如 NM 与 COM 间接口等）；④睡眠模式转换算法；⑤NM 协议数据单元（Network Management Protocol Data Unit，NMPDU）。

3.3　面向实时控制的统一架构及 AUTOSAR CP

3.3.1　AUTOSAR CP 介绍

2003 年，9 家汽车行业巨头包括博世、戴姆勒、大众等公司联合成立了 AUTOSAR 联盟，旨在通过提高主机厂和供应商之间的软件复用性和可交换性来改善汽车电子电气体系结构的复杂性。两年后，经过众多专家的讨论和修订，第一版 AUTOSAR 标准于 2005 年正式发布，该标准发布后立刻引起汽车电子行业的巨大反响，其分层开发和模块化的软件解决方案也得到众多企业包括主机厂、零部件厂和半导体厂商的支持，它们也纷纷加入了 AUTO-SAR 组织。截止到 2020 年年底，全球共有 284 家成员。随着汽车行业的发展，AUTOSAR 标准也不断更新迭代，目前已经发布了 AUTOSAR R20-11。

1. AUTOSAR CP 的主要功能

AUTOSAR CP 的主要功能如下：
1）解决汽车功能的可用性和安全性需求。
2）保持汽车电子系统一定的冗余。

3）可以移植到不同汽车的不同平台上。
4）实现标准的基本系统功能作为汽车供应商的标准软件模块。
5）通过网络共享软件功能。
6）集成多个开发商提供的软件模块。
7）在产品生命周期内更好地进行软件维护。
8）更充分地利用硬件平台的处理能力。
9）进行汽车软件的更新和升级。

2. AUTOSAR 的核心思想

AUTOSAR 开发联盟提倡"在标准上合作，在实现上竞争"的原则，它希望在汽车电子领域创造出一个标准，既是功能上、接口上的标准，也是方法上、流程上的标准，以使得各个厂商可以在一个开放的平台下，提供符合标准的不同产品。也就是说，标准大家都一样，但是软件的具体实现不一样，谁针对应用实现得好，谁就可以赢得竞争。

AUTOSAR 的核心思想在于"统一标准、分散实现、集中配置"。统一标准才能给各个厂商提供一个通用的开放平台；分散实现则要求软件系统层次化、模块化，并且降低应用和平台之间的耦合度；不同的模块来自不同的厂商，它们之间存在复杂的相互联系，要想将其整合成一个完善的系统，必须要求将所有模块的配置信息以统一的格式集中管理起来，集中配置生成系统。

一个汽车电子应用系统可以包含多个互相关联的 AUTOSAR 组件，这些组件通过虚拟功能总线（Virtual Functional Bus，VFB）提供的标准通信机制与服务，实现平台无关性。

最终，AUTOSAR 希望可以达到如下目标：①交换格式的标准化；②基础软件的标准化；③接口的标准化；④对单片机的抽象化；⑤基于 VFB 的运行环境。

3.3.2　AUTOSAR CP 的基本分层架构

AUTOSAR CP 可分为四层，如图 3.19 所示，分别为应用软件层（Application Layer）、运行时环境（Runtime Environment，RTE）、基础软件层（Basic Software，BSW）和硬件如微控制器（Microcontroller）。为保证上层和下层的无关性，在通常情况下，每一层只能使用下一层所提供的接口，并向上一层提供相应的接口。

图 3.19　CP 的分层架构

1. 应用软件层

应用软件层包含若干软件组件（SWC），软件组件通过端口进行交互，每个软件组件包含若干运行实体，运行实体中封装了相关的控制算法，可由 RTE 事件触发。

2. 运行时环境

运行时环境的目的是让 SWC 独立于底层应用，作为虚拟功能总线（VFB）在 ECU 内部的具体实现，它可以实现软件组件之间、基础软件之间以及软件组件和基础软件之间的通信。RTE 将 BSW 的软件进行了隐藏和抽象，为应用层软件组件提供了标准化的基础软件和通信接口，正是运行时环境使得软硬件分离成为可能。

3. 基础软件层

基础软件层大致可分为四个部分，除去复杂驱动层之外，从上到下分别为服务层、ECU 抽象层以及微控制器抽象层。

（1）服务层（Services Layer）

服务层的目的是为应用层的应用程序提供标准化的服务，包括操作系统的功能、网络通信服务、通信管理服务、ECU 管理服务、内存服务、诊断服务、逻辑和时序监控服务等。

（2）ECU 抽象层（ECU Abstraction Layer）

ECU 抽象层的目的是使软件和 ECU 具体的硬件设计无关。这一层可以调用下一层微控制器抽象层的函数，同时将单片机引脚分配、信号的物理特性（电流、电压、频率等）抽象为应用软件层或者服务层可用的信息（例如将电平信号的高低转换为信号的 on/off 等）。

（3）微控制器抽象层（Microcontroller Abstraction Layer，MCAL）

微控制器抽象层的目的是对单片机进行抽象，将上层软件和具体的单片机隔离，不论使用什么型号的单片机，这一层向上层提供的接口都是统一的。通过这样的方法，当 ECU 抽象层访问外设时，面对的接口都是规范统一的，方便了平台切换过程中的软件开发。

微控制器抽象层位于 BSW 的最下层，其与 ECU 的硬件相关联。它包含一些微控制单元（Microcontroller Unit，MCU）内部驱动软件模块，这些驱动直接访问 MCU 内部外设（ADC、WatchDog、General Purpose Timer 等）。MCAL 这一层依赖于 MCU，但是它的上面一层（ECU 抽象层）则可以独立于具体的 MCU。

（4）复杂驱动层（Complex Drivers）

复杂驱动层的目的是为复杂传感器和执行器提供驱动，这些驱动不包含在 AUTOSAR CP 软件堆栈中。一些重要的应用模块例如喷油量控制、胎压监测等，这些设备既没有包含在微控制器驱动层，也没有包含在 ECU 抽象层中，而是使用复杂驱动层实现，这样可以让 SWC 直接访问硬件资源。另一种情况是对一些设备有严格的时序要求，难以抽象，也可以直接放入复杂驱动层中。

3.3.3　AUTOSAR CP 的软件组件

AUTOSAR CP 软件组件（SWC）是应用层的核心，也是一些抽象层、复杂驱动层等实现的载体，AUTOSAR CP 软件组件大体上可分为原子软件组件（Atomic SWC）和部件（Composition SWC）。其中，部件可以包含若干原子软件组件或部件。原子软件组件则可根据不同用途分为应用软件组件、传感器/执行器软件组件、标定参数软件组件、ECU 抽象软件组件、复杂设备驱动软件组件、服务软件组件。

1. 软件组件的分类以及数据类型

如前所述，原子软件组件可分为 6 种，它们各自的功能如下所示：

1）应用软件组件：主要用于实现应用层控制算法。

2）传感器/执行器软件组件：用于处理具体传感器/执行器的信号，可以直接和 ECU 抽象层交互。

3）标定参数软件组件：主要提供标定参数值。

4）ECU 抽象软件组件：提供访问 ECU 具体 I/O 的能力。

5）复杂设备驱动软件组件：推广了 ECU 抽象软件组件，它可以定义端口和其他软件组件通信，还可以与 ECU 硬件直接交互。

6）服务软件组件：主要用于基础软件层，可通过标准接口或标准 AUTOSAR 接口与其他类型的软件组件进行交互。

AUTOSAR CP 规范中还定义了三种数据类型：应用数据类型、实现数据类型和基础数据类型。

应用数据类型是在软件组件设计阶段抽象出来的数据类型，用于表征实际物理世界的量，是提供给应用层使用的，仅仅是一种功能的定义，并不生成实际代码。

实现数据类型是代码级别的数据类型，是对应数据类型的具体实现，它需要引用基础数据类型，还可以配置一些计算方法和限制条件。

2. 软件组件的端口

SWC 具有明确定义的"端口（Port）"，SWC 可以通过这些"端口"与其他 SWC 和虚拟功能总线交互。端口始终只属于一个 SWC，并代表一个 SWC 与其他 SWC 之间的交互点。

图 3.20 描述了一个名为"SeatHeatingControl"的组件类型的定义示例，它根据多个输入信息控制座椅中的加热元件。

这个 SWC 类型需要以下信息作为输入：①乘客是否坐在座位上（通过"SeatSwitch"端口）；②座椅温度刻度盘的设置（通过"Setting"端口）；③来自中央电源管理系统的一些信息（通过"PowerManagement"端口），它可以决定在某些情况下禁用座椅加热。

这个 SWC 控制①与座椅温度刻度盘关联的刻度盘（通过"DialLED"端口）、②和加热元件（通过"HeatingElement"端口）。

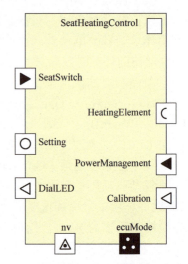

图 3.20 SWC 案例"SeatHeatingControl"

最后，可以通过端口"Calibration"校准此 SWC，这需要获得 SWC 运行的 ECU 的状态（通过端口"ecuMode"得到）并需要访问本地非易失性存储器（通过端口"nv"）。

单个 SWC 实现的功能可以非常简单也可以非常复杂。一个 SWC 可能包含少量端口用来提供或获取简单的信息，也可能包含大量端口提供或获取复杂的数据和操作组合。

AUTOSAR CP 支持 SWC 的多个实例化，这意味着车辆系统中可以有多个相同 SWC 的实例。图 3.21 显示了如何使用"SeatHeatingControl"组件类型的两个实例来分别控制左前座和右前座。这些组件通常有自己独立的内部状态（存储在不同的内存位置），但共享同一套代码。

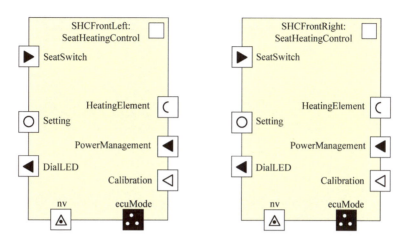

图 3.21　同一个 SWC 可以多次实例化用以实现不同的功能

在图 3.20 的例子中出现了众多的端口，实际上，在 AUTOSAR CP 中，用于 SWC 之间以及 SWC 和 VFB 交互的端口可以分为两类：Sender/Receiver 以及 Client/Server。

SWC 的端口可以分为以下两大类：

（1）Sender/Receiver Port

VFB 视角下 Sender/Receiver 端口如图 3.22 所示。

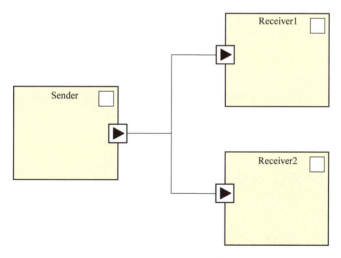

图 3.22　VFB 视角下 Sender/Receiver 端口

Sender 用于数据的发送，在 AUTOSAR CP 规范中用向外的三角形表示；Receiver 用于数据的接收，在 AUTOSAR CP 中用向内的三角形表示。在 AUTOSAR 中，允许 Sender 和 Receiver 进行一对多的通信，也就是说，同一个 Port 可以向多个 Receiver 发送信息。

（2）Client/Server Port

VFB 视角下 Client/Server 端口如图 3.23 所示。

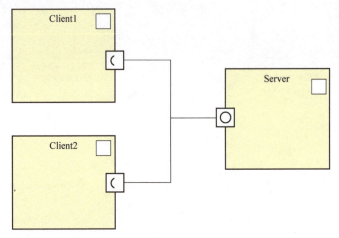

图 3.23　VFB 视角下 Client/Server 端口

Server 用于提供服务，在 AUTOSAR CP 中用圆形表示；Client 用于请求服务，在 AUTOSAR CP 中用弧形表示。通过 VFB 总线，Client Port 可以连接到 Server Port 上，对 Server 提供的服务进行调用。多个 Client 可以对一个 Server 进行调用，但一个 Client 不能调用多个 Server。

3. 软件组件的内部行为

1）运行实体 RE（Runnable Entity）：一段可执行的代码，封装了一些算法，一个软件组件可以包含一个或多个运行实体，由这些运行实体组成了 SWC。

2）运行实体的 RTE 事件：每个运行实体都会被赋予一个 RTE 事件，这个事件可以引发这个运行实体执行。常用的 RTE 事件可以分为周期性事件、数据接收事件、客户端调用服务器事件等通过 RTE 将运行实体映射到操作系统中的任务，利用 RTE 周期性或事件的触发，可以实现定时的调用。

3）运行实体与所属软件组件的端口访问：运行实体于所属软件组件的端口访问是和端口所引用的端口接口类型密切相关的。

4）运行实体间变量：两个运行实体之间交互的变量。

3.3.4　AUTOSAR CP 应用接口

1. AUTOSAR 接口

AUTOSAR 接口是从软件组件的端口衍生而来的通用接口，描述数据或服务，由 RTE 提供给软件组件，可以作为软件组件间通信的接口，也可以作为软件组件和底层 I/O 硬件抽象层或复杂设备驱动层间的接口。AUTOSAR 接口非标准，可自定义，但在 AUTOSAR 规范中，目前已对车身、底盘以及动力传动系统控制领域的应用接口做了一些标准化的工作。

2. 标准 AUTOSAR 接口

在 AUTOSAR 接口的基础上对语法、语义的定义标准化的一种特殊的 AUTOSAR 接口，用于软件构件访问标准化的 AUTOSAR 服务：由 RTE 向软件构件提供 BSW 中的服务，如存储器管理、ECU 状态管理、"看门狗"管理等，这类接口命名以"Rte_"为前缀。

3. 标准接口

标准接口是使用特定语言（C 语言）定义的标准化的函数，通常用于 ECU 内部的通信，主要用于 ECU 上的 BSW 各模块间、RTE 和操作系统间、RTE 和通信模块间。标准接口已用 C 语言定义，如 void Adc_Init（const Adc_ConfigType* ConfigPtr），使用标准接口无法进行网络上的通信，因为它不符合 AUTOSAR 接口标准。

3.3.5 AUTOSAR VFB

AUTOSAR CP 的虚拟功能总线（Virtual Functional Bus，VFB）不像以往的 CAN、LIN 总线，没有实际的物理实现，但依旧起到了类似总线的作用。

1. SWC 功能开发的简化

图 3.24 所示为一个抽象的描述 ECU 功能的视图。所有的 SWC 通过接口连接到 VFB 上。如前所述，这些 SWC 都是对 ECU 的各种功能的描述，在具体的实现过程中，会生成在 ECU 上执行的代码。在某一个汽车电子系统开发之初，很难界定这些 SWC 在 ECU 上的具体位置以及它们之间的通信方式，借助这种抽象的 VFB 可以连接这些 SWC，既可以实现 SWC 之间的数据交换以及服务调用，也可以表示 ECU 外部如 CAN、LIN 总线的通信。

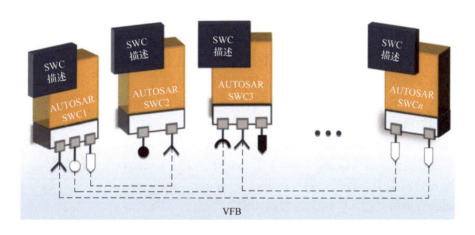

图 3.24　SWC 和 VFB 总线

在 VFB 的架构下，将这些底层的信息都进行了抽象化，使得应用层的开发可以完全独立于与 ECU 的映射关系以及 ECU 的物理特性，仅关注应用层软件本身功能的开发。即使 ECU 还没有被开发出来，也可以先对 SWC 的功能进行开发验证，可以并行开发 SWC 和 ECU，而不需要串行开发，大大地提升了开发效率以及应用软件代码验证的便捷度。

2. VFB 的通信机制

（1）Sender/Receiver Port 的通信

在图 3.22 中，有两个组件连接器将组件"Sender"的 PPort 与"Receiver1"和"Receiver 2"RPort 连接起来。与这些端口相关的 Sender/Receiver Interface 由定义发送方发送、接收方接收的数据的数据元素（Data Element）组成。

这些数据元素的类型可以是非常简单的类型（如"整型"），也可以是非常复杂（或很大）的数据类型（如数组或字符串）。传输的任何一个值，即使属于复杂的数据类型，在逻辑上也是原子的。

Sender 可以为 Sender/Receiver 接口中定义的每个数据元素提供一个新的值。更精确的语义取决于数据元素被定义为"last-is-best"类型或"排队"类型。

1）Sender 的发送行为。Sender 的 PPort 中具有"last-is-best"语义的每个数据元素始终具有一个"当前值"。这种数据元素的初始电流值可以通过 VFB 的配置来定义。Sender 可以改变数据元素的当前值，从而覆盖数据元素的先前值。

当数据元素具有"排队"语义时，Sender 产生的连续值存储在队列中。初始队列的长度为零（即没有可用的值）。每当 Sender 产生一个新值时，都会添加到队列中，直到达到某个事先配置好的数目。

Sender 不知道 Receiver 的身份和数量，它的行为与 Receiver 的存在与否无关。Sender/Receiver 通信允许 Sender 和 Receiver 之间的强解耦，即 Sender 只提供信息，Receiver 自主决定何时以及如何使用这些信息。如何传播信息是通信基础设施的职责。然而，在某些情况下，Sender 希望在已知自身和 Receiver 之间通信的质量未达到预期时得到相应的通知。

2）Receiver 的接收行为。Receiver 可以访问与自身的 RPort 关联的 Sender/Receiver 接口中定义的每个数据元素的值。

对于具有"last-is-best"语义的数据元素，Receiver 可以访问该数据元素的最新值，或者被告知数据元素是"无效的"（如果该数据元素支持这个特性）。

对于具有"排队"语义的数据元素，接收者本质上只有一个操作：从队列中获取下一个数据元素。如果队列为空，则将这一事实返回给 Receiver；否则，从队列中读取并取出下一个数据元素值。

3）Sender/Receiver 通信的结构。Sender/Receiver 通信中，可以是 1 个 Sender 向 n（n>0）个 Receiver 发送信息，也可以是 n（n>0）个 Sender 向 1 个 Receiver 发送信息。

在 1 对 n 的模式中，数据元素可以是"last-is-best"语义或"排队"语义；而 n 对 1 的模式中，就必须采用"排队"语义的数据元素。

Sender 和 Receiver 并不是直接连接起来的，它们之间需要通信系统来连接。例如，图 3.25 与图 3.26 描述了"last-is-best"语义的模型视图以及实现视图。而对于"排队"语义或 n 对 1 的通信模式，队列存在于 Receiver 侧，多个 Sender 可以向一个 Receiver 的某个数据元素的队列中发送数据。

在 AUTOSAR CP 中，为了防止 Sender/Receiver 的实现过于复杂，暂不支持多个 Sender 对应多个 Receiver 的通信模式。

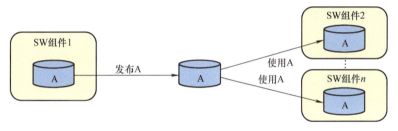

图 3.25 "last-is-best"语义的模型视图

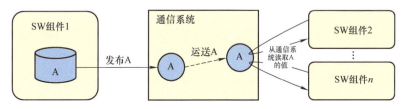

图 3.26 "last-is-best"语义的实现视图

（2）Client/Server Port 的通信

Client/Server 通信是分布式系统中广泛使用的通信模式，其中 Server 是服务的提供者，Client 是服务的用户。图 3.23 给出了 VFB 视图中由 3 个组件和 2 个连接组成的 Client/Server 通信的示例。

在此示例中，2 个连接器将 "Client1" 和 "Client 2" RPort 与 Server 的 PPort 连接起来。每个端口都与一个 Client/Server 接口相关联，该接口定义了 Server 可实现并由 Client 使用的操作。这种 Client/Server 接口中的每个操作都与在客户端和服务器之间传输的参数相关联。这些参数可以是简单的基本数据类型（如某个范围内的整型或布尔型），也可以是复杂的结构或数组。

1）Client 的调用。Client 通过请求服务器执行接口中定义的某个操作来启动 Client/Server 机制。因此，Client 为 Client/Server 接口中为该操作定义的参数提供相应的值（类似于调用函数时，需要为形参赋值）。

最终，Client 要么会收到一个有效的调用响应，要么会收到一个错误作为调用的响应。有效的响应意味着 Server 已经执行了需要的操作，在这种情况下，Client 会收到接口中对应操作的每个返回参数的值（类似于调用函数后，得到返回值）。

2）Server 的执行。Server 等待来自其 Client 的调用，它使用 Client 提供的参数值执行需要的操作，在执行完成对应的操作后，Server 为每个返回参数赋值并将其返回给 Client。如果 Server 遇到错误，它可以选择将应用程序错误返回给 Client，而不是返回一组参数值。

3）服务的调用规则。在一个 RPort 返回值（可能是来自 Server 的有效响应或错误）之前，不允许 Client 调用该 RPort 上的同一个操作，如图 3.27 所示。

但是，允许 Client 在第一个操作的调用返回之前对同一个 RPort 进行不同操作的调用，这种情况下 VFB 不对这些调用的顺序做出任何保证。也就是说，VFB 不保证 Server 看到操作调用的顺序与 Client 进行这些调用的顺序相同；同样，不能保证响应以任何特定顺序（例如按照 Client 调用这些操作的顺序）提供给客户端。如图 3.28 所示，Client 先调用操作 1，后调用操作 2；但 Server 先看到调用 2 并响应后看到操作 1 并响应；最终，两个操作也不是按照调用顺序返回给 Client。

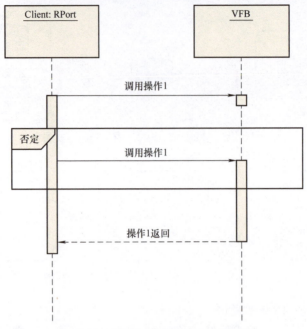

图 3.27　不允许同时调用同一个操作

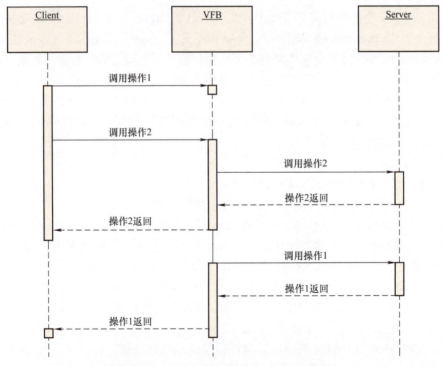

图 3.28　VFB 不支持不同操作之间的排序

尽管不能保证顺序，但 VFB 必须将来自 Server 的响应与 Client 的调用正确地关联在一起，即将返回值返回给对应的调用。

3.3.6 运行时环境

运行时环境（Runtime Environment，RTE）是 AUTOSAR CP 中 ECU 架构的核心，RTE 是对应于某个特定 ECU 的 VFB 接口的实现。RTE 提供基础设施服务，使 SWC 之间能够进行通信，并充当 SWC 访问包括操作系统和通信服务在内的基本软件模块的手段，如图 3.29 所示。

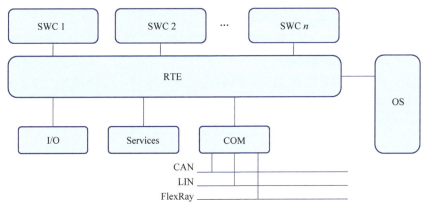

图 3.29 RTE 在 ECU 中的位置和作用

RTE 可以在逻辑上分为两个子部分，分别实现 SWC 之间的通信和 SWC 的调度。

1. 基于 RTE 的任务调度

（1）配置：RE 对 OS 中任务的映射

首先需要明确的是，在 AUTOSAR CP 架构中，任务调度是基于一套在 OSEK OS 基础上优化后的操作系统的。因此，要想按照一定的顺序对 SWC 进行调度，就需要建立 SWC 与 OS 之间的对应关系。

SWC 是由一系列运行实体（RE）构成的，这些 RE 是实现某一子功能的最小模块。在 OS 中，调度是基于任务的。因此，需要建立一套 RE 和 OS 任务的对应关系，也就是建立 RE 到 OS 任务的一套映射关系，这种映射关系是在 RTE 中配置的。

（2）触发 RE 的运行

在将 RE 映射到 OS 的任务中后，RTE 可以生成不同的事件触发 RE 的运行。

图 3.30 展示了可触发 RE 的不同事件。

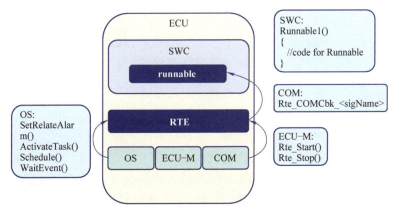

图 3.30 可触发 RE 的不同事件

第一类是 SWC 对函数的调用，例如 Sender/Receiver、Client/Server 端口对函数的调用。第二类由 ECU-M（ECU Management）触发，ECU 管理模块可以调用诸如 Rte_Start（）、Rte_Stop（）函数，这些函数可以改变 ECU 的状态，也能产生对应的触发事件。第三类通过 COM，基于回调函数完成数据调度。第四类基于 OS 事件，通过 OS 事件对映射到相应任务的 RE 进行调用。

（3）生成任务代码

RE 的运行，也就是 OS 的任务来调用 RE 所对应的一段代码，这些代码会被归集到任务中去，在操作系统中被调度、执行。

除此之外，RTE 还需要配置操作系统中的任务、事件、报警器等。由于 RTE 是 VFB 总线在 ECU 域的具体实现，所以每个 RTE 需要针对不同的 ECU 定制。基于 RTE 的任务调度抽象了 OS，可以防止 SWC 直接访问操作系统和基础软件。

2. 基于 RTE 的数据交互

基于 RTE 的数据交互如图 3.31 所示，RTE 最重要的功能就是实现了 SWC 之间以及 SWC 和 BSW 之间的通信。由于 RTE 是 VFB 的具体实现，因此基于 RTE 的通信也有 Sender/Receiver 和 Client/Server 两种。其基本逻辑与基于 VFB 总线的通信是相同的，Sender/Receiver 提供消息传递功能，Client/Server 提供函数调用。

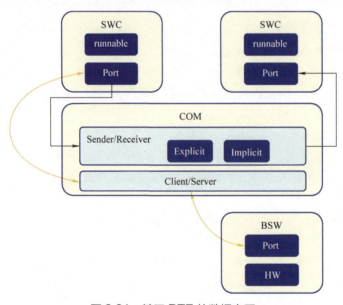

图 3.31　基于 RTE 的数据交互

（1）通信样式

RTE 为软件组件实例间的通信提供了不同的样式：① Sender/Receiver（信号传递）；② Client/Server（功能调用）；③模式切换；④非易失性数据交互。

每个通信样式都可以应用于分区内的软件组件分发（包括同一分区内的任务内和任务间分发）、分区间的软件组件分发和 ECU 间的软件组件分发。任务内通信发生在映射到同一 OS 任务的可运行实体之间，而任务间通信发生在映射到同一分区的不同任务的可运行实体之间，因此涉及关联转换。分区间通信发生在映射到同一个 ECU 的不同分区的组件中的可运行实体之间,因此涉及关联转换和跨越保护边界(内存保护、定时保护、核心隔离)。ECU 间通信发生在映射到不同 ECU 的组件中的可运行实体之间,本质上是并发的,并且可能涉及不可靠通信。

(2)通信模式

对于 Sender/Receiver 通信,RTE 提供两种模式:

1)显式(Explicit):组件使用显式 API 调用发送和接收数据元素。

2)隐式(Implicit):RTE 在调用可运行实体之前自动读取指定的一组数据元素,并且在可运行实体终止后自动写入(不同的)一组数据元素。这里使用术语"隐式",是因为可运行实体不会主动启动数据的接收和传输。

(3)静态通信

RTE 应仅支持静态通信,静态通信仅包括那些在生成 RTE 时所有通信的源和目的就已知的通信连接。由于运行时间和代码开销会限制适用 RTE 的设备规模,因此不支持通信的动态重新配置。

(4)多重性

除了点对点通信,RTE 还支持含有多个提供者或多个需求者的通信连接。当使用发送方-接收方通信时,RTE 支持 1:n(即一个发送方,多个接收方)和 n:1(即多个发送方,一个接收方)通信,并且限制不允许多个发送方进行模式切换通知。

RTE 不协调多个发送方或多个接收方的执行过程,这意味着不同软件组件的行为是独立的。RTE 不确保不同发送方同时传输数据,也不确保所有接收方同时接收数据或接收事件。

当使用客户端-服务端通信时,RTE 支持 n:1(即多个客户端,一个服务端),不支持 1:n(即一个客户端,多个服务端)。

无论使用 1:1、n:1 还是 1:n 通信,RTE 都负责实现通信连接,因此,AUTOSAR CP 软件组件不知道具体配置,这样就允许一个 AUTOSAR CP 软件组件在不修改的情况下重新部署到不同的配置中。

(5)并发性

AUTOSAR CP 软件组件不能直接访问操作系统,因此 AUTOSAR CP 应用层中没有任务。相反,AUTOSAR CP 中的并发(Concurrency)操作是基于 RTE 引用的组件中的可运行实体的,如图 3.32 所示。

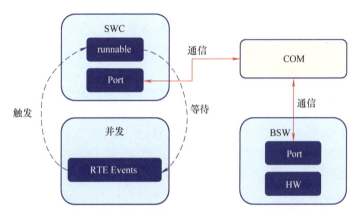

图 3.32　AUTOSAR CP 的通信与并发操作

AUTOSAR VFB 规范将可运行实体定义为"可由 RTE 启动的指令序列",一个组件提供一个或多个可运行实体,每个可运行实体只有一个入口点。入口点在提供可运行实体执行的软件组件代码中定义标记。

RTE 负责调用可运行的实体,由于 AUTOSAR CP 软件组件无法动态创建私有控制线程,因此,AUTOSAR CP 应用层中的所有活动都是由 RTE 触发可运行实体来发起的,并作为 RTE 事件的结果。RTE 事件包含所有可能的情况,这些情况可以触发 RTE 执行可运行实体。

RTE 支持任何具有 AUTOSAR 接口的软件组件的可运行实体,包括 AUTOSAR 软件组件和基础软件模块,可运行实体分为多个类别,每个类别支持不同的设备。

3.3.7 基础软件层

1. 基础软件层的函数简介

基础软件层(BSW)的函数可以大致分为五类,分别为:

(1)内部和外部的驱动(Driver)

这些驱动主要用于对内部或外部的设备实现功能控制或访问。其中,内部器件是指位于单片机内部的器件,例如内部的 EEPROM、CAN 控制器、ADC 等,控制内部设备的驱动程序被称为内部驱动程序。外部器件是指位于单片机外部的硬件,例如外部的 EEPROM、看门狗等,访问这些外部设备的驱动程序被称为外部驱动。AUTOSAR CP 也支持带有通信接口的设备,例如带有 SPI 接口的外部 EEPROM、由 SPI 控制的外部看门狗也属于外部硬件的范围。

(2)接口(Interface)

接口的作用是对在软件架构中位于其下方的模块的抽象,它提供了一种通用的应用程序二进制接口(Application Binary Interface,ABI),可以访问特定类型的设备,而不用关心这些设备的数量。例如,在单片机中,通常会有多个 CAN 通信模块,可以使用 CAN 接口统一访问这些 CAN 通信模块,而不用关心它们的数量以及硬件上的位置(位于单片机的内部或是外部)等。

(3)处理函数(Handler)

处理函数用于控制一个或多个客户端对驱动程序的并发或异步访问的函数,简单来说,处理函数就是一个"排队函数"。通常,处理函数会被集成在驱动程序或接口里,例如 SPI 通信或 ADC 采样模块中对应的 SPI 处理函数、ADC 处理函数。

(4)管理函数(Manager)

当处理函数无法对多个客户端进行抽象的时候,需要用到管理函数。一般而言,管理函数都是位于服务层(Services Layer)的。值得注意的是,管理函数可以对接口的数据进行修改操作,例如 NVRAM 的管理器可以并发访问单片机内部或外部的存储设备,内部的存储器如 Flash、外部的存储器如 EEPROM。它还可以对存储器中的数据进行检查,校验其一致性,在初始化时为这些存储器提供默认值等。

(5)库函数(Library)

Library 是 BSW 中通用功能函数的集合,如图 3.33 所示。

```
The following libraries are
specified within AUTOSAR:
➢ Fixed point mathematical,        ➢ Extended functions (e.g. 64bits     ➢ CRC calculation,
➢ Floating point mathematical,        calculation, filtering, etc.)       ➢ Atomic multicore safe operations
➢ Interpolation for fixed point data,   ➢ Bit handling,
➢ Interpolation for floating point data, ➢ E2E communication,
```

图 3.33　CP 中指定的库函数

例如，定点数的运算库、浮点数的运算库、CRC 校验运算库等功能模块。库函数既可以由 BSW 调用，也可以由 SWC 调用，库函数支持在受保护的上下文中运行。

库函数必须是可重入的（简单来说就是可以被中断的函数，或是可以被多个任务调用的函数），其调用必须是同步的。也就是说，可以同时被多个任务调用，而不需要等到函数执行结束后再被其他任务调用。

2. 基础软件层的功能划分

在之前 BSW 的概述中，介绍了 BSW 的四个层次：服务层、ECU 抽象层、微控制器抽象层以及复杂驱动层，如图 3.34 所示。

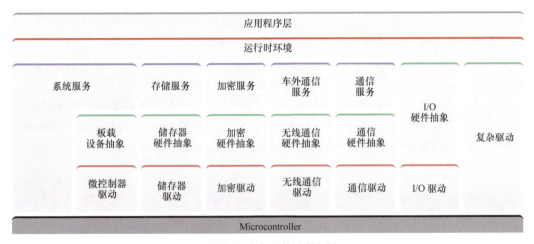

图 3.34　BSW 的功能划分

从功能上说，BSW 层还可以进行纵向划分，分别为：系统服务（System Services）、存储服务（Memory Services）、加密服务（Crypto Services）、车外通信服务（Off Board Communication Services）、通信服务（Communication Services）、I/O 硬件抽象（I/O Hardware Abstraction）和复杂驱动（Complex Drivers）。

（1）**系统服务**

系统服务提供可以标准化的或是与 ECU 相关的服务，例如操作系统及其标准化接口、看门狗、定时器、错误存储器等标准化功能模块。系统服务贯穿了服务层、ECU 抽象层和微控制器抽象层。

（2）**存储服务**

存储服务提供对 ECU 内部和外部的存储器的标准化访问的功能。存储服务贯穿了服务层、ECU 抽象层和微控制器抽象层。

（3）加密服务

加密服务通过调用加密驱动和加密硬件抽象对应用层提供加密的标准化服务接口。加密服务贯穿了服务层、ECU 抽象层和微控制器抽象层。

（4）车外通信服务

车外通信服务通过无线通信方式与车外实现 V2X、V2V 的通信服务，车外通信服务贯穿了服务层、ECU 抽象层和微控制器抽象层。

（5）通信服务

通信服务实现 CAN、LIN、FlexRay 等总线的通信，包括对底层通信网络的驱动、ECU 相关硬件的抽象以及标准的通信服务函数。通信服务贯穿了服务层、ECU 抽象层和微控制器抽象层。

（6）I/O 硬件抽象

与其他功能块不同，I/O 硬件抽象部分没有服务层，ECU 抽象层往上就是 RTE。

接下来对 BSW 的四个模块进行详细介绍。

3. 微控制器抽象层

微控制器抽象层（Microcontroller Abstraction Layer，MCAL）是对单片机的抽象，不同于个人计算机上一家独大的情形，单片机的种类多种多样，实现方法也不尽相同。一般而言，需要在充分研究一种单片机的功能和外设，才能使用相应的模块。而在 AUTOSAR CP 中，MCAL 就扮演了这样一个标准化驱动的角色，使得在访问单片机复杂的外设或设备时可以使用一套标准化的接口，而不需要研究单片机内部具体的实现机制。

如图 3.35 所示，MCAL 可以大致分为以下几个部分：微控制器驱动（Microcontroller Drivers）、存储器驱动（Memory Drivers）、加密驱动（Crypto Drivers）、通信驱动（Communication Drivers）、无线通信驱动（Wireless Communication Drivers）、I/O 驱动（I/O Drivers）。

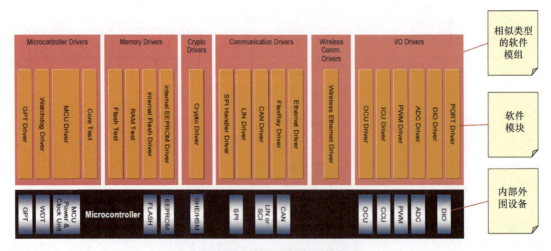

图 3.35 微控制器抽象层的组成

4. 复杂驱动

之前已经介绍过，复杂驱动（Complex Drivers）的功能是满足复杂的传感器和执行器的特殊功能和时序要求。复杂驱动是相当特殊的一个部分，它是在 AUTOSAR CP 标准的 BSW

体系中的非标准模块，也就是说，这个部分是可以由用户自行开发的模块，如图 3.36 所示。

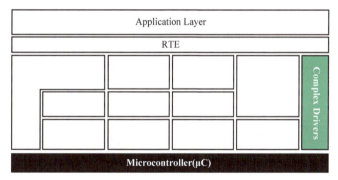

图 3.36　CP 架构中的复杂驱动模块

从 AUTOSAR CP 的软件架构中可以看到，复杂驱动的底层直接连接单片机，也就是说，复杂驱动可以直接访问单片机的硬件，也可以通过单片机的硬件访问外部的设备。复杂驱动的上层就是 RTE，也就是对应用层的"接口"，因此，应用层可以通过复杂驱动直接访问单片机的设备或外设。

在复杂驱动部分可以实现特殊的传感器或执行器，如喷油控制（Injection Control）、电子阀门控制（Electronic Valve Control）等。当外部或内部设备有特殊的时序要求，而调用内部标准的驱动程序无法满足相应的时序要求时，可以通过自行编写复杂驱动满足该时序要求。

5. ECU 抽象层

ECU 抽象层（ECU Abstraction）位于 MCAL 以上，在之前介绍过，这一层的目的是对 ECU 的硬件特性抽象，对上层软件隐藏 ECU 硬件和布局属性，例如将连接到 ECU 的输入输出信号特性（如电流、电压、频率等）抽象为应用层可以使用的信号。

例如，从 I/O Driver 采样来了一个开关信号，上层的 I/O 硬件抽象（I/O Hardware Abstraction）层将高低电平解释为 on/off 的信号给应用层使用，而应用层不用关心这个信号具体是从 I/O、ADC 采样甚至外部通信驱动中哪一处获得的，从而实现了对 ECU 硬件特性的抽象。

ECU 抽象层包含了 I/O 硬件抽象、通信硬件抽象（Communication Hardware Abstraction）、无线通信硬件抽象（Wireless Communication Hardware Abstraction）、加密硬件抽象（Crypto Hardware Abstraction）、存储器硬件抽象（Memory Hardware Abstraction）以及板载设备抽象（Onboard Device Abstraction），下面具体介绍这些模块。

（1）I/O 硬件抽象

这一部分是对 I/O 驱动的抽象，I/O 驱动抽象在 CP 架构中的位置如图 3.37 所示。

如图 3.38 所示，I/O 硬件抽象层的下层是 MCAL 的 DIO Drivers、ADC Drivers、用于访问外部设备的 SPI Hardware Drivers 等，这些都可以作为 I/O 硬件抽象层的对象。在 I/O 硬件抽象当中，I/O 信号接口（I/O Signal Interface）用于提供信号变量，当应用层访问 I/O 硬件抽象层的时候，获得的就不是信号的电学特性，而是信号反映的抽象含义。从图 3.38 可以看到，这一层也包含一些外部的驱动，这是因为这些驱动程序与外部的具体芯片有关，无法放入 MCAL，于是就放入了 ECU 抽象层。

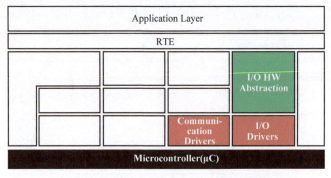

图 3.37 I/O 驱动抽象在 CP 架构中的位置

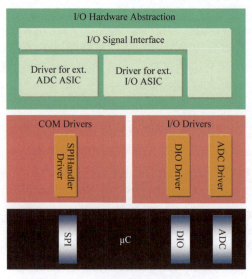

图 3.38 I/O 驱动抽象的具体组成

（2）通信硬件抽象

通信硬件抽象这一模块的目的是实现对总线通信功能的抽象，从而为不同的总线通信提供相同的访问机制。例如，不论 LIN、CAN 总线通信的控制器位于单片机的内部或是外部，都可以通过通信硬件抽象模块进行抽象。在本模块上层，所有 CAN 通信的通道都是一致的，所有 LIN 通信的通道也都是一致的，换句话说，单片机内部和外部用于扩展的 CAN 通信的模块在通信硬件抽象的接口来看，都是统一的。通信硬件抽象在 CP 架构中的位置如图 3.39 所示。

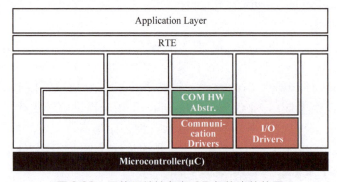

图 3.39 通信硬件抽象在 CP 架构中的位置

图 3.40 所示是通信硬件抽象里 CAN 模块的示意图，其中的 CAN 接口（CAN Interface）是对上一层也就是服务层的接口，服务层在访问 CAN 接口时不用关心 CAN 控制器的具体特性。在通信硬件抽象中还包含了外部器件的驱动，例如 CAN 收发器的驱动（CAN Transceiver Driver）、专用的外部 CAN 控制器的驱动（Drivers for ext. CAN ASIC）等。

在通信硬件抽象的下面一层是关于 CAN 通信相关的 MCAL 的驱动。例如访问单片机内部的 CAN 控制器使用的 CAN Driver，需要通过 SPI 访问的外设所对应的 SPI Handler Driver，以及通过 I/O 控制 CAN 收发器的状态时使用到的 DIO Driver。

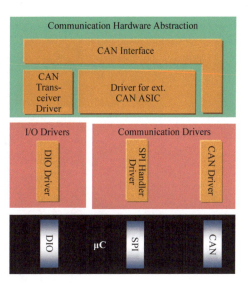

图 3.40　CAN 通信硬件抽象的具体组成

（3）存储器硬件抽象

存储器硬件抽象模块的作用是对片上或板载的外设存储器设备的抽象，如图 3.41 所示。

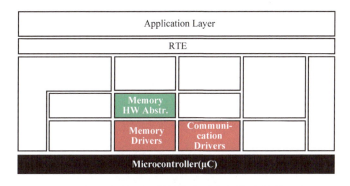

图 3.41　存储器硬件抽象在 CP 架构中的位置

在硬件上，位于单片机内部（片上）和单片机外部（板载）都可能存在存储器。在 MCAL，内部的存储器通过 Memory Drivers 进行访问，外部的存储器通过 Communication Drivers 访问。但无论存储器在单片机内部还是外部，存储器硬件抽象层统一将这些外设抽象为相同的接口。这样，当服务层访问这些存储器时，就不用关心访问的是单片机内部的诸如 Flash 模拟的 EEPROM，还是单片机外部使用 SPI 通信的 EEPROM。

如图 3.42 所示，最上层是存储器硬件抽象层，最上方的 Memory Abstraction Interface 是上文所说的向服务层提供的标准化接口，这一层也包括了外部 EEPROM 和 Flash 的驱动。该模块支持 Flash 模拟 EEPROM 的功能，因此，在这一层还有 EEPROM Abstraction 以及 Flash EEPROM Emulation 的模块。

在其下一层是 MCAL 的内容，内部存储器借助 Memory Drivers 模块驱动，其中包含了 Internal Flash Driver、EEPROM Driver 等。底层的硬件为单片机内部的 Flash 或 EEPROM，外部的存储器由于需要使用 SPI 对外部的存储器进行访问，因此 MCAL 对应的是 Communication Drivers 中的 SPI Handler Driver，底层的硬件为 SPI 外设。

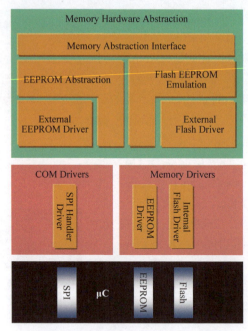

图 3.42　存储器硬件抽象的具体组成

（4）板载设备抽象

板载设备抽象在 CP 架构中的位置如图 3.43 所示，这一模块的功能是实现除传感器、执行器、通信和存储器以外的板载设备的抽象，如外部看门狗等。与其他 ECU 抽象层相似，看门狗也分为单片机内部的看门狗和单片机外部的看门狗，板载设备抽象层统一将这些看门狗抽象为相同的接口。这样，当服务层访问这些看门狗时，就不用关心访问的是单片机内部还是单片机外部的看门狗了。

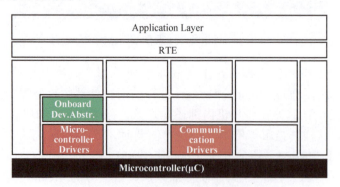

图 3.43　板载设备抽象在 CP 架构中的位置

如图 3.44 所示，与之前描述的 BSW 架构类似，在板载设备抽象模块中，包含了看门狗接口（Watchdog Interface）以及外部看门狗驱动（External Watchdog Driver）。单片机内部的看门狗由于直接使用单片机内部的资源，只需要使用 MCAL 中 Microcontroller Drivers 的 Internal Watchdog Driver 来驱动底层的内部看门狗，外部的看门狗则需要使用 SPI 访问。因此，在 MCAL 使用的是 Communication Drivers 中的 SPI Handler Driver，驱动的底层硬件为 SPI。

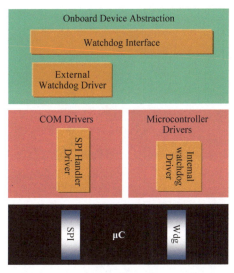

图 3.44　板载设备抽象的具体组成

（5）硬件加密抽象

这一模块的功能是为服务层提供相同的机制来访问软硬件加密设备，硬件加密抽象在 CP 架构中的位置如图 3.45 所示。

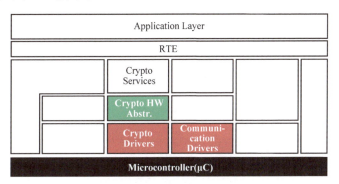

图 3.45　硬件加密抽象在 CP 架构中的位置

硬件加密抽象的具体组成如图 3.46 所示。在单片机内部的加密模块如安全硬件扩展（Secure Hardware Extension，SHE）以及硬件安全模块（Hardware Secure Module，HSM）使用 MCAL 的 Crypto Drivers 驱动。基于外部硬件的加密模块依旧需要使用 SPI 访问，因此，MCAL 对应的是 SPI Handler Driver，其驱动 External Crypto Driver 在 ECU 抽象层的硬件加密抽象中。在硬件加密抽象中还包含了一个加密驱动 Crypto Driver（SW-based），这一驱动是基于软件的加密模块，这也是加密功能相比于其他功能的一个较大的不同。最终，通过 Crypto Interface 向上层提供标准化的接口，从而隐藏了提供服务方式的区别。

6. 服务层

服务层（Services Layer）位于 BSW 的最上方，用于给应用软件提供各种标准化的服务。服务层与其下一层 ECU 抽象层最上方的各种接口连接，通过调用这些标准化的接口来调用下层的硬件实现相应的服务。下面对服务层的各个模块进行详细介绍。

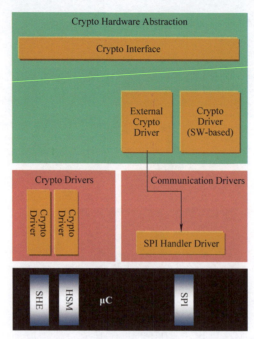

图 3.46　硬件加密抽象的具体组成

（1）加密服务（Crypto Services）

加密服务包含了加密服务管理器模块（Crypto Services Manager），负责加密作业的管理和密钥的存储。加密作业的管理主要用于多个 SWC 并发地需要加密服务的情况，加密服务在 CP 架构中的位置如图 3.47 所示。

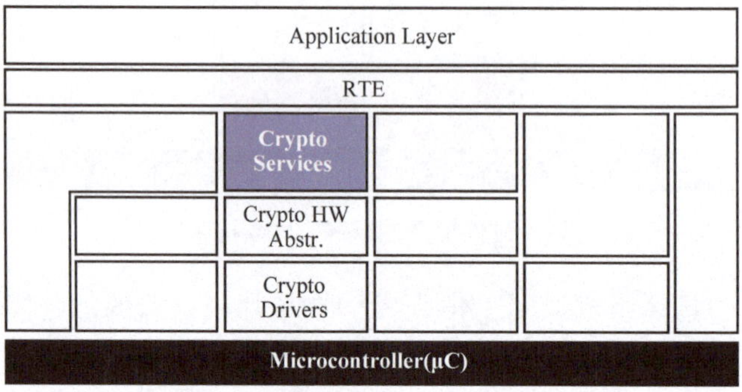

图 3.47　加密服务在 CP 架构中的位置

加密服务的具体组成如图 3.48 所示。加密服务以统一的方式向应用程序提供加密基础函数和密钥存储服务，应用层只需调用这些函数就能实现相应的加密服务。

（2）通信服务（Communication Services）

通信服务是用于车辆网络通信的模块，包含了 CAN、LIN、FlexRay 以及以太网，其目的是为车载网络提供统一的接口。不论使用上述哪一种通信协议，在应用层而言，获得的都是在这些网络上传输的信号，而不用关心具体是通过哪一种网络进行实现的，可以说，通信服务是对所有的通信网络的抽象。通信服务在 CP 架构中的位置如图 3.49 所示。

图 3.48　加密服务的具体组成

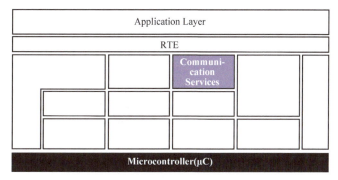

图 3.49　通信服务在 CP 架构中的位置

图 3.50 所示的模块包含了通信服务中提供的通用的服务：

1）E2E Transformer：用于对模块中的通信进行 E2E 的保护。

2）Secure Onboard Communication：用于实现加密的板上通信，例如通过高级加密标准（Advanced Encryption Standard，AES）算法对 CAN 总线或者以太网报文进行加密或签名。

3）Generic NM Interface：向应用层提供网络管理服务的标准化接口。

4）PDU Router：用于指示数据将被发送去哪里，除此之外还有实现诊断和通信的功能模块。

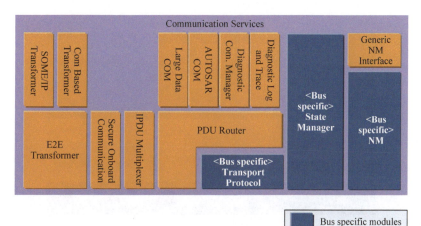

图 3.50　通信服务的通用部分的具体组成

在通信服务中还包含了与具体的通信协议相关的模块，例如与传输协议（Transport Protocol）相关的模块、与总线状态管理（State Manager）相关的模块以及与网络管理（Network Manager）相关的模块。

下面针对不同的总线协议进行具体的介绍：

1）通信服务中 CAN 总线的模块，如图 3.51 所示。CAN 通信服务是一组用于与通信系统 CAN 进行车辆网络通信的模块，其功能是为 CAN 网络提供统一的接口。

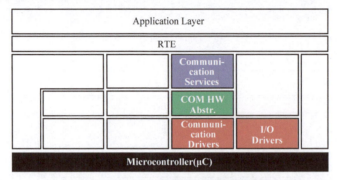

图 3.51 CAN 通信服务所用到的模块

如图 3.52 所示，CAN 通信服务中除了上述的通用服务之外，还有与 CAN 协议相关的服务模块，包括 CAN Transport Protocol 层的模块，CAN 状态管理模块以及 CAN 网络管理

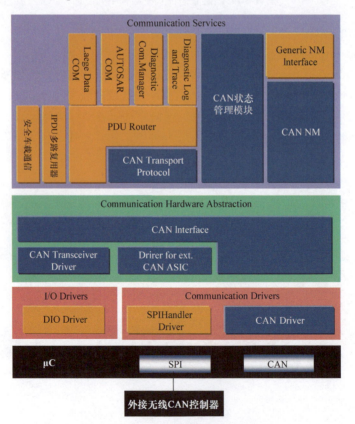

图 3.52 CAN 通信服务的具体组成

模块。如果单片机硬件支持的话，AUTOSAR CP 也支持 CAN FD 协议的通信。在服务层下方是 ECU 抽象层、MCAL 以及硬件。

2）通信服务中 LIN 总线的模块，如图 3.53 所示。LIN 通信服务是一组用于与通信系统 LIN 进行车辆网络通信的模块，其功能是为 LIN 总线提供一个统一的接口，隐藏应用程序中的协议和消息属性。

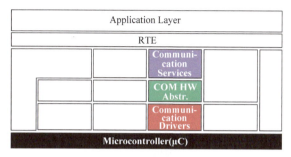

图 3.53　LIN 通信服务所用到的模块

如图 3.54 所示，相比于 CAN 服务，LIN 服务中与协议相关的模块只有两个：LIN 总线状态管理以及 LIN 总线网络管理。LIN 总线服务是符合 LIN2.1 标准的通信协议栈，状态管理器用于处理和发送状态切换的 LIN 总线请求。从下方的 ECU 抽象层中可以看到，整体架构支持单片机内部和外部的 LIN 通信，因此，该结构包含了内部和外部的 LIN 通信的驱动。

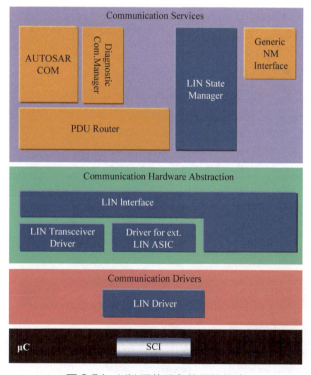

图 3.54　LIN 通信服务的具体组成

3）通信服务中 FlexRay 的模块。FlexRay 通信服务是一组用于与通信系统 FlexRay 进行车辆网络通信的模块，如图 3.55 所示，其功能是为 FlexRay 网络提供统一的界面，隐藏应用程序中的协议和消息属性。

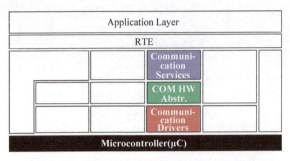

图 3.55　FlexRay 通信服务所用到的模块

在图 3.56 所示的通信服务中，除通用服务外，还包含了专用于 FlexRay 协议的服务模块 FlexRay Transport Protocol、FlexRay 状态管理以及 FlexRay 网络管理，用于为应用层提供相应的 FlexRay 服务。从图 3.56 可以看出，AUTOSAR CP 架构支持位于单片机内部或是外部的 FlexRay 控制器，这些控制器都可以通过外部的 FlexRay 收发器实现和总线的通信。

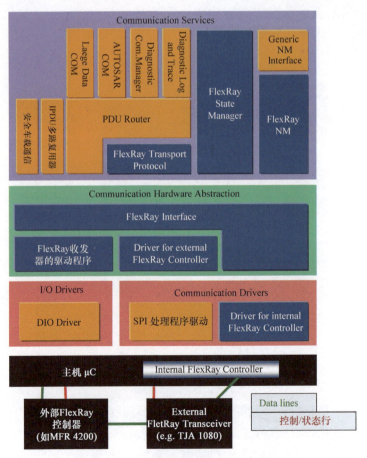

图 3.56　FlexRay 通信服务的具体组成

4）通信服务中的 TCP/IP 模块。AUTOSAR CP 也支持基于以太网的通信，在服务层中为 TCP/IP 模块。TCP/IP 模块是一组用于与通信系统 TCP/IP 进行车辆网络通信的模块，它的功能是为 TCP/IP 网络提供统一的接口，隐藏应用程序中的协议和消息属性，如图 3.57 所示。

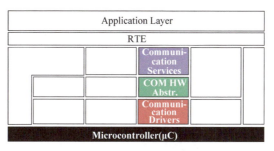

图 3.57　TCP/IP 通信服务所用到的模块

如图 3.58 所示，除了通用的通信服务外，针对以太网的通信服务包括基于 UDP 的网络管理、以太网的状态管理以及 TCP/IP 通信协议栈（TCP/IP Communication Services）。在协议栈上层是适配器，Socket Adapter 适配器也是 TCP/IP Communication Services 的唯一上层模块。换句话说，所有的 TCP/IP 通信协议都被隐藏在了适配器以下，只能通过适配器访问这些协议。

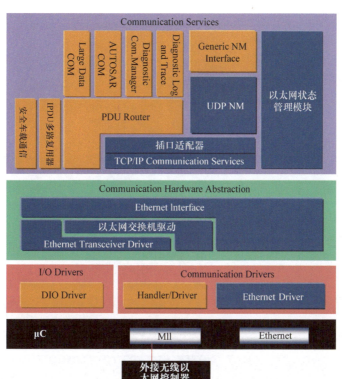

图 3.58　TCP/IP 通信服务的具体组成

TCP/IP 通信服务的下层 ECU 抽象层是与以太网相关的硬件特性，例如以太网的驱动、外部以太网交换机的驱动和以太网收发器的驱动等。

（3）车外通信服务（Off-board Communication Services）

车外通信服务是一组通过 Ad-hoc 无线网络实现 V2X 通信的模块，它的功能是为无线以太网提供一个统一的接口，隐藏应用程序中的协议和消息属性。应用层通过调用车外通信服务获取统一的无线以太网的访问接口，从而实现车外通信，并隐藏应用程序中的协议和消息属性，如图 3.59 所示。

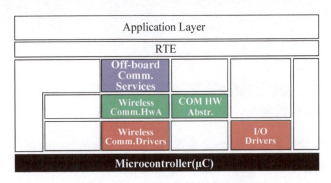

图 3.59　车外通信服务所用到的模块

车外通信服务的具体组成如图 3.60 所示。

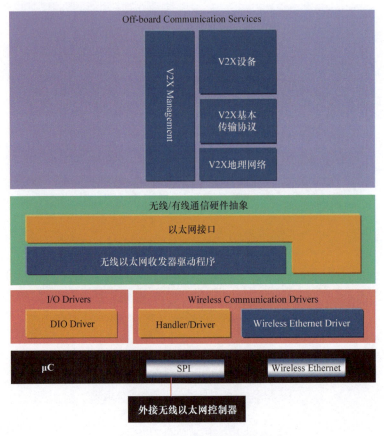

图 3.60　车外通信服务的具体组成

（4）内存服务（Memory Services）

如图 3.61 所示，内存服务模块内部只包含了一个模块——NVRAM 管理器模块。NVRAM 管理器模块负责管理非易失性数据，包括从不同的内存驱动程序读取、写入等，通过这个模块可以访问单片机内部和外部的存储器。

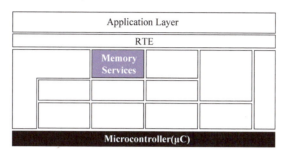

图 3.61　内存服务所用到的模块

内存服务的功能是以统一的方式向应用程序提供非易失性数据读取和写入的服务以及提供非易失性数据的管理机制，如保存、加载、校验、可靠存储等，如图 3.62 所示。

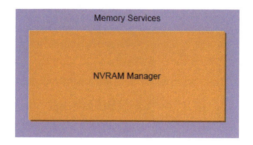

图 3.62　内存服务的具体组成

（5）系统服务（System Services）

系统服务是一组模块和功能，可供所有层和模块使用，包括含有定时器服务的实时操作系统、错误管理器等。系统服务的功能是为应用程序和基本软件模块提供基本服务，如图 3.63 所示。

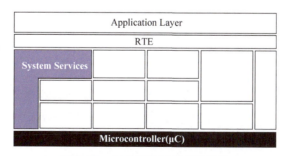

图 3.63　系统服务所用到的模块

如图 3.64 所示，系统服务中最突出的一块是 AUTOSAR OS，OS 的上层直接连接 RTE，因为 RTE 中的 RE 需要映射到 OS 的任务中，由 OS 调度和访问。除了 OS 以外，还有许多管理模块，例如诊断事件管理模块（Diagnostic Event Management）、ECU 状态管理模块（ECU State Management）、功能休眠管理模块（Functional Inhibition Manager）、默认错误跟踪模块（Default Error Tracer）和看门狗管理模块（Watchdog Manager）等。

图3.64　系统服务的具体组成

3.3.8　AUTOSAR CP 方法论

符合 AUTOSAR CP 开发规范的一套开发逻辑被称为 AUTOSAR CP 方法论。AUTOSAR CP 方法论既不是完整的流程描述，也不是业务模型，并且方法论中也没有定义所谓的"角色"和"职责"。此外，它没有规定所有工作的准确顺序。方法论只是一个工作产品流程，它定义了工作对于工作产品的依赖关系。

在系统设计期间，必须明确 SWC、硬件以及整体系统约束。AUTOSAR 试图利用模板化的信息交互方式和文件来简化关于这些系统初始设计决策的正式描述，因此定义系统配置输入仅填写或编辑对应的模板文件。在这种情况下，AUTOSAR 方法论也允许文件的大量重复利用。

AUTOSAR CP 方法论中采用了一种结构化的开发方法，这样就可以在开发的一开始识别出需求上的缺陷。从一开始修正这些缺陷，就不会在软件开发到最后的阶段才发现最初定义上有问题。

1. 基于 AUTOSAR CP 方法论的开发流程

图 3.65 所示为 AUTOSAR CP 方法论的示意图。

如图 3.65 所示，其流程包含了系统级阶段、ECU 定义阶段、软件开发阶段、最后生成 ECU 的执行代码。可以发现，图 3.65 的流程就是汽车电子 V 模式开发的左半边。

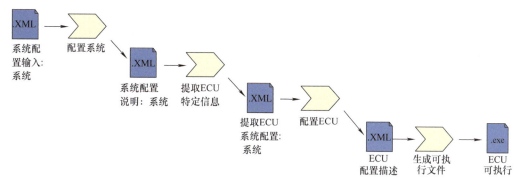

图 3.65　AUTOSAR CP 方法论的示意图

（1）系统配置

系统配置的主要工作是根据资源和时序的要求将 SWC 映射到不同的 ECU 上。系统配置需要的文件包括：SWC 描述文件（SW-Component Description）、系统约束描述文件（System Constraints Description）和 ECU 资源描述文件（ECU Resources Description）。工作完成后的输出是系统配置说明文件（System Configuration Description）。此描述包括所有系统信息（如总线映射、拓扑）以及哪个 SWC 位于哪个 ECU 上的映射关系。

（2）提取 ECU 信息

从上一步得到的系统配置文件得到某个特定的 ECU 所需的信息，生成系统配置的 ECU 配置文件（ECU Extract of System Configuration）。

（3）配置 ECU

除了上一步工作的输出，配置 ECU 还需要添加如任务调度、必要的基础软件模块、基础软件的配置、可运行实体对任务的映射等信息。工作完成后得到 ECU 配置描述文件（ECU Configuration Description）。它收集特定的 ECU 在本地的所有信息，可以根据这些信息构建此特定 ECU 的可执行文件。

（4）生成可执行文件

根据 ECU 配置描述文件中描述的 ECU 配置生成可执行文件。这项工作通常涉及生成代码（例如，用于 RTE 和基础软件的代码）、编译代码（编译生成的代码或编译可用作源代码的 SWC）并将所有内容链接到一个可执行文件中。然而，SWC 的实现或多或少独立于 ECU 的配置。

下面展开介绍 AUTOSAR CP 方法论。

2. 系统的不同视图

在 AUTOSAR CP 系统的开发过程中，可能存在不同的系统视图。这样可以逐步完善系统，并在开发过程中专注于相关的部分。

（1）VFB 视图（Virtual Functional Bus View）

AUTOSAR CP 系统的开发基于对 VFB 的定义，VFB 是一种抽象的通信机制，允许 SWC 进行交互。此视图独立于所使用的任何 ECU 和网络，基于 VFB 可以对系统进行设计。

（2）其他不同的系统视图

系统视图可能会进一步聚焦在某项特定功能或子系统。这些视图需要被描述得非常明确，提供映射机制以表达它们之间的关系。在 AUTOSAR CP 方法论中主要有以下三种不同

的系统视图:

1)抽象系统(Abstract System)。抽象系统从具体的软件架构中抽象出来,用来描述例如系统的功能。

2)整体技术系统(Overall Technical System)。整体技术系统是从软件架构的角度产生的,它包括 ECU 的拓扑。

3)子系统(Subsystem)。子系统是整体技术系统的简化,描述了专用子系统的相关信息。

3. 整体工作流程

下面简要介绍开发 AUTOSAR CP 系统的主要工作流程。首先侧重于抽象系统的开发,之后是对 VFB 的开发,最后是进一步完善和开发系统。

(1)开发系统的功能视图

整体工作流程从一个可选工作开始。在这项工作中,抽象系统描述文件(Abstract System Description)是预先开发的,它从功能或抽象视图(即功能架构)表示整个系统。一方面,这个抽象系统描述文件可能包含与 VFB 开发相关的信息,可以作为以后开发 VFB 的输入,并且可以建立这两个视图之间的映射,如图 3.66 所示。需要注意的是,在此步骤中包括端口在内的功能被映射到 SWC 中,因此抽象视图中使用的一些端口可能不会在后续开发中使用。另一方面,抽象系统描述文件可能包含有关拓扑和映射到各个 ECU 的信息,这是开发具体系统描述的基础。

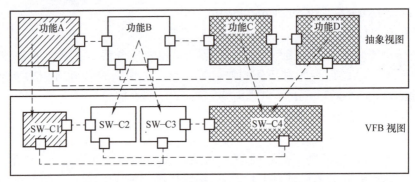

图 3.66 系统的抽象视图到 VFB 视图内 SWC 的映射示例

(2)整体 VFB 系统的开发

如果省略可选的第一步,那么系统的开发可以直接从整体 VFB 系统的定义开始。VFB 是 SWC 之间通信的抽象,它提供了系统中包含的所有 SWC 的专用视图,且独立于任何 ECU 和网络。

(3)系统开发

通过定义 ECU 和网络的拓扑并将 SWC 部署到对应的 ECU 上,可以将 VFB 细化为一个系统,如图 3.67 所示。

系统的开发可以在一个阶段或几个阶段完成。例如,当存在组织责任分离时,可以使用两阶段开发方法,其中主要组织者(通常是 OEM)在第一阶段定义整个系统,而其他几个组织(通常是供应商)在第二阶段并行定义子系统。主要组织者需要提供"系统提取物(System Extract)",它代表整个系统的各个子系统。这些子系统包含子系统 VFB,它们是整体 VFB 的一部分。在这种情况下，整个系统定义了主要的公共 ECU 和网络拓扑，子系统设计通过向系统添加私有的 ECU 和网络来实现。需要注意的是，子系统中定义的部分对任何其他子系统或整个系统均不直接可见。

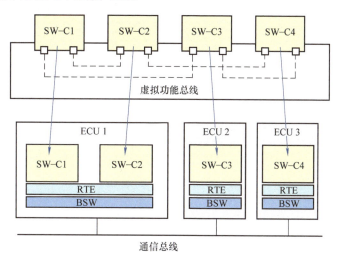

图 3.67　由 VFB 到一个具体的系统

此时，两个组织满足这样的关系：主要组织者交付的"系统提取物"的 SWC 结构可以由接收组织转换为每个 ECU 的系统描述。这样，主要组织者的系统提取物可以被视为一项要求，而由一个或多个 ECU 系统描述所代表的接收组织设计的子系统可以被视为一个解决方案，它必须满足交付的要求。

（4）集成 AUTOSAR ECU

1）生成各 ECU 的可交付成果。系统设计完成后，提取与特定 ECU 相关的部分，生成各个 ECU 的可交付成果，即 ECU 提取（ECU Extract）。与之前对系统或 ECU 的描述相比，ECU Extract 是完全分解的，仅包含原子 SWC，它是 ECU 配置的基础，如图 3.68 所示。

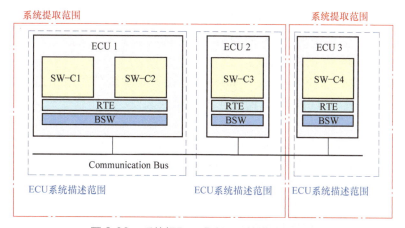

图 3.68　系统提取和 ECU 系统描述的范围

2）开发 SWC。SWC 的开发过程如图 3.69 所示，在系统设计的同时，根据 VFB 抽象、VFB 或子系统的 VFB 所要求的定义开发 SWC：基于 VFB 定义的外部接口，可以定义内部行为,最终实现 SWC。之后可以交付 SWC 并将其部署在对应的 ECU 中。需要注意的是,SWC 的实现在很大程度上独立于 ECU 的配置过程,这是 AUTOSAR CP 方法论的一个关键特征。

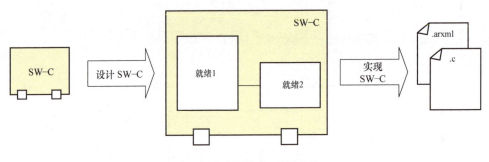

图 3.69　SWC 的开发过程

3)开发基础软件。基础软件的开发流程如图 3.70 所示,由于基础软件模块独立于 VFB,因此可以在 ECU 集成之前的任何时间开发。

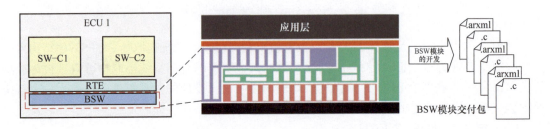

图 3.70　基础软件的开发流程

4)RTE 的开发。RTE 生成器(RTE Generator)是根据 ECU 配置描述文件中的信息将 VFB 创建为 RTE 的工具之一。RTE 生成器负责创建 SWC API 函数,将 SWC 链接到操作系统并管理 SWC 之间以及 SWC 和基础软件之间的通信。此外,RTE 生成器为基础软件模块的每个特定实例创建基础软件调度程序和基础软件调度程序 API 函数。

RTE 的生成过程有两个主要阶段:

① RTE 定义阶段(RTE Contract Phase):通过关于组件的一组信息,主要是 AUTOSAR 接口的定义,用于为组件类型创建应用程序头文件。应用程序头文件定义了组件和 RTE 之间的"契约"。

② RTE 生成阶段(RTE Generation Phase):通过关于组件信息、组件在 ECU 上的部署信息和通信连接生成 RTE 和配置可选的 IOC(Inter-OS-Communication,IOC 负责操作系统应用程序之间的通信,特别是跨内核或内存保护边界的通信),为系统中的每个 ECU 生成一个 RTE。

5)集成 ECU 代码。当 BSW 模块交付包、ECU 提取和所有交付的原子 SWC 的实现可用时,可以开始 AUTOSAR ECU 的集成。在此阶段,ECU 已配置完毕。执行顺序是通过将 SWC 可执行文件分配给任务,并定义任务调度。最后,配置基础软件模块。生成 RTE 后,将完整的代码编译并链接到可执行文件中,就完成了 ECU 的集成,如图 3.71 所示。

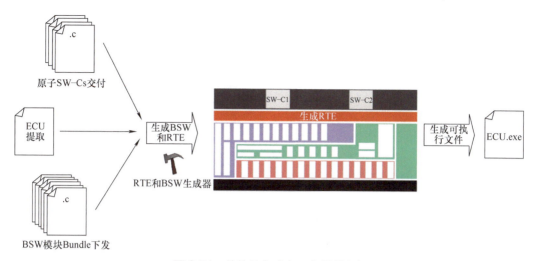

图 3.71　将软件集成在一个 ECU 中

3.3.9　AUTOSAR OS

1. AUTOSAR 操作系统概念

AUTOSAR 操作系统（Operating System，OS）属于系统服务层，是一种多任务的实时操作系统（Real Time Operating System，RTOS），并且是静态操作系统，即不可以在运行时动态创建任务。实时操作系统对系统的实时性要求较高，需要保证在特定的时间内处理完相应的事件或数据。AUTOSAR 操作系统源于 OSEK/VDX 操作系统，不仅继承了 OSEK 操作系统高效、可靠的优点，而且还对其进行了功能拓展。

从 OSEK 平台发展到经典 AUTOSAR 平台，任务调度方面的问题并没有发生较大的变化。因此，经典 AUTOSAR 平台的操作系统和 OSEK 平台相比并没有较大区别，两种操作系统对于任务、任务状态、任务状态的变化、任务调度的策略、中断、资源管理以及一致类方面基本沿用了 OSEK 操作系统中的概念以及基本逻辑，只是在具体实现上有些许差异，例如具体的函数有所不同，这里不再赘述。下面对 AUTOSAR 平台的主要扩展部分进行补充说明。

2. 自旋锁（Spin Lock）

自旋锁是一种为保护共享资源而提出的锁机制，一般用于多核处理器解决资源互斥问题。当内核控制路径必须访问共享数据结构或进入临界区时，如果自旋锁已经被别的执行单元保持，调用者就一直循环在那里，看是否该自旋锁的保持者已经释放了该锁。自旋锁以这种机制起到对某项资源的互斥作用。

3. 操作系统应用程序（OS-Application）

如图 3.72 所示，在 SWC 中含有运行实体 RE，这些 RE 又被映射到不同的任务中去，而这些任务又可以被归集到同一个操作系统应用程序中去。

如何确定哪些任务会被划分到同一个操作系统应用程序中有许多的标准，其中一个是基于访问权限。在 AUTOSAR 操作系统中，应用程序依据其属性被分为两类：可信任（Trusted）和不可信任（Non-Trusted）。可信任的操作系统应用程序拥有所有的访问权限，也就是说，这种应用程序对内存的访问是不受限的，而且可以访问内核的核心寄存器以及内核的特殊指令；不可信任的操作系统应用程序对内存的访问是受到限制的，这种应用程序运行时的时序和逻辑也是受到监控的，其对单片机核心功能的访问也是受到限制的。

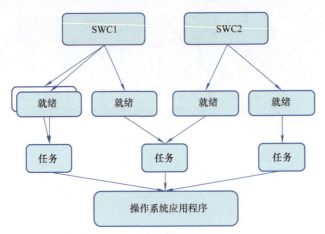

图 3.72　操作系统应用程序的构成

4. 可扩展性等级（Scalability Class，SC）

为了迎合不同用户对操作系统功能的不同需求，AUTOSAR OS 可以根据其扩展性等级分为以下四类：

（1）SC1：在 OSEK OS 基础上加入调度表（Schedule Table）

调度表是基于计数器和警报器实现的。使用一个计数器和一个基于该计数器的警报器队列可以实现静态定义的任务激活机制，当计数器的计数值依次达到警报器设定值时，各个警报器被触发，但这样很难保证各个警报器之间具有特定的时间间隔，并且由于每个警报器只能激活一个任务或者设置一个事件，所以需要定义多个警报器来实现在同一时刻激活多个任务或者设置多个事件。为解决上述问题，AUTOSAR OS 引入了调度表的概念。

调度表中可以定义一系列终结点（Expiry Point），每个调度表都有一个以 Tick 为单位的持续时间（Duration），其中，每个终结点都有一个以 Tick 为单位的距离调度表起始点的偏移量（Offset）。在每个终结点可以进行一个乃至多个激活任务或者设置事件的操作。警报器类似，一个调度表由一个计数器驱动。

调度表有以下两种运行模式：

1）单次执行（Single Shot）：调度表启动后只运行一次，并在调度表的终点自动停止。此时，每个终结点只处理一次。

2）重复执行（Repeating）：调度表启动后可重复运行，即当达到调度表终点时，又再次回到起点，此时，每个终结点将以调度表的持续时间为周期重复运行。

（2）SC2：在 SC1 基础上加入时间保护（Timing Protection）

在 AUTOSAR 操作系统中加入时间保护是为了防止某些任务或 II 类中断的时间错误通过操作系统传播，导致其他正常运行中的任务或 II 类中断错过终止时间。

一般而言，造成时间错误的原因可以归结为以下三个方面：

1）任务或 II 类中断的执行时间太长：针对此类失效模式，AUTOSAR 操作系统提出了运行时间保护（Execution Budget）的机制。

2）任务锁定资源或者禁止中断的时间太长：针对此类失效模式，AUTOSAR 操作系统提出了锁定时间保护（Lock Budget）的机制。

3）任务或是Ⅱ类中断的调度过于频繁：针对此类失效模式，AUTOSAR 操作系统提出了内部间隔时保护（Time Frame）的机制。

以扩展任务（图 3.6）为例：

当任务从运行状态转变为挂起状态或等待状态时，运行时间保护（Execution Budget）被重置。

当任务从挂起状态或等待状态转变为就绪状态时，内部间隔时间保护（Time Frame）被启动。

当任务从运行状态转变为就绪状态时，运行时间保护被停止。

当任务从就绪状态转变为运行状态时，运行时间保护被启动。

（3）SC3：在 SC1 基础上加入存储保护（Memory Protection）

内存保护的对象是可执行程序的数据（Data）、代码（Code）以及堆栈（Stack），内存保护操作系统应处理如下内存保护问题：

1）允许操作系统、操作系统应用程序、任务、中断等能访问自己的数据及堆栈区并进行读写访问。

2）阻止不可信任的应用程序对（1）中的数据及堆栈区（除它自己的以外）进行写访问。

3）允许设计者选择是否阻止不可信任的应用程序对（1）中的数据及堆栈区（除它自己的以外）进行读访问。

4）阻止不可信任的应用程序执行其他应用程序的专属代码段，允许所有应用程序执行共享代码段。

（4）SC4：在 SC1 基础上加入时间保护和存储保护

见（2）和（3）内容。

3.4 软件统一架构及自适应 AUTOSAR AP

3.4.1 AUTOSAR AP 介绍

1. AUTOSAR AP 背景

在嵌入式系统的背景下，软件分为应用软件与基础软件。OSEK 与 AUTOSAR CP 都是将基础软件标准化，实现上层应用软件与底层解耦的目标，只是后者比前者更进一步，使用了"中间件"的概念，并标准化了常用的基础软件，还留下了复杂驱动模块用来开发特定于项目的基础软件。

随着汽车的进一步发展，在汽车智能化、网联化、共享化的背景下，广义信息系统加入汽车电子中，其与传统的嵌入式系统有很大的差异，包括：

1）面向对象不同：嵌入式系统面向物理系统，ECU 通过外部传感器的信号输入以及来自其他 ECU 的输入信号进行控制。加入广义信息系统后，汽车电子不仅面向物理系统，也面向信息系统。广义信息系统不同于传统的影音娱乐系统，其搜集并处理的海量信息会用于车辆控制与用户反馈之中。

2）实时性与算力要求：在嵌入式系统中，每项控制任务有严格的实时性要求（即硬实时），需要微秒级的实时处理，但对运算能力、数据传输效率没有太大的要求。而在加入广义信息系统后，车辆底盘和动力控制部分遵循嵌入式系统的要求，但广义信息系统则相反，一般不会有严格的实时性要求（即软实时），偶尔错过最后期限也不会造成灾难性后果，但对于运算能力以及数据传输效率有很高要求。

3）程序的更新需求：在嵌入式系统中，控制的逻辑一般非常明确，可以建立具体的模型，控制程序很少需要更新，而对于广义信息系统而言，程序有更频繁的更新需求。

4）操作系统：嵌入式系统中，操作系统局限于多任务式操作系统，而广义信息系统则需要一套复杂的操作系统，如 Linux 等。

上述广义信息系统与嵌入式系统的差异决定了在汽车电子中增加广义信息系统是一个不小的挑战，单纯依靠 AUTOSAR CP 是难以实现的，因为 AUTOSAR CP 平台是面向深度嵌入式系统设计的，可以很好地支持 CAN 总线通信及嵌入式 MCU 的系统，虽然 AUTOSAR CP 平台也支持以太网和多核处理器，但它已经根据传统的需求被针对性地简化了，并不能完全发挥以太网和多核处理器的优秀性能。

基于此，AUTOSAR 组织于 2015 年提出 AUTOSAR ADAPTIVE Platform（简称 AP）标准，以填补基于 MPU 的汽车软件标准的空白，并于 2017 年正式发布 AP R17-03，提供在可移植操作系统 POSIX（Portable Operating System Interface for UNIX，是 IEEE 为了在各种 UNIX 操作系统上运行软件而定义的一系列 API 标准总称）标准上汽车应用的通信、调度架构，并在随后的 R17-10、R18-10 版本针对汽车场景提供了诊断管理、线上升级、存储加密等功能模块。AP 标准的核心是面向服务架构（Service-Oriented Architecture，SOA），在 AP 框架下的通信模块利用 SOME/IP 或其他协议构建中间件，从而提高 MPU 端应用软件的可扩展性与灵活性。

AP 标准仍以"在标准上统一、在实现上竞争"为原则，已有多家软件供应商提供符合 AP 标准的商用代码包和工具链，其中主要包括 Vector 公司的 Adaptive MICROSAR、ETAS 与博世公司共同开发的 RTA-VRTE 等。MICROSAR 提供支持量产的代码包与工具软件，包括 AP 标准模块源代码、DaVinci Eclipse 应用开发套件、PREEvison 系统设计工具以及 CANoe 测试仿真工具。MICROSAR 工具可以完成模型配置、源码生产、集成验证、应用编码等系列工作，从而提升汽车 MPU 软件开发者与集成者的工作效率。国内厂商目前开发的符合 AP 标准的平台比较有代表性的产品有东软睿驰 NeuSARaCore、经纬恒润 Interwork AP 等。

2. AUTOSAR AP 和 AUTOSAR CP

如前所述，AUTOSAR CP 和 AUTOSAR AP 是汽车电子发展到不同阶段，在特定的问题下产生的解决方案。AUTOSAR CP 解决了 ECU 软件设计时中间件模糊不清及汽车软件开发流程的规范化问题，而 AUTOSAR AP 则是在此基础上试图解决智能化、网联化背景下不同系统的兼容性问题。汽车控制器需要用传统 AUTOSAR CP 的逻辑进行开发，它的操作系统是 AUTOSAR CP 的操作系统，软件架构也是 AUTOSAR CP 框架下的架构，但智能驾驶、智能座舱则是偏向 MPU 计算及移动互联网的思路。同时，这两个部分并不是相互独立的，它们之间也需要信息交互。

因此，AUTOSAR AP 并不是 AUTOSAR CP 的替代品，两个不同的平台可同时存在于同一个车辆中，如图 3.73 所示，AUTOSAR AP 与 AUTOSAR CP 以及外部后端系统（如路边基础设施）进行交互，形成一个集成系统。

AUTOSAR AP 中保留了部分 AUTOSAR CP 的基础服务，如诊断、网络管理等，而增加了很多新的服务，如升级与配置、健康管理、执行管理、状态转移等。操作系统由之前的 AUTOSAR OS 变为 POSIX（可移植操作系统）如 Linux 等。AUTOSAR CP 与 AUTOSAR AP 的对比见表 3.2。

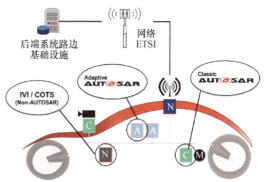

图 3.73　AUTOSAR AP 和其他模块的集成

表 3.2　AUTOSAR CP 与 AUTOSAR AP 的对比

比较项	Classic	Adaptive
使用语言	C	C++
实时性	硬实时	软实时
适用场景	传统 ECU，如 ECM、VCU、BMS、MCU 等	自动驾驶、辅助驾驶、智能座舱、车联网等
功能升级	一般 ECU 开发后比较固定	可灵活在线升级
安全等级	最高到 ASIL-D	ASIL-B（目标还是到 D）
主要通信方式	CAN、LIN	以太网
操作系统	AUTOSAR OS（OSEK OS）	POSIX

如图 3.74 所示，该框图 AUTOSAR AP 与 AUTOSAR CP 协同工作以实现车辆轨迹控制的例子，可以看出，AUTOSAR AP 负责信息处理，AUTOSAR CP 负责硬件控制，两套系统并存并协同运作。

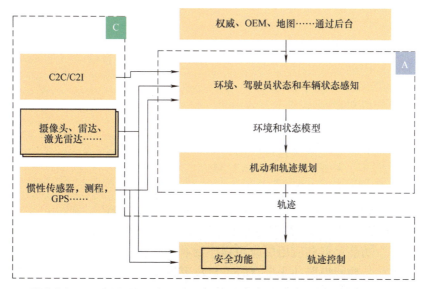

图 3.74　AUTOSAR AP 和 AUTOSAR CP 共同参与的车辆轨迹控制

3.4.2 AUTOSAR AP 分层架构

AUTOSAR AP 架构如图 3.75 所示。

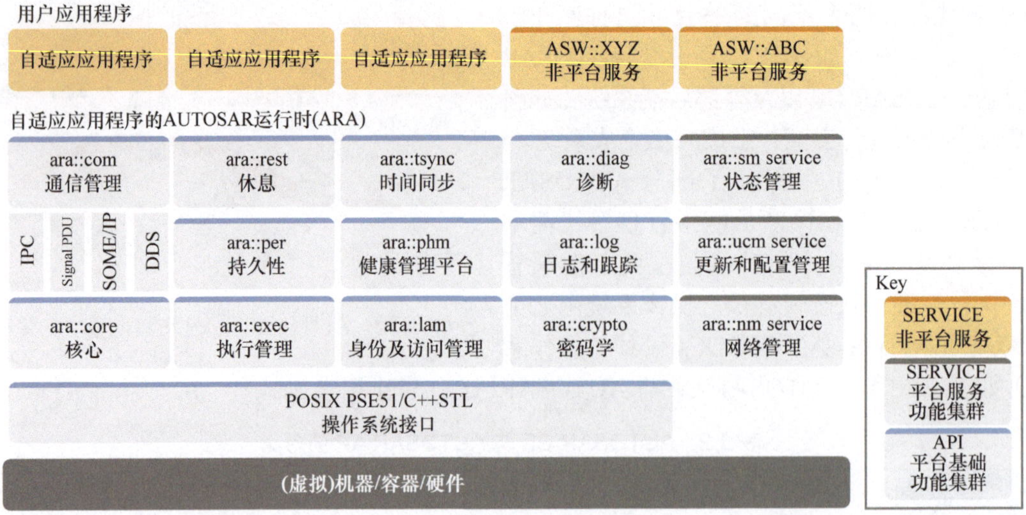

图 3.75 AUTOSAR AP 架构

1. 分层架构

AUTOSAR AP 延续了 AUTOSAR CP 的分层架构，由图 3.75 可以看出，AUTOSAR AP 包括硬件/虚拟机层、自适应应用程序运行时（ARA）和应用层三个部分，由 ARA 这个中间件"连接"上层的应用层以及下层的硬件部分。

2. 面向服务

AUTOSAR CP 的分层架构是基于"基础软件"和"应用软件"区分的，在其分层架构图中就能明显感知到它的分层逻辑：横向看，是从硬件到应用软件的层层封装；纵向看，是组成基础软件的各个模块。

但是，在 AUTOSAR AP 中，"服务"的概念被引入后，其分层架构发生了巨大的变化，图 3.75 可以简化为图 3.76。

在基于服务的架构下，硬件之上的应用程序可以相互提供服务，构成了 AUTOSAR AP 的架构，而属于所谓"基础软件"的应用程序则被独立出来，形成一个个的功能集群（Functional Cluster，FC），剩下位于应用层的应用程序中，向外提供服务的部分则被称为非平台服务（Non-PF Service）。

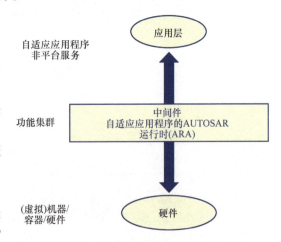

图 3.76 AUTOSAR AP 的分层架构

从本质上讲，功能集群和应用层应用程序没有区别，它们都是应用程序，通过"服务关系"连接在一起。功能集群和非平台服务也没有区别，它们都向外通过服务，只不过功能集群是 Adaptive AUTOSAR 规范中规定的服务，非平台服务则是用户自定义的服务。

这样，AUTOSAR AP 由 AUTOSAR CP 的"竖直"结构变成了相对"平面"的分布式结构。例如，AUTOSAR AP 规范中，仅仅按照其功能划分功能集群，如图 3.77 所示，图 3.75 中功能集群的排布没有类似 AUTOSAR CP 中的逻辑关系。每一个功能集群都能实现特定的功能，也和其他应用程序通过"服务关系"联系在一起。

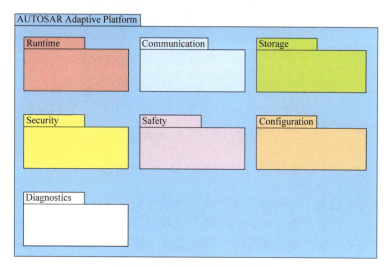

图 3.77　功能集群的功能划分

3. 功能集群

功能集群按照其功能可以划分为 7 个部分，如图 3.77 所示，包括运行时（Runtime）、通信（Communication）、存储（Storage）、防卫（Security）、安全（Safety）、配置（Configuration）以及诊断（Diagnostics）。

而在图 3.75 中，功能集群被分为自适应平台基础（Adaptive Platform Foundation）和自适应平台服务（Adaptive Platform Service）两个部分。前者提供 AUTOSAR AP 的基本功能，后者提供 AUTOSAR AP 的标准服务。在之后的论述中，会进一步介绍这种划分模式的依据。

4. 机器（Machine）的概念

AUTOSAR AP 将在其运行的硬件的总和称之为 Machine，由一组计算资源组成，例如 CPU 内核、内存或外围（如通信）设备，并且具有执行软件应用程序的能力，如图 3.78 所示。

3.4.3　AUTOSAR AP 的通信

1. 应用程序与服务

2. Application

应用程序是为了解决功能需求而开发的，在 AUTOSAR AP 中，应用程序可以位于中间件之上的用户层，也可以位于中间件级别，用于实现功能集群，所有的这些应用程序，在操作系统看来都是"进程"，在本质上没有区别。

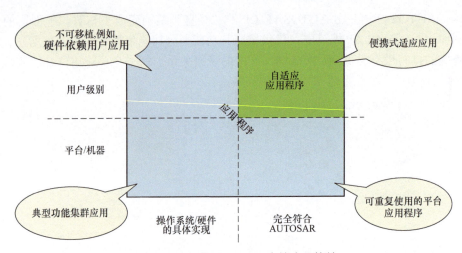

图 3.78　AUTOSAR AP 中的应用软件

如果应用程序不是基于特定操作系统或底层硬件的，则这部分应用程序是 "fully AUTOSAR compliant"，表示在图 3.78 的右半侧。这些应用程序不为特定的硬件或操作系统服务，是可以在不同平台间移植或复用的。相对应的，图 3.78 中的左半侧是基于某个特定操作系统或硬件开发的应用程序，是与对应的操作系统或软件深度耦合的，因此不容易在不同的平台间移植或复用。

1）自适应应用程序（Adaptive Application，AA）：图 3.78 右半侧，与用户级别应用程序重合的部分就是所谓的自适应应用程序。自适应应用程序的实现完全符合 AUTOSAR 规范，即它仅限于使用 AUTOSAR 标准化的 API，并且需要遵循特定的编码指南。为了保证可移植性和复用性，用户级应用程序应尽可能在技术上是自适应应用程序。

2）功能集群（FC）：图 3.78 上半部分是用户层应用程序，下半部分则是平台级别的应用程序。这些平台级别的应用程序也就是所谓的功能集群，用来实现平台级别的功能。

自适应应用程序和平台级别的应用程序在本质上没有区别，功能集群只是这些应用程序中被标准化的功能，成为 Adaptive AUTOSAR 标准的一部分。

3. 应用程序间的通信

在 SOA 的概念下，应用程序之间通过"服务"联系在一起，而在实际操作中，这样的联系表现为应用程序之间的交互，或者说通信。

虽然应用层应用程序和平台级别应用程序本质上没有区别，但在 AUTOSAR AP 中，用户层应用程序的一些接口权限被限制了，这导致了用户层与平台级别应用程序通信方式的区别。因此，接下来从三个方面介绍应用程序之间的通信问题：用户层应用程序之间的通信、平台级别应用程序之间的通信、用户层与平台级别应用程序之间的通信。这三种通信方式的主要功能如图 3.79 所示。

（1）用户层应用程序之间的通信

虽然应用层应用程序和平台级应用程序对于操作系统而言没有区别，但是，需要限制应用层应用程序对于操作系统的访问接口。具体地，应用层应用程序仅能使用部分符合 POSIX 标准（即符合 PSE51 标准）的接口，而平台级的应用程序可以使用符合 POSIX 标准的全部接口，如图 3.80 所示。

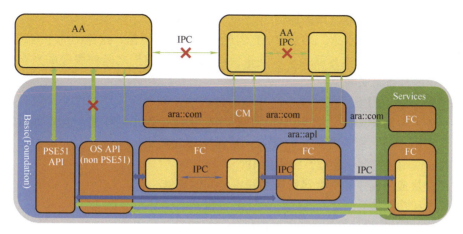

图 3.79　应用程序间的通信

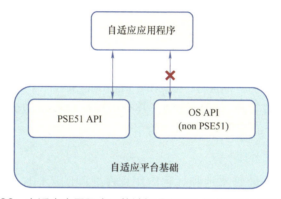

图 3.80　自适应应用程序只能访问 PSE51 规范的操作系统接口

应用程序间的通信本质上是进程间的通信（Inter-Processes Communinication，IPC），理论上讲操作系统会提供接口实现 IPC，但 PSE51 标准并不包含进程间的通信（IPC），因此，AP 定义了一个功能集群"通信管理（Communication Management，ara::com）"作为应用程序交互的唯一接口，如图 3.81 所示。

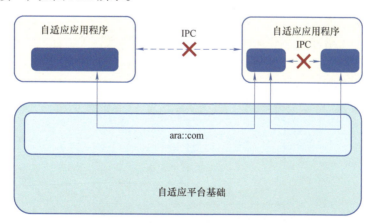

图 3.81　自适应应用程序之间通过通信管理实现通信

（2）平台级别应用程序之间的通信

功能集群可以以特定于 AUTOSAR AP 实现的方式进行通信，这是因为平台级别的应用程序，也就是功能集群，本身就是平台的重要组成部分，它们之间的服务关系在一开始就作为平台的一部分被定义并实现。

在基于服务的架构下，在完成自己功能的过程中，平台级应用程序会需要调用其他功能集群的服务，也需要为其他功能集群提供服务。因此，每个功能集群会向外封装一系列接口，也会调用其他功能集群封装的接口，从而实现功能集群间的交互，而功能集群内部进程之间的通信则通过调用操作系统中的 IPC 接口实现。

（3）用户层应用程序和平台级别应用程序之间的通信

应用程序和功能集群的交互有两种途径来实现：

1）基于"库"的设计：由功能集群提供的"接口库"可以直接链接到自适应应用程序，需要时可以直接调用。基于"库"的设计较为高效、简单，适用于本地交互的场合。

2）基于"服务"的设计：通过功能集群"通信管理"实现交互。如果以分布式方式与自适应应用程序交互，则采用基于"服务"的设计。因为无论客户端 AA 和服务位于何处，通信管理都能实现可监控的通信。

属于 Adaptive Platform Foundation 的功能集群是"基于库的"，其与上层应用程序的交互是限制在一个机器内部的，而属于 Adaptive Platform Services 的则是"基于服务的"，包括状态管理、更新和配置管理、网络管理，其与上层应用程序的交互可能会跨机器。这是功能集群被分成这样两个部分的第一个依据。

4. ara::com——通信管理

通信管理负责构建和监督本地和远程应用程序之间的通信路径。通信管理属于 Adaptive AUTOSAR Foundation，它并不会直接地参与和其他应用程序的通信，而是辅助应用程序之间的通信。

具体而言，通过通信管理，一台机器内的 Adaptive Application 能够与其他机器上的软件实体进行通信，例如其他 Adaptive Application 或 AUTOSAR CP 的 SWC。

通信路径的配置可以发生在设计时、启动时或运行时，因此，可以设计成静态配置的，也可以设计成动态配置的。

（1）基于服务的通信

在第 2 章已经介绍过基于服务的通信，这里再简要回顾一下，如图 3.82 所示。

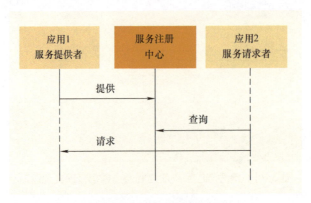

图 3.82　基于服务的通信

在基于服务的动态通信中，提供服务的应用程序都需要注册服务，而要使用服务，应用程序需要通过查询服务注册表来查找请求的服务，此过程被称为服务发现。这样的通信方式可用于建立未知数量的通信参与者之间的动态通信。

（2）语言绑定与网络绑定

通信管理连接上层的"服务"与底层的网络。于是，通信管理提供了标准化方法，用于将定义的服务呈现给应用程序开发人员，如图 3.83 中上层的语言绑定所示，并将服务数据在网络上相应表示，中下层为网络绑定。这种标准化方法保证了在跨平台的不同实现之间源代码的可移植性和编译后服务的兼容性。

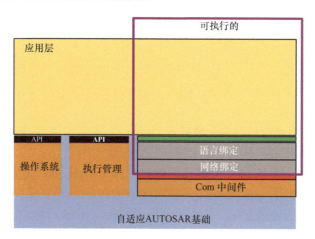

图 3.83　语言绑定和网络绑定

1）语言绑定：语言绑定定义了如何使用目标编程语言的方便特性将服务的方法、事件和字段转换为可直接访问的标识符。在目标语言支持的条件下，性能和类型安全是主要目标，因此语言绑定通常由 Service Interface Definition 文件提供的源代码生成器实现，目前，在 AUTOSAR AP 中只支持 C++ 的语言绑定。

2）网络绑定：网络绑定定义了如何将已配置的服务的实际数据序列化并绑定到特定的网络。目前，通信管理支持 SOME/IP、数据分发服务（Data Distribution Service，DDS）、进程间通信（IPC）和 Signal PDU。其中，支持 Signal PDU 指支持基于信号的网络绑定。

基于服务的通信中的本地服务注册（Service Registry）也是网络绑定的一部分，如图 3.84 所示。

（3）Proxy/Skeleton

C++ 语言绑定的上层接口提供了对应于服务的面向对象的映射，这些服务在 AUTOSAR 元模型的 Service Interface Definition 中定义。通信管理软件开发工具之一的生成器据此生成 C++ 类，其中包含每个相应服务的符合类型安全的字段、事件和方法。在服务实现方面，这些生成的类被命名为 Service Provider Skeletons。在客户端它们被称为 Service Requester Proxies。

图 3.84　AUTOSAR AP 中的网络绑定

如图 3.85 所示，在通信管理 C++ 的语言绑定下，Proxy 与 Skeleton 是用于连接底层的通信网络与本地的代码。

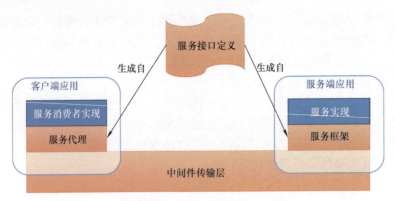

图 3.85　Proxy 与 Skeleton

在同一台机器中，客户端调用服务端的服务是十分简单的，然而在 AUTOSAR AP 中，经常出现需要调用其他机器中的服务的情况，这时，Proxy/Skeleton 模式的作用就体现了出来。

Proxy/Skeleton 本质上是利用一个第三者"Proxy"来实现通信，Proxy 作为服务的代理，将客户端和服务端分离开来，由 Proxy 来传递信息完成调用。

如图 3.86 所示，Proxy 作为（可能是远程的）服务的代理，代表了可能的远程服务。对于客户端（Client）而言，Proxy 在代码层面代表了客户端所需服务的外观。因此，对于客户端而言，调用本地的代理就相当于调用远程的服务（步骤 1 ）。

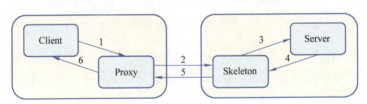

图 3.86　Proxy/Skeleton 的工作原理

Proxy 接收到请求后，通过网络绑定中的通信网络（主要是 SOME/IP）与服务端（Server）的 Skeleton 通信，把它收到的调用请求传递给 Skeleton（步骤 2 ）。

Skeleton 收到请求后，调用对应的服务（步骤 3 ），服务做出相应的动作后，将其结果返回给它的调用者，即 Skeleton（步骤 4 ）。

Skeleton 收到结果后，通过网络绑定中的通信网络把结果发送给 Proxy（步骤 5 ）。

最终，由 Proxy 将结果传递给客户端（步骤 6 ）。

遵循以上过程，就可以实现服务端和客户端之间的通信。

（4）通信路径的静态与动态配置

1）静态配置：在静态配置下，服务端事先已经知道所有的客户端，客户端也知道所有的服务端。在这种情况下，不需要服务发现的过程。

2）应用代码没有发现功能：在这种配置模式下，客户端知道服务端，但服务端不知道客户端，事件订阅是应用程序中唯一的动态通信模式。

3）应用程序中的完整服务发现：在这种配置模式下，在配置时不知道具体的通信路径，用于服务发现的 API 允许应用程序代码在运行时选择服务实例。

3.5 AUTOSAR AP 的应用程序生命周期管理

1. AP 应用程序调度与传统策略的不同

所有的功能集群、用户层应用程序本质上都是应用程序，因此，AUTOSAR AP 中的调度问题也就是这些应用程序的生命周期管理问题。AUTOSAR AP 和传统的嵌入式系统的巨大差异使得以前的基于操作系统调度策略不再适用，其主要原因是多机器运行以及 SOA 的架构。

（1）多机器

操作系统是独立于 AUTOSAR AP 的，每一个机器里面都会有对应的操作系统，该操作系统都可以实现各自机器上的应用程序调度。然而，作为一个基于网络互联的软件整体，跨机器的交互是不可避免的，这样也就使得软件系统的调度变得更为复杂。

（2）SOA 架构

由于 AUTOSAR AP 是基于 SOA 架构，所有的应用程序通过"服务关系"联系成一个大型的网状结构，而基于服务的架构的一个特点就是服务的节点是可以动态管理的。也就是说，应用程序之间的"服务关系"是动态、不确定的。唯一明确的是服务的提供者应该比服务的消费者先执行，但"服务关系"的不确定性又使得我们没有办法事先确定应用程序执行的先后顺序。另一方面，AUTOSAR AP 使用 SOA 架构的一个重要原因是在智能驾驶、智能座舱上，应用程序的更新是很常见的，应用程序在线的下载、更新、卸载都有可能发生，这就造成了应用程序的不确定性，即没有办法事先知道后续会有哪些应用程序执行。

基于多机器交互以及 SOA 架构这两个重要变化，AUTOSAR AP 的应用程序调度变为"跨机器的、不定数目、不定关系的多程序调度问题"，仅通过单机操作系统无法实现，因此，AUTOSAR AP 需要引入新的调度策略来解决这个问题。

2. AP 应用程序调度的基本框架

由于应用程序的生命周期管理仅依靠操作系统无法完成，AUTOSAR AP 使用多个功能集群协同实现此功能。在 AUTOSAR AP 中，应用程序的生命周期管理可以分为机器启动和机器运行两个阶段。接下来以机器的运行阶段为例，介绍这几个功能集群的功能以及之间的关系，机器启动阶段的关系随后介绍。机器运行阶段应用程序的生命周期管理策略的框架如图 3.87 所示。

3.5.1 状态管理、执行管理与操作系统之间的关系

在嵌入式的背景下，OSEK OS 或 AUTOSAR CP OS 是整个平台架构中相当重要的部分，一方面，系统需要一个模块解决多任务的实时调度问题，另一方面，不同 ECU 之间的任务往往互不影响，任务的调度局限在 ECU 本地。因此，嵌入式操作系统本身就可以实现完整的功能，并采用了

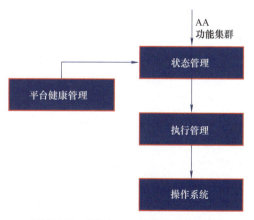

图 3.87　AP 应用程序生命周期管理

"在时间轴上基于优先级的调度策略"。这套调度策略本质是不同任务间"基于优先级"仲裁，再根据所谓的"抢占或非抢占"实现具体的调度。

而在 AUTOSAR AP 中，如图 3.87 所示，独立出了两个功能集群来实现仲裁和调度的功能，分别是状态管理（State Management，ara::sm）和执行管理（Execution Management，ara::exec），再与操作系统结合完成任务的调度管理。

（1）状态管理

状态管理取代了嵌入式系统中操作系统的"仲裁机制"，状态管理的出现和"多机器"密切相关。在嵌入式系统中，任务的调度被限制在 ECU 内部，其他 ECU 的事件不会影响到本地 ECU 内部任务的调度。而在 AUTOSAR AP 中，机器之间频繁的交互让机器内部应用程序的生命周期不仅仅受内部事件的影响，也会受到外部机器的影响。

状态管理则用来统筹这些影响机器内部应用程序状态的事件，它们可能来自机器内部的自适应应用程序、功能集群，也可能来自其他的机器的自适应应用程序甚至是 AUTOSAR CP 中的 SWC。

状态管理内部包含一定数量的状态机，其接收到的事件可能会造成状态机状态的变化，从而使得"需要运行的应用程序的集合"发生变化。这样，状态管理就根据内部以及外部的信息仲裁出当前机器内部需要运行的应用程序的集合。

（2）执行管理

执行管理取代了嵌入式系统中操作系统的"调度策略"，它的任务是确定应用程序（由状态管理确定需要运行的应用程序）运行的先后顺序。执行管理如何确定这些应用程序运行的先后顺序，这也是基于 SOA 架构的特征，因为在 SOA 架构下，应用程序之间的服务关系天然地产生了一套调度逻辑，即服务的提供者要在服务的消费者之前启动。因此，在执行管理中，引入了"执行依赖关系"的概念，基于执行依赖关系，执行管理可以确立符合 SOA 架构要求的应用程序执行顺序。

执行管理同时也负责机器的启动，它是 AUTOSAR AP 启动时第一个被执行的进程。因为机器的启动是一种特殊的状态变化，即机器由"关闭状态"变化为"启动状态"，这种固定的状态变化不需要通过状态管理，事先定义好的应用程序集合可以直接作为执行管理的输入。

执行管理实际上是无法直接完成应用程序的运行时调度的，因为这是操作系统的职责，但是，应用程序的调度是操作系统和执行管理协同完成的。在机器的运行阶段，执行管理会调用操作系统的接口完成应用程序的运行时调度，包括 SetProcessConfiguration（ ）、StartProcess（ ）、TerminateProcess（ ）。

通过进程的调度，可以进一步理解属于 Adaptive Platform Foundation 的功能集群和属于 Adaptive Platform Service 的功能集群的区别。

执行管理和操作系统属于 Adaptive Platform Foundation，这是因为这些功能集群在实现各自功能的时候不会跨机器，它们被限定在一个机器当中，用于实现这台机器中的一些基础功能。因此，这样的功能集群和自适应应用程序的通信局限于本地，直接使用本地的接口即可。

而类似于状态管理这种功能集群则不一样，因为其所在机器内部的状态变化的来源不局限于本地，它可能受到来自其他机器的自适应应用程序甚至来自 AUTOSAR CP 中 SWC 的状态变化请求，这时，它与自适应应用程序的通信不再局限于本地，因此它们与自适应应用程序的通信需要借助于通信管理。这些属于 Adaptive Platform Service 的功能集群（包括状态管理、网络管理、更新和配置管理），可以为其他机器提供服务，因而这些功能集群组成了一台机器向外的平台级服务，这也是为什么它们被命名为 Adaptive Platform Service。

（3）操作系统

状态管理和执行管理分别实现应用程序的生命周期管理中的"仲裁、调度"部分，剩余的"启动、终止某个应用程序"操作则由操作系统实现，任何符合接口标准，支持多进程、多线程并行处理功能并能执行应用程序调度的操作系统都被平台接受。

因此，操作系统是独立于 AUTOSAR AP 的，从图 3.75 也可以看到，AUTOSAR AP 的标准只是规定了操作系统的接口。

（4）平台健康管理

平台健康管理为整个系统提供了一个反馈的机制，它会对整个系统进行监督，包括对应用程序的监督（哪些应用程序正在活动，其是否在截止时间之前运行结束等）、逻辑监督（一种软件在线监督，检查软件或其他被监督的实体是否按照定义的顺序执行）以及平台健康监督（检查受监督软件注册的健康指标是否在容许范围内）。一旦检测到故障，平台健康管理就会通知状态管理。作为平台的协调者，状态管理可以决定如何处理错误并触发合适的恢复动作。

平台健康管理也有一个调用硬件中"看门狗"模块的接口，并且可以在严重故障以及单纯通知状态管理无法解决问题的情况下触发看门狗反应。

综上所述，状态管理通过仲裁不同的状态，从而控制整个系统的行为，而执行管理的核心是基于执行依赖关系调度的逻辑。需要注意的是，什么时候启动或终止某个应用程序不是由执行管理决定的。此外，执行管理也不能直接实现应用程序调度，它需要调用操作系统实现这部分功能。简单来讲，状态管理确定的应用程序集合可以看作执行管理的"输入"，而操作系统则是执行管理控制的"输出"。

（5）三个重要功能集群的总结

1）状态管理（State Management，ara::sm）：状态管理是一个特殊的功能集群，其中含有一定数量的状态机。状态管理会确定其内部的状态，并通过请求执行管理来实现功能组和机器状态的转换。

2）执行管理（Execution Management，ara::exec）：执行管理负责系统执行管理的所有方面，包括平台初始化和应用程序的启动/关闭。执行管理与操作系统协同工作以执行应用程序的运行时调度。

3）操作系统接口（Operating System Interface，ara::n/a）：操作系统（OS）负责自适应平台上所有应用程序的运行时调度、资源管理（包括监管内存和时间限制）和进程间通信。操作系统与执行管理协同工作，执行管理负责平台初始化并使用操作系统执行应用程序的启动和关闭。

3.5.2 应用程序的生命周期管理

1. 应用程序生命周期管理基本概念

应用程序生命周期管理的基本概念主要包括可执行文件、进程、执行清单、机器清单、功能组状态、机器状态。

（1）可执行文件（Executable）

可执行文件是应用程序的组成部分，它是一个软件单元，有且仅有一个程序入口点（即有且仅有一个主函数）。一个应用程序可以由一个或多个可执行文件实现。

（2）进程（Modelled Process）

进程是可执行文件的实例，在 AUTOSAR AP 中，进程在运行时被实现为操作系统进程。

（3）执行清单（Execution Manifest）

执行清单指定了一个可执行文件部署的相关信息，并以标准化的方式描述了进程在特定机器上的配置，包括启动参数、资源组分配、调度优先级等。执行清单与实际的可执行代码捆绑在一起，以支持将可执行代码部署到机器上。

（4）机器清单（Machine Manifest）

机器清单包含所有无法分配给特定可执行文件或其实例（进程）的配置信息，即执行清单或其他清单尚未涵盖的配置信息。机器清单的内容包括机器属性和功能（资源、Security、Safety 等）的配置，例如，配置的机器状态和功能组状态、资源组、访问权限组、调度程序配置、SOME/IP 配置、内存分段等。

（5）功能组状态（Function Group State）

如果一台机器上安装了一组功能上紧密联系的应用程序，那么同时控制这些应用程序的状态会带来很大的方便。正是出于这个原因，功能组的概念被引入了 AUTOSAR AP。每个功能组都包含一组进程和一组被称为功能组状态的状态，功能组最小是一个进程，最大受具体要求限制。每个功能组状态定义当前正在运行的进程集合，每个应用程序都可以在其执行清单中声明其进程应在哪个功能组状态中运行。功能组机制非常灵活，是用于启动和停止应用程序进程的工具，系统集成商可以将进程分配给功能组状态，然后由状态管理发出相应的请求。

（6）机器状态（Machine State）

执行管理要求为每台机器至少配置一个功能组，该功能组应具有名称"MachineFG"。功能组 MachineFG 有几个强制状态，包括启动、终止以及中止状态，需要为每台机器配置这些状态，其他机器状态可以在特定机器的基础上定义，因此不是标准化的。一般来说，机器状态 MachineFG 用于控制机器生命周期（启动/关闭/重启）和平台级应用程序的进程，而其他功能组状态单独控制属于一致功能的用户级应用程序组的进程。需要注意的是，这并不意味着平台级应用程序的所有进程都必须由机器状态控制。

2. 状态管理的仲裁机制

如前所述，状态管理（State Management，ara::sm）是一个特殊的功能集群，它的内部含有一定数量的状态机。状态管理会确定其内部的状态，并通过请求执行管理来实现功能组状态和机器状态的转换。

状态管理内部状态的变化来源于自适应应用程序或是其他功能集群。

（1）来自自适应应用程序

状态管理是接收由自适应应用程序发出的特定事件的汇总中心，这些事件会改变状态管理的内部状态，最终改变功能组或者机器的状态。状态管理会根据下述标准来评估这些事件：

1）事件类型：依据具体的项目而定。

2)事件优先级：依据具体的项目而定。

3)应用程序标识符（AUTOSAR R20-11 标准暂不支持）。

如果在接收事件后触发了状态管理内部状态更改，则状态管理可能会请求执行管理将功能组或机器状态设置为新的状态。

（2）来自其他功能集群

除了用户层的应用程序，功能组的状态更改请求也可以由多个 AUTOSAR AP 应用程序发出：

1)平台健康管理：触发错误恢复，例如激活低效运行排除功能。

2)自适应诊断：将系统切换到不同的诊断状态并请求系统复位。

3)更新和配置管理：将系统切换到可以更新软件或配置并验证更新的状态。

4)网络管理：协调所需的功能和网络状态。

是否执行某种效果的最终决定由状态管理的内部逻辑决定，这种内部逻辑是依据特定项目的特定要求设计的。因此，状态管理是一个特定于 ECU 某开发项目的特殊功能集群，这也是为什么状态管理属于 Adaptive Platform Service 而非 Adaptive Platform Foundation。

3. 执行管理的调度机制

程序的生命周期管理由执行管理实现，执行管理将进程分为两类：Reporting Process 和 Non-Reporting Process。

一般而言，进程都属于 Reporting Process，而 Non-Reporting Process 则属于例外情况。Non-Reporting Process 可用于支持特定运行的可执行文件，这些可执行文件的设计并未考虑到 AUTOSAR AP。例如，当可执行文件仅作为二进制文件可用，无法修补其源代码；或者可执行文件仅在开发期间使用。

本节主要介绍 Reporting Process 的调度方式。

（1）进程状态

进程状态是以执行管理的角度描述进程的生命周期，如图 3.88 所示，包括了以下几个阶段：

1)空闲状态（Idle）：空闲进程状态应是进程创建和资源分配之前的进程状态。

2)启动状态（Starting）：在进程创建并为进程分配资源后进入此状态。

3)运行状态（Running）：当 Reporting Process 向执行管理报告 kRunning 执行状态后，进入此状态。kRunning 的报告需要在初始化后、服务发现前完成，否则延迟可能会影响到其他进程。

4)终止进程状态（Terminating）：当执行管理向进程发送终止请求或 Reporting Process 决定自主终止，并向执行管理报告 kTerminating 执行状态后，进入此状态。

5)终止状态（Terminated）：应在进程终止并释放进程资源后进入此状态。

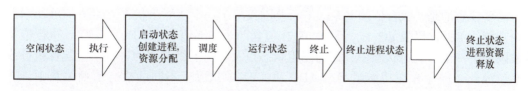

图 3.88　进程状态

(2) 进程的启动、终止顺序

进程的启动、终止顺序是由"服务关系"决定的，在具体的实现中，分平台级别应用程序和用户层应用程序两种情况。

对于平台级别应用程序，执行管理可以根据声明的执行依赖关系导出状态管理框架内平台级别进程的启动和终止的顺序。所谓的执行依赖关系在执行清单中配置，是指它定义了这样的一个关系，某一进程在实现自己的功能时，所必需的功能来自哪些进程。例如，进程 A 与 B，假如 A 向 B 提供必需的功能，那么 B 对 A 有执行依赖，而通过执行依赖关系得出的启动和终止顺序，可以保证 A 在 B 之前启动，而 B 在 A 之前终止，即服务的提供者在服务的消费者之前启动，当服务的消费者都终止了，对应服务的提供者才能被终止。

用户层进程使用通信管理进行交互，因此，除非绝对必要，否则用户层进程不使用执行依赖关系，而是通信管理的服务发现机制作为执行排序的主要机制，因为这个机制在单个机器内部或跨机器之间都被支持。

(3) 进程的启动方案

基于"依赖关系"的进程启动方案（例如：进程 B 对 A 有执行依赖）如下：

1）基于"kRunning"：在这种情况下，当进程 A 开始执行，即向执行管理报告"kRunning"执行状态后，进程 B 开始执行，因此，进程 A "kRunning"报告的延迟可能会影响到 B 进程的执行。

2）基于"kTerminating"：在这种情况下，当进程 A 结束执行，即向执行管理报告"kTerminating"执行状态后，进程 B 开始执行。

(4) 进程的执行依赖关系

需要注意的是，进程仅在所代表的机器状态或功能组状态被需要时才由执行管理启动，而不是因为配置的执行依赖关系，执行依赖仅用于控制状态转换时进程的启动或终止顺序。因此，必须确保所有服务依赖项都映射到状态管理的配置中，即所有被依赖的进程在需要时都应被运行，否则可能出现执行依赖错误。

在如图 3.89 所示的例子中，进程 A 对进程 B 有执行依赖关系，但 A、B 不被配置在同一个机器状态中。例如，当需要切换到新的机器状态时，需要启动进程 A，但不启动进程 B，而根据执行依赖关系，进程 A 需要等待进程 B 先执行，这样就会导致运行时错误。

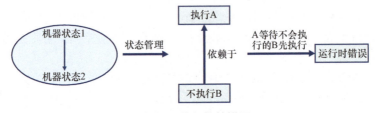

图 3.89 执行依赖错误

需要注意的是，执行依赖关系的解析范围仅限于一个功能组状态，如图 3.90 所示，有两个功能组 FG_A 以及 FG_B，其中 FG_B 包含两个功能组状态 ABC、XYZ。执行依赖关系被限定于一个功能组状态中，跨功能组状态以及跨功能组之间的进程不能配置执行依赖关系，因此，进程 B 在功能组状态 ABC 和 XYZ 中从属于不同的执行依赖关系中。需要注意，这样的配置强制要求进程 B 针对功能组状态 ABC 和 XYZ 有两种不同的启动配置，

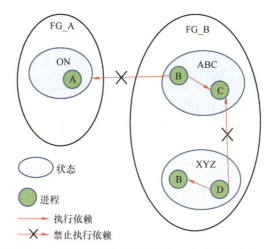

图 3.90　执行依赖关系被限制在一个功能组状态中

这样，当功能组状态在 ABC 和 XYZ 之间转换时，进程 B 需要以另一种配置重新启动。

3.5.3　整机的状态管理

前文已经独立地介绍了状态管理和执行管理的具体功能，状态管理和执行管理相互交互，功能组状态变化会导致进程状态改变，需要以整体的视角看待这两个功能集群，考察整机状态管理的实现。

1. 进程与功能组状态的映射

图 3.91 是一个例子，描述了状态转换的序列，进程 A-F 引用了机器状态以及功能组 FG1 和 FG2 的功能组状态，进程状态被简化为 Idle、Running 以及 Terminated 三种。

进程 A 引用了机器状态 Startup，并且是一个自终止的进程，比如，在运行一次之后自行终止。

进程 B 引用了机器状态 Startup 和 Running，它对于进程 A 有基于终止的执行依赖关系，即进程 B 在机器状态 Startup 和 Running 中运行，在进程 A 终止后启动。

进程 C 引用了机器状态 Startup，它在 Startup 状态启动，在执行管理请求机器状态 Diagnostics 时终止。

进程 D 和进程 E 都引用了功能组 1 的功能组状态 Running，且没有执行依赖关系，因此，执行管理会以任意顺序启动这两个程序，可能的话，会并行处理。

进程 F 引用了功能组 2 的功能组状态 Running 和 Fallback，它在两个状态中有两个不同的启动配置，因此在状态切换时，进程 F 会先终止然后以第二种启动配置启动。

2. 机器的启动

机器的启动实际上可以看作机器状态从"关闭状态"（执行管理启动前的默认状态）到"启动状态"的一个转换，这是一个特殊的机器状态转换，被定义在机器清单中，不需要经过状态管理。因此，在启动阶段，执行管理是 AUTOSAR AP 的第一个进程。准备就绪后，执行管理启动机器状态从"关闭状态"到"启动状态"的转换，在转换期间，执行管理请求启动存在于机器的"启动状态"中的进程。

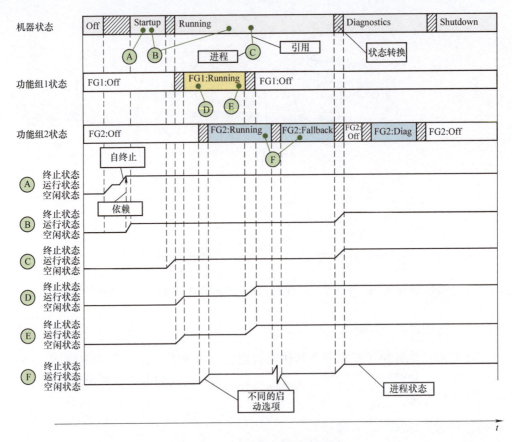

图 3.91 利用"状态"控制进程

在满足必要的状态转换条件后,执行管理向状态管理报告,表示已经将机器状态转换为"启动状态"。此时,执行管理将功能组状态管理(即发起状态更改请求)的责任移交给状态管理。AUTOSAR AP 的启动如图 3.92 所示。

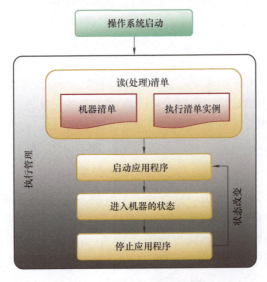

图 3.92 AUTOSAR AP 的启动

需要注意的是，执行管理是 AUTOSAR AP 中第一个启动的进程，但不一定是机器中第一个启动的进程。实际上，可能存在系统所需的其他进程，例如操作系统初始化进程，或操作系统微内核用户级进程，如驱动程序、文件系统等。AUTOSAR AP 的边界如图 3.93 所示。

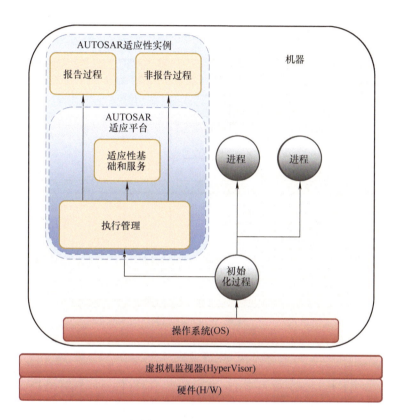

图 3.93　AUTOSAR AP 的边界

3. 机器启动后的状态管理

（1）状态交互

图 3.94 展示了在状态管理请求不同的功能组状态后，不同类型状态之间交互的简化示例。

功能组 1 的初始状态为功能组状态 1，状态管理在接收到外部事件并处理后，请求功能组 1 的功能组状态 2，此时，引用了功能组状态 2 的进程需要启动。执行管理和操作系统将其启动后，该进程进入 Running 状态，并报告其 kRunning 状态，此时就完成了功能组状态 1 到功能组状态 2 的转换。

当状态管理再次接收到外部事件并处理后，请求功能组 1 的功能组状态 3，此时，没有引用功能组状态 3 的进程需要终止。在其自终止或由操作系统终止后，就完成了功能组状态 2 到功能组状态 3 的转换。

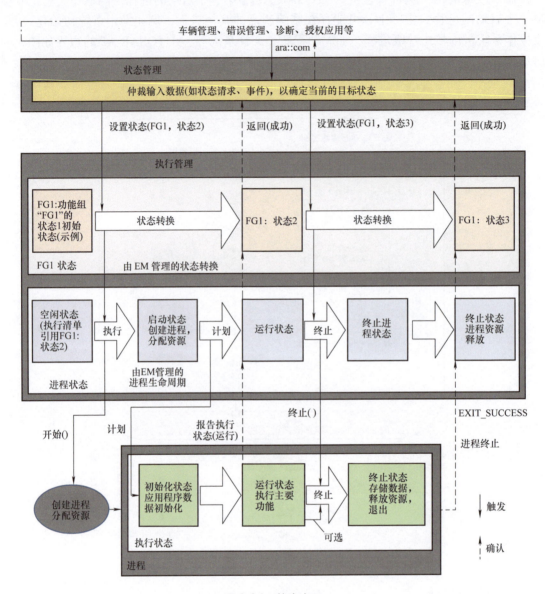

图3.94 状态交互

（2）状态转换

当前状态是指目前运行的功能组状态，即当前运行的进程集合，它是状态转换的起点；目标状态是当状态转换成功结束时的"当前状态"，即状态转移成功时运行的进程集合，它是状态转移的终点。需要注意的是，如果进程中包含有自终止进程，那么这些进程可能会提前自行终止，而不会在当前状态全程运行。

状态转换是一个复杂的过程，但总体而言包含三个基本逻辑步骤：

1）终止所有目前运行，但在目标状态中不被需要的进程。

2）重启所有目前运行，且当前状态下启动配置与目标状态下启动配置不同的进程。

3）启动所有目前没有运行，但在目标状态下需要运行的进程。

图 3.95 所示是状态转换的一个例子，功能组 2 由 Running 状态向 Fallback 状态转换，其中，进程 A、C 引用了功能组状态 Running，进程 A、B、C、D 引用了功能组状态 Fallback，且进程 B 对进程 A 有基于启动的执行依赖，进程 D 对进程 C 有基于终止的执行依赖。

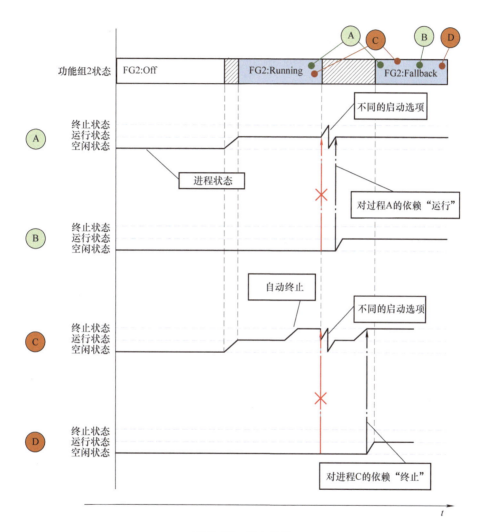

图 3.95　状态转换

根据状态转换的基础逻辑，进程 A、C 需要按照不同于 Running 状态下的启动配置在 Fallback 状态下重新启动。此外，执行管理应确保针对目标状态配置的进程的执行依赖解决方案，例如，进程 B 需要在进程 A 重启之后再启动。

当满足以下所有条件时，执行管理判定状态转换已经成功实现，并向状态管理报告：

1）由解析出的执行依赖关系确定进程的启动或终止。

2）所有需要终止的进程都已经终止。

3）所有需要启动或重启的报告进程都已经报告了 kRunning 状态。

3.6 AP 功能集群概览及方法论

3.6.1 AP 的存储管理

存储（Storage）部分中只有一个功能集群 ara::per，即 Persistency，它从属于 Platform Foundation，用于在机器内部实现存储相关的基础功能。

存储管理提供了两种不同的访问机制来访问非易失性内存，包括键-值对存储（Key-Value Storage）以及文件存储（File Storage），如图 3.96 所示。

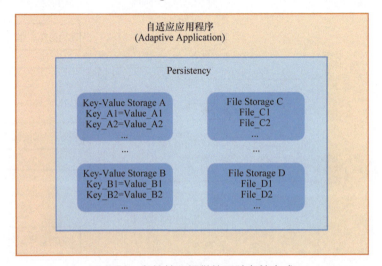

图 3.96　存储管理提供的两种存储方式

其中，Key-Value Storage 提供一组具有关联值的键的访问，即每一个键唯一且不重复地对应于一个值，类似于数据库。File Storage 则提供了一组文件的访问，类似于基于目录的文件存储系统。

一个 Adaptive Application 可以使用多个键值对存储以及多个文件存储的组合，如图 3.96 所示。键值对存储以及文件存储内可以包含多个"键值对"或文件，通过存储管理提供的 API，这些内容可以动态管理，如添加或删除。

在执行清单中定义了 Adaptive Application 访问存储器的方式，包含了引用可执行文件的每个进程的独立的部署信息。根据端口的不同类型，上述两种存储的访问方式分为只读访问、只写访问以及读/写访问。

3.6.2 AP 功能集群概览

如图 3.77 所示，功能集群依据其功能被分为 7 个部分，包括运行时（Runtime）、通信（Communication）、存储（Storage）、防卫（Security）、安全（Safety）、配置（Configuration）以及诊断（Diagnostics）。在 AUTOSAR AP 的通信以及进程调度中，已经详细介绍了通信管理（ara::com）、状态管理（ara::sm）、执行管理（ara::exec）以及操作系统接口（ara::n/a）。接下来介绍功能集群的大致功能，AP 的功能集群简述如下。

1. 运行时（Runtime，见表 3.3）

表 3.3　Runtime 中的功能集群

功能集群	所属类别	功　能
Execution Management	PF	
State Management	PS	
Log and Trace（ara::log）	PF	负责记录 AUTOSAR AP 的日志，并给应用程序提供了一套通用的接口（通过将 AA 配置为日志消息）
Core（ara::core）	PF	为自适应应用程序 ARA 的初始化、取消初始化以及进程的终止提供相应的功能执行，否则，就会导致运行时错误
Operating System Interface	PF	

注：所属类别中，PF 代表 Platform Foundation，PS 代表 Platform Service（表 3.4 ~ 表 3.9 同此）。

2. 通信（Communication，见表 3.4）

表 3.4　Communication 中的功能集群

功能集群	所属类别	功　能
Communication Management	PS	
Network Management（ara::nm）	PF	提供查询请求和网络状态的功能
Time Synchronization（ara::tsync）	PF	时间同步在分布式应用程序中提供同步的时间信息

3. 存储（Storage，见表 3.5）

表 3.5　Storage 中的功能集群

功能集群	所属类别	功　能
Persistency（ara::per）	PF	

4. 防卫（Sercurity，见表 3.6）

表 3.6　Sercurity 中的功能集群

功能集群	所属类别	功　能
Cryptography（ara::crypto）	PF	通过各种加密操作确保数据的保密性和完整性
Identity and Access Management（ara::iam）	PF	检查对资源访问，并在平台遭受攻击时做出应对

5. 安全（Safety，见表 3.7）

表 3.7　Safety 中的功能集群

功能集群	所属类别	功　能
Platform Health Management（ara::phm）	PF	

6. 配置（Configuration，见表 3.8）

表 3.8 Configuration 中的功能集群

功能集群	所属类别	功 能
Update and Configuration Management（ara::ucm）	PS	更新和配置管理负责以安全可靠的方式更新、安装、删除 AUTOSAR AP 上的软件并作历史记录 更新和配置管理能够通过空中下载技术（OTA）灵活地更新软件及其配置
Registry	PF	用于访问清单中存储的信息

7. 诊断（Diagnostics，见表 3.9）

表 3.9 Diagnostics 中的功能集群

功能集群	所属类别	功 能
Diagnostics Management（ara::diag）	PF	1）诊断管理负责处理由在自适应应用程序 ARA 中运行的各个进程产生的诊断事件，并持久地储存此类事件和相关的数据 2）诊断管理通过标准化网络协议 [基于 ISO 14229-1（UDS）和 ISO 13400-2（DoIP）的 ISO 14229-5（UDSonIP）] 为外部诊断客户端提供对诊断数据的访问

3.6.3 AUTOSAR AP 方法论

为了支持功能性应用程序的分布式、独立以及敏捷开发，需要一种标准化的开发方法，这就是 AUTOSAR AP 方法论需要解决的问题。

AUTOSAR AP 方法论涉及工作产品的标准化，所谓的"工作产品"，是一种用来描述的工件，包括对于服务、应用程序、机器以及它们的配置的描述；AUTOSAR AP 方法论也定义这些工作产品如何交互。

图 3.97 所示为 AUTOSAR AP 方法论的示意图，包含了从服务定义到搭建一个完整机器的全过程。接下来分步骤介绍 AUTOSAR AP 方法论。

1. 服务定义、机器配置

AUTOSAR AP 方法论的第一步是根据项目的具体需求定义所需要的服务并配置底层机器。

（1）服务定义

根据项目的需求定义所需要的服务，并由此生成服务的接口描述文件。

（2）机器配置

根据项目的需求开发并配置机器，由此生成机器清单以及用于运行 AUTOSAR AP 的底层机器。此时的机器是图 3.93 中不包含 AUTOSAR AP 实例的部分。

（3）机器清单（Machine Manifest）

机器清单描述与部署相关的内容，这些内容仅适用于运行 AUTOSAR AP 的底层机器（即其上没有运行任何应用程序的机器）的配置；机器清单与用于建立 AUTOSAR AP 实例的软件捆绑在一起；机器清单允许配置在特定硬件（机器）上运行的自适应平台实例。

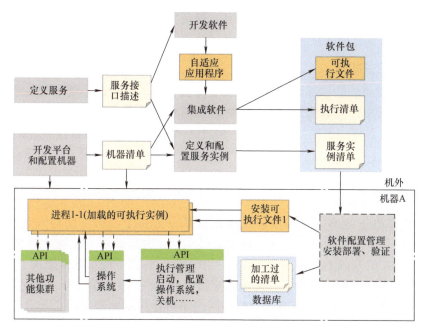

图 3.97　AUTOSAR AP 方法论的示意图

机器清单的内容包括网络连接的配置、服务发现技术的配置、所使用的机器状态和功能组状态的定义、自适应平台功能集群实现的配置、可用硬件资源的文档（例如，有多少 RAM 可用，有多少处理器内核可用）等。

2. 软件并定义、配置服务

根据上一步所产生的服务接口定义文件以及机器清单，可以根据其需求开发具体的软件并定义和配置服务实例。其中，软件开发对应于执行方面，需要根据服务接口描述文件开发对应的软件，并生成 Adaptive Application；定义和配置服务实例则对应于通信方面，需要根据接口描述文件以及机器清单的要求来定义和配置服务实例。

3. 生成软件包

利用上一步生成的软件以及服务实例生成软件包，其中包含可执行代码、执行清单以及服务实例清单。

（1）执行清单（Execution Manifest）

执行清单用于指定与在 AUTOSAR AP 上运行的应用程序部署相关的信息，其与实际的可执行代码捆绑在一起，用于支持将可执行代码集成到机器上。总体原则是让应用软件代码尽可能独立于部署的场景，以增加应用软件在不同部署场景中复用的概率，即将代码与配置解耦。

通过使用执行清单，可以做到在同一台机器上多次实例化相同的应用软件，以及将相同的应用软件部署到多台机器上，并在每台机器上实例化应用软件，执行清单内容包括启动配置、资源管理等。

（2）服务实例清单（Service Instance Manifest）

服务实例清单用于根据底层传输协议的要求指定如何配置面向服务的通信，其与实现面向服务通信的实际可执行代码捆绑在一起。服务实例清单内容包括服务接口部署、服务实例部署和端到端保护的配置等。

4. 安装软件包并执行

利用配置管理将软件包部署、验证、安装至机器上,其中进程就是安装的可执行文件的实例,即可执行文件及其配置。根据已处理的清单可以实现软件平台中的功能接口,搭建起功能集群以及总体的服务关系,这样,AUTOSAR AP 实例便可运行于配置好的机器上。

3.7 本章小结

本章从汽车电子的不同发展阶段入手,将其分为三个部分。在嵌入式控制器时代,OSEK 的实时操作系统解决了多任务实时调度的问题,并形成了一套统一标准,而 AUTOSAR CP 从 OSEK 的基础上发展而来,作为"中间件"解决了汽车软件架构不清晰的问题,形成了面向控制的软件统一架构。在目前汽车智能化、网联化的背景下,相较于"嵌入式"的时代出现了全新的挑战,汽车电子的核心问题不再是控制问题,而是大批量、高带宽的信息处理问题和复杂的人机交互问题。AUTOSAR AP 作为新一代"中间件"和 AUTOSAR CP 并存使用,实现了控制域和信息域在架构层的兼容,并为 SOA 奠定了架构基础。

思 考 题

3-1　OSEK/VDX 标准包括哪几部分?
3-2　OSEK/VDX 中的任务有哪两种?各自包含哪些状态?
3-3　OSEK/VDX 中的任务调度策略有哪几种?
3-4　OSEK/VDX 操作系统中是如何解决调度死锁问题的?
3-5　为什么会有 AUTOSAR CP 的出现?
3-6　AUTOSAR CP 包括哪几层?请画出相应的分层架构。
3-7　基础软件层 BSW 的函数分为哪几类?
3-8　如何理解 VFB 和 RTE 所起的作用?
3-9　SWC 的接口分为几种类型?其特点是什么?
3-10　AUTOSAR 操作系统中的自旋锁作用是什么?
3-11　AUTOSAR AP 与 AUTOSAR CP 的设计理念和用途有何不同?
3-12　AUTOSAR AP 与 AUTOSAR CP 架构上的主要区别是什么?
3-13　简述 AUTOSAR AP 中 ARA 功能集群的概念。
3-14　AUTOSAR AP 中如何定义通信?与 CP 中的通信模式有何不同?
3-15　AUTOSAR AP 为何不定义操作系统?AP 如何调用操作系统?

第 4 章 面向服务的架构

在"软件定义汽车"及汽车 EEA 从分布式逐步向集中式发展的背景下,面向服务的架构(Service-Oriented Architecture,SOA)被认为是能够支持未来汽车软件发展的核心技术之一。SOA 是一种 C/S 架构的软件设计方法,应用由服务和服务使用者组成,SOA 与大多数通用的 C/S 架构模型不同之处在于它着重强调构件的松散耦合,并使用独立的标准接口。SOA 将能够帮助我们站在一个新的高度理解架构中的各种组件的开发、部署形式,它将帮助系统架构者以更迅速、更可靠、更具重用性的架构去建立和维护整个汽车软件系统。

4.1 SOA 的概念解析

4.1.1 SOA 的定义

SOA 的理念来源于软件技术,由 Gartner 在 1996 年提出。SOA 在互联网行业已经应用了很多年,是一种非常成熟的技术,作为一种软件开发方法论,许多组织从不同角度对 SOA 进行了描述:

1)Gartner 对 SOA 的定义:SOA 是一种 C/S 架构的软件设计方法,应用由服务和服务使用者组成。SOA 与大多数通用的 C/S 架构模型不同之处在于它着重强调构件的松散耦合,并使用独立的标准接口。

2)W3C 对 SOA 的定义:SOA 是一种应用程序架构,在这种架构中,所有功能都定义为独立的服务,这些服务带有定义明确的可调用接口,能够以定义好的顺序调用这些服务来形成业务流程。

3)Wikipedia 对 SOA 的定义:SOA 是一种软件设计风格,应用程序组件通过网络通信协议,将服务提供给其他组件;SOA 的基本原则是独立于供应商、产品和技术。

还有一些其他的组织或个人提出的关于 SOA 的解释,这里就不一一列举了。基本上不同定义及描述的 SOA 都有以下特点:基于软件的模块化和以太网的通信,提供标准的服务组件,使软件与硬件解耦,从而可以灵活地设计和扩展上层的应用。

4.1.2 SOA 在汽车领域的应用背景

考虑如下场景:

1）传统汽车车辆内部控制器通过传统总线连接，从而实现通信交互，但是信号的收发关系和路由信息通常是静态的、不可再更改的。如果后期新增节点，就需要修改通信矩阵和路由表。

2）车辆上市后想新增一个功能到某个控制器，通过 OTA 技术可以将软件包本身下载到该控制器，但新的软件包怎样从其他节点获得所需信息呢？OTA 仅仅是途径，车辆的电子电气架构和软件架构能否支持得起功能更新呢？如果一个新增功能的实现，与车辆原有的系统架构、驱动方式、通信方式不匹配，甚至相冲突，肯定是不可行的，那么应该怎样解决呢？

3）在不久的将来，汽车会在互联网、物联网、能源物联网中都占有重要的地位，其必须具备开放性、网联性甚至自主性和自进化性。自动驾驶、V2X、边缘计算都是短期可以预见的应用场景，电子电气架构和软件平台架构在面对这样需求的时候，应如何处理？

在"软件定义汽车"时代，汽车电子需要一个功能可扩展性强、软硬件松散耦合、具有标准化接口、支持异构系统集成的软件架构。汽车领域引入了奠定互联网基础的以太网技术和 TCP/IP 协议，为汽车领域注入了 IT 基因，而基于宽带网络和高性能芯片的软件也因此引入了 SOA 架构，成为汽车领域备受青睐的软件解决方案。

4.1.3　SOA 在企业 IT 架构中的应用

4.1.1 节中介绍了 SOA 的定义，接下来从 SOA 在企业 IT 架构中的诞生来进一步理解 SOA 的内涵。

1. SOA 的诞生

SOA 最早是作为一种建设企业 IT 生态系统的架构指导思想而诞生的。21 世纪初期，大型企业内部的 IT 系统已经经过了数十年的演化，整个技术体系变得异常复杂，并存着诸如主机系统上的 CISC 和 Cobol 交易应用、小型机 AS/400 中的 RPG 业务系统、X86 或 Power 等分布式系统的 C、J2EE、.Net 应用。根据企业业务形成的大量应用软件系统由第三方供应商提供，一些系统甚至已经无人维护，而且随着业务迭代，一些新的业务系统被持续构建出来。由于缺乏合理的方法论指导，系统之间缺乏有机的链接，形成了若干个"信息孤岛"，持续加剧了 IT 架构的复杂性，无法支撑业务发展的诉求。

因此，企业 IT 架构所面临的首要挑战就是整合企业中大量竖桶型 IT 系统，支撑日益复杂的业务流程进行高效的业务决策和支撑业务快速变化。在这种背景下，IBM 等公司提出了 SOA 理念，将应用系统抽象成一个个粗粒度的服务，构建松耦合服务架构，可以通过业务流程对服务进行灵活组合，提升企业 IT 资产复用，提高了系统的适应性、灵活性和扩展性，解决"信息孤岛"问题。业务需求推动着 SOA 的出现，以期解决业务应用的问题，而技术发展的推动，使得 SOA 具备了技术上的可行性，主要体现在如下几个方面：

（1）屏蔽异构性

异构性表现在计算机的软硬件之间的异构性，包括硬件（CPU 和指令集、硬件结构、驱动程序等）、操作系统（不同操作系统的 API 和开发环境）、数据库（不同的存储和访问格式）等。长期以来，高级语言依赖于特定的编译器和操作系统的 API 来编程，而它们是不兼容的，因此软件必须依赖于开发和运行的环境。造成异构的原因有市场竞争、技术升级以及保护投资等因素，希望屏蔽异构平台的差异性问题是促成中间件发展的驱动力之一，而支持 SOA 架构的中间件平台，已经在很大程度上屏蔽了系统环境的差异性，提供了一致的计算环境。

（2）实现互操作

异构性产生的结果是软件依赖于计算环境，使得各种不同软件之间在不同平台之间不能移植，或者移植非常困难。而且，由于网络协议和通信机制的不同以及标准的滞后，这些系统之间还不能有效地相互集成，造成互操作性不好，解决软件之间的互操作性问题也是促成中间件发展的驱动力之一。SOA 技术从一开始就强调了标准的重要性，包括中间件平台的实现上都是基于全球共同的标准来实现的。

（3）共性凝练和复用

软件应用领域越来越多，相同领域的应用系统之间许多基础功能和结构是有相似性的，每次开发系统都从零开始绝不是一种好的方法，必然导致质量和效率的降低，因此，尽可能多地凝练共性并复用以提高软件开发效率和质量。通过中间件提供简单、一致、集成的开发和运行环境，简化分布式系统的设计、编程和管理，这也是 SOA 发展的重要推动力。

以上技术推动因素本质上是通过复用、松耦合、互操作（标准）等机制来提高软件质量、加快软件研发效率，使研发出来的产品能够相互集成并灵活适应变化，这些技术因素逐渐推动了 SOA 架构的形成和发展。

2. SOA 的详细定义

面向服务的架构 SOA 是一个组件模型，它将应用程序的不同功能单元（称为服务）通过这些服务之间定义良好的接口和契约联系起来。接口是采用中立的方式进行定义的，独立于实现服务的硬件平台、操作系统和编程语言。

在 SOA 架构中，服务是最核心的抽象手段，业务被划分（组件化）为一系列粗粒度的业务服务和业务流程。业务服务相对独立、自包含、可重用，由一个或者多个分布的系统所实现，而业务流程由服务组装而来。一个"服务"定义了一个与业务功能或业务数据相关的接口，以及约束这个接口的契约，如服务质量要求、业务规则、安全性要求、法律法规的遵循、关键业绩指标等。

接口和契约采用中立、基于标准的方式进行定义，它独立于实现服务的硬件平台、操作系统和编程语言，这使得构建在不同系统中的服务可以以一种统一的和通用的方式进行交互、相互理解。

除了这种不依赖于特定技术的中立特性，通过服务注册库加上企业服务总线来支持动态查询、定位、路由和中介的能力，使得服务之间的交互是动态的、位置是透明的。技术和位置的透明性，使得服务的请求者和提供者之间高度解耦，这种松耦合系统有两个明显的优点：一是它适应变化的灵活性；二是当某个服务的内部结构和实现发生改变时不影响其他服务。

3. SOA 的架构原则

SOA 提出了一系列构建分布式系统的原则，这些原则直到今天仍然具有一定的参考意义：

1）服务具备明确定义的标准化的接口，通过服务定义描述，将服务消费者和服务提供者的实现进行解耦。服务间通信采用面向文档的消息而非特定语言 RPC 协议，一方面可以解决服务与实现语言的解耦,另一方面可以灵活选择同步或者异步的通信实现,提升系统的可用性和可伸缩性。

2)服务应该是松耦合的,服务之间不应存在时间、空间、技术、团队上的依赖。

3)服务应该是无状态的,使得服务调用与会话上下文状态实现解耦。

4)服务应该是可复用的,业务逻辑切分为一系列可复用服务。

5)服务应该是自治和自包含的,服务的实现可以独立进行部署、版本控制、自我管理和恢复。

6)服务是可发现、可组合的,比如可以通过服务注册进行服务发现,实现了服务消费者和服务提供者的动态绑定,业务流程中可以对来自不同系统的业务服务进行编排组装。

4. SOA 的核心要素

SOA 的目标就是实现灵活可变的 IT 系统,而要达到灵活性,可以通过以下三个途径来解决。

(1)标准化封装(互操作性)

传统软件架构,因为封装的技术和平台依赖性,一直没有彻底解决互操作问题。互联网前所未有的开放性意味着各节点可能采用不同的组件、平台技术,对技术细节进行了私有化的约束,构件模型和架构没有统一标准,从而导致架构平台自身在组件描述、发布、发现、调用、互操作协议及数据传输等方面呈现出巨大的异构性。各种不良技术约束的结果使软件系统跨互联网进行交互变得困难重重,最终导致跨企业/部门的业务集成和重组难以灵活快速地进行。

在软件的互操作方面,传统中间件只是实现了访问互操作,即通过标准化的 API 实现了同类系统之间的调用互操作,而连接互操作还是依赖于特定的访问协议,如 JAVA 使用 RMI、CORBA 使用 IIOP 等,下一代的中间件需要在软件的互操作标准方面进行优化。交互过程标准化是指,将与互操作相关的内容进行标准化定义,如服务封装、描述、发布、发现、调用等契约,通信协议以及数据交换格式等,最终实现访问互操作、连接互操作和语义互操作。

SOA 通过标准的、支持互联网的、与操作系统无关的简单对象访问协议(SOAP)实现了连接互操作。此外,服务的封装是采用可扩展标记语言(XML)协议,具有自解析和自定义的特性,这样,基于 SOA 的中间件还可以实现语义互操作。总体而言,SOA 实现了访问、连接和语义等各种层面的互操作。

现今,越来越多的企业应用呈现出互联网化,互联网正在完成从一个信息发布与访问平台到应用计算基础支撑平台的转变,而种类繁多、功能相对单一的中间件产品趋向集成和整合,即中间件向一体化方向发展,形成统一的互操作协议,支持形成统一互联网计算平台。

传统中间件基于私有协议的通信方式变得难以适应互联网开放、动态、易变的环境,因此,运行于互联网环境上的各种中间件产品应提供基于 http 协议、安全可信、具有自适应能力的统一互操作协议,而中间件产品本身的管理、监控等互操作 API,以及部署在其上的企业应用的业务接口,则以标准服务形式基于这种统一互操作协议发布,使多个运算节点得以在互联网上形成有机整体,实现更大范围的互联互通,随需应变。

（2）软件复用

从软件复用技术的发展来看，软件复用就是不断提升抽象级别，扩大复用范围的过程。最早的复用技术是子程序，基于子程序就可以在不同系统之间进行复用了。但是，子程序这种复用范围是一个可执行程序内复用，静态开发期复用，如果子程序修改，意味着所有调用这个子程序的系统必须重新编译、测试和发布，因此，子程序是软件最原始的复用方式。

为了解决子程序的局限性问题，人们发明了组件（或者叫控件），如 Windows 操作系统下的 DLL 组件。组件将复用性提升了一个层次，因为组件可以在一个系统内复用（同一种操作系统），而且是动态、运行期复用，这样组件就可以单独开发，组件与组件调用者之间的耦合度降低。

为解决分布式网络计算之间的组件复用，人们发明了企业对象组件，如 Com+、.NET、EJB 等，或者叫作分布式组件，通过远程对象代理，来实现企业网络内复用和不同系统之间复用。传统架构的核心是组件对象的管理，但分布式组件也严重依赖其计算环境。由于构件实现和运行支撑技术之间存在着较大的异构性，不同技术设计和实现的构件之间无法直接组装式复用。

现代 SOA 的重要特征就是以服务为核心，通过服务或者服务组件来实现更高层次的复用、解耦和互操作。通过标准封装，服务组件之间的组装、编排和重组可以实现服务的复用，而且这种复用是动态可配置的复用。

（3）耦合关系

传统软件将软件中核心的三部分——网络连接、数据转换、业务逻辑全部耦合在一个整体之中，软件难以适应变化。业务是指一个实体单元向另一个实体单元提供的服务，逻辑是指根据已有的信息推出合理的结论的规律，业务逻辑是指一个实体单元为了向另一个实体单元提供服务应该具备的规则与流程。

分布式对象技术将连接逻辑进行分离，消息中间件将连接逻辑进行异步处理，增加了更大的灵活性。消息代理和一些分布式对象中间件将数据转换也进行了分离。可见，基于 SOA 架构，通过服务的封装，实现了业务逻辑与网络连接、数据转换等进行完全的解耦，如图 4.1 所示。

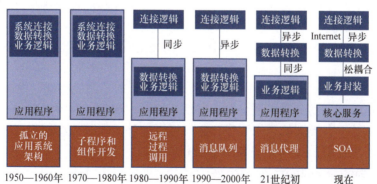

图 4.1　软件技术不断解耦的过程

总之，从科学哲学的角度来看，SOA 是一个不断解构的过程，是一个组件粒度的平衡。传统软件强调系统性，耦合度过高，所以需要松耦合（解耦），从这个层面来看，SOA 是架构,更是方法,反映了人们对哲学思想追求的原动力。

5. SOA 架构的参考模型

由 IBM 提案,国际开放群组(The Open Group,TOG)提出了一个 SOA 架构的参考模型。根据这个模型,完整的 SOA 架构由五大部分组成,分别是:基础设施服务、企业服务总线(ESB)、关键服务组件、开发工具、管理工具,如图 4.2 所示。

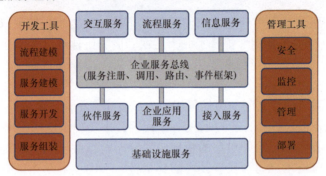

图 4.2　SOA 架构参考模型

SOA 基础设施服务是为整个 SOA 组件和框架提供一个可靠的运行环境以及服务组件容器,它的核心组件是应用服务器等基础软件支撑设施,提供运行期完整、可靠的软件支撑。一般来说,一个企业级的 SOA 架构通常包括:交互服务、流程服务、信息服务、伙伴服务、企业应用服务和接入服务,这些服务都可以接入 ESB,进行集中统一管理。

企业服务总线是指由中间件基础设施产品技术实现的、通过事件驱动和基于 XML 消息引擎,为 SOA 提供的软件架构的构造物。企业服务总线(ESB)提供可靠消息传输、服务接入、协议转换、数据格式转换、基于内容的路由等功能,屏蔽了服务的物理位置、协议和数据格式。ESB 是实现 SOA 治理的重要支撑平台,是 SOA 解决方案的核心。企业服务总线提供了服务之间的连接、转换以及中介处理的能力,可以将企业内部和各种服务连接到服务总线上,实现信息系统之间的松耦合架构,屏蔽了系统集成的复杂性,提高了 IT 系统架构的灵活性。

开发工具和管理工具提供完善的、可视化的服务开发和流程编排工具,涵盖服务的设计、开发、配置、部署、监控、重构等完整的 SOA 项目开发生命周期。

与遵循 SOA 理念的 AUTOSAR AP 分层架构相对比可以看出,AUTOSAR AP 架构包括硬件/虚拟机层、自适应应用程序运行时环境 ARA 和应用层三个部分。AP 平台的自适应应用程序运行时环境(ARA)由一系列提供特定服务的"功能集群"组成。ARA 中的功能集群按照其功能可以划分为不同分区,包括运行时、通信、存储、防卫、安全、配置和诊断。功能集群是平台级别的应用程序,它们可以向外(即其他功能集群、应用层应用软件)提供服务,也需要其他功能集群为自己提供服务。功能集群被分为 Adaptive Platform Foundation 和 Adaptive Platform Service 两个部分,前者提供 AUTOSAR Adaptive 的基本功能,后者提供 AUTOSAR Adaptive 的标准服务,在一定程度上对应于图 4.2 中 SOA 架构参考模型中的基础设施服务;AUTOSAR AP 架构中的应用层则对应于该 SOA 架构参考模型中的关键服务实现;至于企业服务总线提供的服务之间连接、转换以及中介处理能力等,则由 ARA 中的功能集群来实现,如其中 ara::com 就是负责面向服务的通信,应用程序之间不是直接通信的，而是通过调用底层的通信功能组件即 ara::com 来实现。

基于此参考模型，SOA 架构可以概括为：应用系统的业务功能被封装为服务，通过 ESB 进行集中管理，业务实现是通过业务流程管理进行编排，用户交互是通过交互服务（如门户）进行管理，整个解决方案可以达到标准服务封装、服务复用、松耦合、服务编排与重组。

4.1.4 汽车软件 SOA 的概念解析

从互联网行业到汽车行业时，SOA 架构的理念得到继承发扬，但是，应用的对象不同，SOA 架构也有所不同。在介绍 SOA 在汽车领域的应用之前，对 SOA 的核心概念——服务——在汽车领域的含义进行分析。

1. 服务的含义

服务的概念来自互联网，其本义是一组对外提供业务处理能力的功能，通过发布服务接口的方式使其功能对外可见的软件程序。在汽车电子中，AUTOSAR 同样引入了服务的概念，其含义是指提供一个或多个服务接口的功能实体。在汽车行业内，将最小功能逻辑单位封装成服务，通过调用服务接口来实现不同功能逻辑模块的相互交互，实现数据交互。

2. SOA 架构中服务的特点

在汽车电子的 SOA 架构中，各个服务具有标准化、相互独立和松耦合这三个基本特点。

1）标准化：各个服务间具有界定清晰的功能范围，并且留有标准化的访问接口（由第三方代码编码而成），以便于其他控制器在进行功能变更或升级时进行订阅。

2）相互独立：每个服务之间相互独立且唯一，均属于汽车软件架构中的基础软件，因此若想升级或新增某项功能，只需通过标准化的接口进行调用即可。

3）松耦合：服务独立于车型、硬件平台、操作系统以及编程语言。开发应用时可以将传统中间件编程从业务逻辑分离，允许开发人员集中精力编写上层的应用算法，而不必将大量的时间花费在更为底层的技术实现上。

3. 服务和功能的区别与联系

服务和功能这两个概念从完成任务的实现方式（输入、处理逻辑、输出）来讲，并没有本质区别。之所以使用服务这个概念，相对于传统的功能而言，主要是为了突出智能汽车在完成各种任务时所体现的灵活性、主动性以及预测性，也就是可以根据不同用车场景动态地调整完成任务的方式。

汽车是由各种配置（偏重于硬件）和服务（偏重于软件）组成的。配置的高低决定了车辆的下限，而服务的好坏则决定了车辆的上限。在特定的时间和空间中，当一个或多个事件发生时，对于车辆而言就形成了所谓的用车场景。

智能汽车的本质属性并不是功能的多少，因为功能再多也只是一个静态的概念。静态意味着一旦功能设计完成，汽车能够完成的任务是固定的。一个功能的实现可以分为输入、处理逻辑和输出三个部分。功能设计完成后，它只能根据特定的输入、特定的处理逻辑和特定的输出控制来完成固定的任务，也可以理解为向客户提供特定的用车服务，满足客户的用车需求。

真正意义上的智能汽车是能够更有效地识别用车场景甚至预测用车场景，并且主动通过各种服务来满足客户用车需求的汽车，这里服务概念相对于功能概念的不同，主要是"主动"和"被动"、"动态"和"静态"的区别。智能的本质就是具有动态自学习能力，从而达到自主性甚至预测性，并且这种"自主性"和"预测性"的能力也能够在不断的自我进化中得到提升，越来越好地满足用车需求。

4. 服务的分类

基于以上对于智能汽车所提供服务的理解，可以将服务分为以下三类：

（1）场景感知类服务

这类服务主要用于用车场景的感知，即对时间、空间以及发生事件的感知。

1）时间感知服务：例如，车辆通过4G网络获取时间信息。

2）空间感知服务：例如，车辆通过GPS天线获取位置信息。

3）事件感知类服务：例如，车辆上电感知、车辆换档感知、环境温度感知、驾驶员表情感知、驾驶员视线感知。

场景感知服务主要是基于车辆硬件配置来实现的。从服务与功能的关系来理解，场景感知类服务属于基础服务，可以等同于传统的感知类功能。

（2）控制决策类服务

这类服务是造就智能汽车的核心服务。它根据场景感知类服务以及用户操作所提供的各种输入，经过分析和计算，最终决定车辆应该以何种方式满足客户的用车需求。

既然智能汽车的本质属性是具有主动性和预测性，那么对于控制决策类服务而言，能多大程度地减少对于用户操作输入的依赖，能多大程度地充分利用场景感知类服务输入，并将各种输入通过强大的算力进行综合分析计算，完成最终的控制决策过程，这是判断控制决策类服务智能化程度高低的依据。例如，氛围灯的颜色可以根据用户心情自主调节；用户吃饭的餐厅可以根据用户的口味、综合最新的餐厅优惠折扣活动自主推荐；温度、湿度、空气质量可以根据用户身体状态、当前天气情况自主调节。

控制决策类服务依赖于算法和控制策略，并且这种算法和控制策略自身也可以不断进化，它主要是基于软件来实现。从服务与功能的关系来理解，控制决策类服务属于高级服务，它可以理解为一种具备自主性的高级功能，它可以灵活调用和组合基础服务完成不同的任务，满足不同场景的用车需求。

（3）动作执行类服务

这类服务主要是用于控制车辆执行各种动作，包括所有用户可以感知到的声音、文字、图像、电机动作等。

动作执行类服务主要是基于整车硬件配置来实现的。从服务与功能的关系来理解，动作执行类服务也属于基础服务，可以等同于传统的动作执行类功能。

除了从功能类型视角来理解服务，也可以从服务构成的视角来理解。从服务构成的视角，服务可以分为原子服务、组合服务和流程服务三类。

1）原子服务提供的是最基本的功能，比如获取传感器的数据、升降车窗指令。

2）组合服务是利用多个原子服务，实现了部分判断逻辑，比如升降车窗并不是任何条件下都能执行，还需其他条件去综合判断。

3）流程服务，是根据业务功能定义的服务，比如产品上定义一个抽烟模式，需要同时打开车窗、天窗，并播放车主收藏的音乐，这就需要调用多个组合服务去实现。

原子服务一般与硬件功能有关，硬件功能决定了原子服务的范围；组合服务，可以认为与某种策略和控制逻辑相关，比如实现一种新的驾驶模式；流程服务，可以认为是特定场景下的产品功能。

在 SOA 的软件框架下，"软件定义汽车"就变成了在一个完备的原子服务集合当中，通过定义新的组合服务与流程服务，去实现新的产品功能。而在硬件可升级的前提下，又可以通过硬件升级去拓展原子服务的功能范围。例如，更换了带有 V2X 的中央计算单元，就可以新增 V2X 相关的原子服务，然后定义一个新的流程服务，如基于 V2X 的紧急制动。

4.1.5　汽车软件 SOA 架构

1. 汽车 SOA 架构的确立

SOA 是一种软件架构设计的模型和方法论。在互联网行业中，从技术角度看，通过将业务系统服务化，可以将不同模块解耦，各种异构系统间可以实现服务调用、消息交换和资源共享；从业务角度来看，是以最大化"服务"的价值为出发点，充分利用已有的软件体系，重新整合并构建起一套新的软件架构。

在汽车行业可以这样理解，SOA 是面向各种应用层程序（即"服务"，包含各种控制算法、显示功能等应用程序）进行设计，且不依赖于通信方式的一种架构设计理念。在架构设计工作中，重点关注汽车上的某些功能（"服务"）应该如何实现，该功能实现时与外界的各种信息交互（"服务接口"），该功能与外界交互时的基本流程（"服务序列"）。SOA 设计的是"服务"架构，是应用程序的功能以及应用程序的对外接口。

从宏观的整车电子电气架构角度来看，SOA 架构是将原本相互分散的 ECU 及其对应的基础软件功能模块化、标准化，将各个应用区域相互解耦，汽车可在不增加或更换硬件的条件下通过不同的软件配置为驾驶员提供不同的服务。

如图 4.3 所示，传统的面向信号的架构采用的是点对点通信。在智能网联时代，当前 ECU 间基于信号的点对点通信将会变得异常复杂，且不具备灵活性和扩展性，微小的功能改动都会引起整车通信矩阵的改动。但如果是基于面向服务的架构，如图 4.4 所示，车辆功能被以面向服务的设计理念构建成为不同的服务组件，有别于面向信号的传统架构，SOA 中的每个服务都具有唯一且独立互不影响的身份标识，并通过服务中间件完成自身的发布、对其他服务的订阅以及与其他服务的通信工作。

可见，应用 SOA 架构可实现功能的快速迭代与灵活重组，为智能网联趋势下的软件个性化与创新需求提供了良好的平台性解决方案。

2. SOA 架构在汽车中应用的优点

（1）应用服务化与全车智能

应用服务化是指各个域将自己的能力提供出来，在权限允许的情况下，供其他"服务消费者"随意使用。各个域将自己所能提供的服务公开化后，才能实现不同域之间的开发与融合，使智能汽车成为可能。

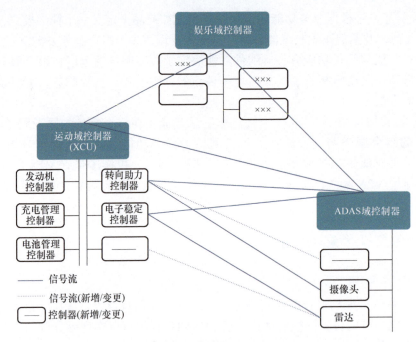

图 4.3　面向信号的架构

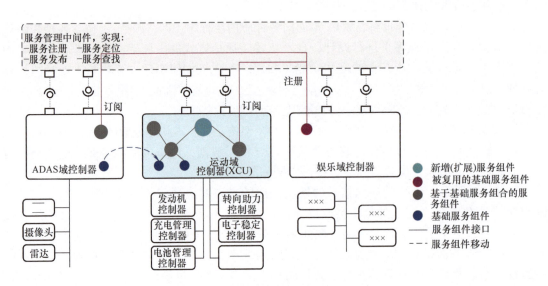

图 4.4　面向服务的架构

举例来说,自动驾驶域的传感器、雷达、摄像头的功能可以被车身域所使用;环境感知信号的引入,会让车身域真正地进化出"眼睛";灯光、刮水器、天窗、门锁、防盗不再是初级的电子功能,它们会成为整车人工智能的新入口,例如通过视觉识别天气,自动调整刮水器。

（2）服务的灵活部署

SOA 实现的一个基础就是"服务发现"机制,即给每个服务分配一个"全局名称",通过这个名称就可以直接找到对应的服务,上网时的"网址"就起到这种作用。基于这个特性，在整车生命周期内，不同的车型配置可做不同的服务部署，代码几乎可以不用改动。

（3）更新升级更灵活

SOA 的松耦合特性，可以将功能更新与变更限制在更小的范围内。同样，SOA 架构也会使汽车电子开发流程更加灵活。如前所述，汽车电子的硬件架构正在调整中，其发展方向是减少复杂功能涉及的 ECU 数量。基于 SOA 的架构，在车控域发生域融合时，应用可以直接重新部署，而无需重新开发，改动限制在服务的实现上；反之，若不基于 SOA 实现，发生域融合时所有功能几乎都要重新开始。而在 SOA 软件架构下，需要更新一个功能只需要更新 / 升级部分软件。

（4）与现有的互联网生态融合更方便

SOA 的发布 - 订阅机制以及服务功能独立不重叠，是与互联网 SOA 及微服务高度契合的，为后续开发更多应用提供了很多可能。TCP/IP 协议发展了很多年，是互联网的技术基础，衍生出了无数成熟的网络技术，这些都可以适当调整后运用到车载软件。

4.2 SOA 在汽车中应用的基础和支撑

4.2.1 高性能高集成芯片

在集中式 E/E 架构下，域控制器作为汽车运算决策的中心，其功能的实现主要依赖于主控芯片、软件操作系统、中间件、算法等多层次软硬件之间的有机结合。为了赋予汽车更高级别的智能化功能，域控制器需要处理由传感器传来的环境信息，其中涵盖了海量的非结构化数据，这就导致面向控制指令运算的 MCU 芯片难以满足复杂的运算，这意味着用更复杂的处理器替代多个 MCU 的选择，这种情况逐渐被汽车开发人员所接受，这同样带来单芯片复杂度的提升。在此趋势下，汽车芯片将从 MCU 向系统级异构芯片（System on a Chip，SoC）开始转移，SoC 芯片在 MCU 和 MPU 基础上引入了 DSP、GPU、NPU，从而能够支撑多任务并发及海量数据的处理。

英伟达（Nvidia）和英特尔（包括其收购的 Mobileye）的解决方案是集中式开发理念的体现，一些车载芯片初创公司也是集中式计算阵营拥护者。主控芯片若要与其职能相匹配，则算力必须随之提升。算力可以简单地理解为计算能力，算力的单位为 TOPS（Tera Operations Per Second，即每秒钟可以运算多少万亿次）。在自动驾驶的场景下，算力可体现为每秒能识别多少帧（指摄像头数据）、处理多少点云（指雷达数据）。

面对智能汽车日益提升的算力需求，算力成为汽车厂商竞争的焦点之一，见表 4.1。以蔚来 ET7 搭载的 ADAM 超算平台为例，其集成了 4 颗英伟达 Orin 芯片，总算力 1016 TOPS。其他芯片如 Mobileye Eye Q5 是 24 TOPS，英伟达 Xavier 是 30 TOPS，英伟达 Orin 的高算力版本 Orin X 是 200 TOPS，华为的 MDC 是 48~160 TOPS，特斯拉 FSD 是 144 TOPS，高通在 2021 年 1 月发布的 Snapdragon Ride SoC 芯片算力高达 700 TOPS，国内 AI 芯片企业黑芝麻智能的华山二号 A1000 Pro 芯片在 INT8 的算力为 106 TOPS，在 INT4 的算力达到了 196 TOPS，地平线 2021 年 7 月发布的征程 5 单颗芯片 AI 算力最高可达 128 TOPS。

表 4.1 汽车厂商的芯片算力竞争

品牌	车型	芯片	总算力
蔚来	ET7	英伟达 Orin 芯片	1016 TOPS
	ES8	骁龙 820A	2.5 TOPS
	ES6	骁龙 820A	2.5 TOPS
	EC6	MobiIeye EyeQ4	2.5 TOPS
特斯拉	Model 3	FSD 芯片	144 TOPS
	Model Y	FSD 芯片	144 TOPS
	Model S	FSD 芯片	144 TOPS
小鹏	P7	英伟达 XavierSoC	30 TOPS
	P5	英伟达 XavierSoC	30 TOPS
	G3	骁龙 820A	2.5 TOPS
理想	理想 ONE	骁龙 820A	2.5 TOPS
威马	EX5	MobiIeye EyeQ4	2.5 TOPS

出于人机交互和自动驾驶需求，智能座舱域和自动驾驶域控制器是硬件算力提升需求的核心部分。智能座舱作为人车交互最直接的界面，座舱域控制器未来将集成更多如驾驶员状态监控（Driver Monitor System，DMS）、应用娱乐的功能。同时，车载屏幕也将从单屏逐渐扩展到中控屏、流媒体中央后视镜、抬头显示/平视显示（Head Up Display，HUD）等多个屏幕。而为了实现各屏幕间的互联互通，提高交互效率，"一芯多屏"的设计方案有望成为主流，并将促使 MCU 芯片升级为算力更强的 SoC 芯片，以承载大量图像、音频等非结构化数据的算力需求。同时，从应用娱乐模式所需的算力角度来看，与手机的单窗口单任务相比，汽车的应用多为多任务并发模式，因此其更需要强大的算力支撑。

自动驾驶的实现依赖大量的传感器，视觉、激光雷达、毫米波雷达等其产生的像素、点云级海量数据需要强大的计算能力作为支撑，而芯片算力、利用率及能耗比将是决定其能否实现性能最优化的关键指标。根据自动驾驶芯片设计公司地平线的观点，实现 L3 至少需要 24 TOPS，而 L4、L5 对算力的要求将呈指数级上升。同时，车辆在自动驾驶过程中，其时延必须要控制在毫秒甚至微秒级别，才能保证行驶过程的安全，而这一标准的实现，对芯片算力的要求又提出了更高的要求。

此外，一个自动驾驶相关的芯片还需要统筹考虑到模型适配性、算法运行效率及其安全保障等。其中算法模型适配性需要进行模块和进程分解，而运行效率则包括进程数据通信、深度学习模型加速、任务调度和资源管理等。功能安全保障能力又需要更多的场景分析和系统测试。举个例子，应用在 ADAS 中的系统芯片，大多数在 ASIL-B 或 C 级，为了提升功能安全等级至 ASIL-D，多数 OEM 会采用将多片 ASIL-B 和 C 的芯片建立级联关系的内核冗余技术，提升整个芯片架构在功能安全上的能力。

综上所述，强大的车规级芯片是实现 SOA 的底层硬件基础，这样的高性能计算平台（High Performance Computing，HPC）包含多核异构处理模式，通过 Hypervisor 技术实现对硬件抽象，通过 Inter-Core 通信技术使多片和单片多核实现信息互通，计算单元趋于"云计算＋中央计算＋边缘计算"结合等多个方面的变革。如上这些硬件设计原则更多地是面向 SOA 的架构进行的，这就大大增强了平台的可拓展性和可移植性。

4.2.2 多功能异构操作系统

强大的芯片构成了实现 SOA 的底层硬件基础，但软件技术同样很重要，在最初的分布式 EEA 阶段，很多 ECU 的功能简单，任务单一，不需要操作系统，软件以前后台系统的方式工作。随着 ECU 功能的增加以及与外部交互接口越来越复杂，需要操作系统来协调管理硬件资源及进行任务调度。

汽车不同功能对操作系统特性的要求也不同，例如，动力域和底盘域的功能直接参与车辆的行驶控制，对系统控制的实时性、可靠性和安全性要求非常高，一般使用 CP AUTOSAR OS（兼容 OSEK OS）。对于娱乐功能，更注重操作系统对于应用程序的兼容性和应用生态的丰富性，对于实时性和可靠性要求可适当降低，因此，安卓这类操作系统越来越受欢迎。

到了域控制阶段，例如，在智能座舱中，由于娱乐与仪表的功能安全等级不同，需要使用不同安全等级的操作系统，为此在驱动控制单元（DCU）中引入了虚拟机（Hypervisor）管理技术。在虚拟机上可以同时运行两个或多个不同的操作系统，例如，娱乐功能使用安卓，仪表功能使用 QNX。

4.2.3 高带宽车载以太网

实际上，SOA 在分布式系统中已经被应用很多，不过在以太网用于汽车之前，车载软件其实很少提到 SOA，其相关设计约束并不是说一定要基于以太网，只是在车载软件上，以太网能让 SOA 更好地实现并发挥作用，以太网比大多数其他车载网络提供了更高的带宽。目前，常用的车载以太网系统基本都可以达到 100~1000Mbit/s，高带宽扩大了 SOA 的服务能力范围。

狭义的以太网重点关注的是以太网的物理层和链路层，这时候指的以太网是符合 100BASE-T、1000BASE-T 等标准的有线网络，广义的以太网是具有 IP 协议支持的网络，传输层协议（TCP、UDP）也都是基于 IP 层。IP 层定义了数据报文进行地址和传输的协议，无论各段网络的物理层和链路层如何实现，只要有 IP 层的支持，不同网络就是互通的。IP 协议是可以支持广播和多播（一次数据发送，多个目标接收）的，而且广播和多播是可以跨网段的，广播和多播可被用于 SOA 的"服务发现"和服务之间的数据发布订阅。

4.3 中间件

前文介绍了 SOA 架构，其中强调了服务作为 SOA 的核心概念所具有的含义、特性等，那么服务提供者和服务使用者之间如何通信，服务如何管理呢？其实在前面已经简单地提到了，如前文所强调的企业服务总线（ESB）是 SOA 解决方案的核心，同样，在车载 SOA 体系中，中间件实现、控制了服务提供者和服务使用者之间的通信。以下将详细介绍中间件的含义及典型中间件产品，以及 SOME/IP 和 DDS，从中间件的角度来理解 SOA 架构作为"软件定义汽车"时代解决方案背后的驱动因素及技术逻辑。

4.3.1 中间件的含义

中间件最早可以追溯到 1991 年 CORBA 1.0 标准（Common Object Request Broker Architecture，通用对象请求代理体系）的诞生。CORBA 官方自述："CORBA 是由对象管理组（Object Management Group，OMG）开发的标准，用于提供分布式对象之间的互操作性。CORBA 是当时世界领先的中间件解决方案，支持信息交换，独立于硬件平台、编程语言和操作系统。"

中间件的规模化应用从 J2EE 体系的企业级中间件开始，J2EE 定义了一系列标准，涉及接口定义、名字服务、远程调用、数据库访问、事务处理等。重量级的商业实现有 WebLogic 和 WebSphere，轻量级开源的有 JBoss 和 Tomcat，这些都被称为 J2EE 中间件或 J2EE 应用服务器。

中间件这个词本身是一个相对概念，由于分层设计是软件架构设计中的一种典型做法，任何一层相对其上下两层来说都是"中间层"。目前主流的看法是把中间件认为是基础软件的一大类，在操作系统、网络和数据库之上，应用软件的下层，总的作用是为处于自己上层的应用软件提供运行与开发的环境，帮助用户灵活、高效地开发和集成复杂的应用软件，在不同的技术之间共享资源并管理计算资源和网络通信。具体到 SOA 架构中，其中的"服务"可借助中间件在不同的软件平台或操作系统之间共享资源。

由于中间件的概念是在互联网时代兴起的，"中间件"往往是"分布式中间件"这个概念的简写，所以中间件通常有一个狭义的最小核心，即在分布式领域中负责解决通信问题，这个最小核心又涉及两种通信方式：一种是远程过程调用（Remote Procedure Call，RPC）；另一种是消息传递。

RPC 有明确的服务接口定义，主要用于一对一的通信。远程过程调用框架是一种通过网络通信从远程计算机程序上请求服务，而不需要去了解底层网络技术的协议。轻量级的 RPC 框架的目的就是帮助开发人员完成这些与业务逻辑无关的通信底层工作，以便开发人员集中精力处理与业务逻辑相关的数据处理。通信协议使用接口定义语言（Interface Description Language，IDL）定义，通信相关代码都自动使用工具自动生成出来。RPC 机制的视角是"客户 - 服务"，之间需要一个通信接口。

而基于消息的通信中间件，其视角直接是数据（消息）本身，不关心谁是客户，谁是服务器，消息传递更关注数据的主题与结构，不一定需要明确的服务接口定义，可以进行多对多的通信。给数据一个主题（Topic），数据生产者给数据标记主题并发送出来，数据需求者根据主题索取数据，一般称作"发布/订阅模式"，发布/订阅的设计模式能够有效降低软件系统中各部分的耦合。

这两种方式并不是完全互斥的，实际上典型中间件产品或通信协议两者都会兼收并蓄。比如，SOME/IP 协议中的 Request/Response Communication 机制相当于 RPC，Event 相当于消息通信。

4.3.2 从中间件角度看 SOME/IP 及其应用

SOME/IP（Scalable Service-Oriented Middleware over IP）是"运行于 IP 之上的可伸缩的面向服务的中间件"，于 2011 年由 BWM 设计和提出，以服务器 - 客户端（Server-Client）服务形式组织软件。这种软件组织方式需要的重要概念解释如下：

1)"Middleware 中间件"：分布式应用软件可借助中间件在不同的技术之间共享资源。分布式应用软件，在这里指的就是"服务"；不同的技术之间，在这里指的就是不同的平台或操作系统，比如 Linux 系统或 AUTOSAR 等。

2)"Scalable 可伸缩"：指的是该中间件能够适配于不同的平台及操作系统，其支撑的平台可大可小。

3)"Service-Oriented 面向服务":服务是 SOME/IP 最核心的概念,在一个服务中,定义了服务端(Server)和客户端(Client)两个角色。服务端提供服务,客户端调用服务,并且服务具备高度可扩展性。

4)"over IP 运行于 IP 之上":SOME/IP 作为应用层协议运行于车载以太网四层以上。SOME/IP 作为以太网通信中间件来实现应用层和 IP 层的数据交互,使其不依赖于操作系统,又能兼容 AUTOSAR 和非 AUTOSAR 平台。因此,SOME/IP 可以独立于硬件平台、操作系统和编程语言,如图 4.5 所示。

SOME/IP 协议是一种应用层协议,运行在 TCP/UDP 传输协议之上。SOME/IP 还有一个控制协议,被称为 SOME/IP-SD,用于服务发现,与 SOME/IP 各司其职。关于 SOME/IP 的报文格式、通信等详细内容已经在第 2 章进行了介绍,在这里不再赘述。

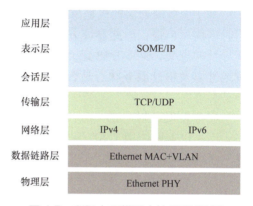

图 4.5　OSI 七层模型中的 SOME/IP

目前,整车电子软件平台分为 AUTOSAR CP(Classic AUTOSAR Platform)、AUTOSAR AP(Adaptive AUTOSAR Platform)和非 AUTOSAR 平台(非 AUTOSAR Platform),这三者共同运行在整车电子架构之上,其间的通信交互目前主要由 SOME/IP 实现,借助 SOME/IP 协议的高度平台扩展性,实现不同平台的数据交互。

BWM 设计 SOME/IP 协议之后,通过 CP 规范发布公开从而被广泛用于车载以太网,可以说 SOME/IP 是起源于 CP。其发展历程如下:

1)AUTOSAR 4.0:支持初步的 SOME/IP 报文。

2)AUTOSAR 4.1:增加 SOME/IP-SD 控制机制和发布 - 订阅机制。

3)AUTOSAR 4.2:增加序列化机制。

4)AUTOSAR 4.3:修复序列化机制的缺陷,并增加大数据包基于 UDP 报文分片机制。

为了在不同软件平台上运行 SOME/IP,使得整车以太网实现 SOA 架构通信机制,AP 规范中也同步引入了 SOME/IP,因此对于 AUTOSAR 系统,CP 和 AP 之间实现 SOME/IP 通信是比较容易的。

非 AUTOSAR 软件平台为了与车内 CP 和 AP ECU 更好地交互,如 GENIVI 系统,同样也开发了一套开源 vSOME/IP 软件源码,以便和 CP/AP 交互。但 vSOME/IP 是开源的,因此需要统一的规范来做约束,需要做一些深层次的二次开发。

基于前文解析的服务的含义,SOA 面向服务的架构从本质上来说就是服务的集合。每个服务将自己的功能以接口的方式提供,基于这些服务和接口,便可以构建应用场景,实现业务逻辑,以满足各种用户需求。同样,服务是 SOME/IP 的核心概念,在一个服务中,定义了服务端(Server)和客户端(Client)两个角色,服务端提供服务,客户端调用服务。对于同一个服务,只能存在一个服务端,但可以同时存在多个客户端调用服务。

综合来看,SOME/IP 就是指能够在不同平台上应用的、位于 TCP/IP 协议之上的、用于支持分布式应用软件、帮助分布式应用软件来传递信息的一套机制。形象地说,SOME/IP

就是把服务接口里的内容通过这种标准化的方式打包,然后交给 TCP/IP 这个快递员。

总之,SOA 是软件架构的一种设计理念,设计的是"服务"架构,是应用程序的功能以及应用程序的对外接口;SOME/IP 是一种将软件接口进行打包的方式,是一种中间件。SOA 软件架构中的"服务"可借助 SOME/IP 在不同的软件平台或操作系统之间共享资源。

基于服务的通信模式是 SOME/IP 的关键特性和优势之一。通信不仅是通过广播的方式,同时也使用单播,因此寻址方式也很重要。对于单播而言,只有在通信伙伴真正可用时才有寻址的意义,SOME/IP 定义了其服务发现协议 SOME/IP-SD,用于动态发现服务的提供者地址以及检查服务状态是否健康,也就是说,通过 SOME/IP-SD,SOME/IP 可以确定服务是否可用。

服务发现机制(SD)在汽车行业仍然存在争议,主要问题在于车载网络和功能均偏静态,不一定需要使用到 SD。以下列举了一些 SD 提供的解决方案,能够解决看似静态的网络不断增长的动态情况的问题:

1)汽车启动时:汽车启动是汽车系统设计中最复杂的任务之一。汽车中的每个 ECU 在启动时均有不同的行为,有些 ECU 启动速度快,有些则很慢,一些 ECU 即使在电压下降到 3.5V 的情况下,仍能正常启动,而对于一些 ECU 而言,8V 的启动电压可能都还不够。因此,汽车在启动时,各个功能就绪所需要花费的时间都不一样。如果不使用服务发现协议(SD),则需要确定一个所有功能就绪的时间点,这需要根据花费最长启动时间的功能或 ECU 来定义。如果使用 SD,则每个功能/ECU 都可以在准备就绪时宣布其可用性,且通常可以提前提供用户功能。在启动过程中,SD 在交换式以太网网络中还具有另外一个优势,即交换机可以直接通过 SD 消息建立地址表。

2)客户变更时:客户在购买汽车时,汽车厂商向客户提供了许多选择,汽车价格越高,可供选择的选件或功能就越多,大量的选择意味着汽车制造商可以根据特定客户的要求制造专属汽车。如果没有 SD,那么每个 ECU 需要通过静态配置确定汽车中其他 ECU 功能的可用性,但是通过 SD,ECU 则可以自行建立车辆中可用的功能/ECU 列表,而不需要任何特定组合的预配置,这一方式显然更为方便和可靠。因此,汽车越复杂,SD 功能的优势就越大。

3)事件传输失败时:在仅支持 Fire&Forgcet 通信方式的网络中,发送方很难察觉接收方消息的接收是否失败,没有接收到任何消息的接收 ECU 始终认为没有事件发生,或者没有参数变更。相反,SD 在后台工作时,ECU 会立即掌握服务器/另一个 ECU 何时不再提供某种功能,这样更容易发现通信故障,并且可以在特定的时间范围内激活相应的故障模式。

4)SD 可结合单独可调节的"生存时间"(Time To Live,TTL),用以表示参数输入的有效时间。一旦有效时间过期,用户就需要进行参数/服务更新。如果更新消息未能到达,用户也可以分析对方的故障行为,且可以开始特定的故障处理。这有助于网络的稳定性,但是这不能替代安全应用程序发送的循环消息,带有"应用程序循环冗余校验"(CRC)的循环消息通常用于端到端的安全应用程序。

5)局部网络保证能源效率时:随着车载网络规模的不断扩大和 ECU 数量的增加,能耗问题不容忽视。在特定时刻应仅对使用的 ECU 进行 100% 供电,比如,客户已经抵达目的地且停放好汽车,但是仍希望通过内置的免提系统完成呼叫功能,那么汽车应该停用网络上其他不需要的 ECU,包括发动机控制系统或传动系统等。这个例子表明,车载网络可能会动态变化,在变化的环境中,工作的 ECU 必须知道哪些功能仍然可用、哪些不可用,假如没有 SD,也可以通过超时来实现上述目的。但是,在使用场景相同的情况下,使用超时方法的响应速度不如 SD 快,通过 SD 获取功能可用信息将更具有时效性。

车载网络越复杂,就越能体现基于服务的通信方式和 SD 的优势。如上所述,如果没有基于服务的通信,汽车以太网网络的复杂度会更高。

4.3.3 中间件 DDS 概念及其应用前景

1. DDS 介绍

DDS 的全称是 Data Distribution Service(数据分发服务),由对象管理组(OMG)发布和维护,是一个中间件协议和 API 标准,采用发布/订阅体系架构,强调以数据为中心,提供丰富的 QoS 服务质量策略,以保障数据进行实时、高效、灵活地分发,可满足各种分布式实时通信应用需求。

DDS 将分布式网络中传输的数据定义为"主题",将数据的产生和接收对象分别定义为"发布者"和"订阅者",从而构成数据的发布/订阅传输模型。各个节点在逻辑上无主从关系,点与点之间都是对等关系,通信方式可以是点对点、点对多、多对多等,在 QoS 的控制下建立连接,自动发现和配置网络参数。

在汽车领域,Adaptive AUTOSAR 在 2018 年引用了 DDS 作为可选择的通信方式之一。DDS 的实时性恰好适合于自动驾驶系统,因此在这类系统中,通常会存在感知、预测、决策和定位等模块,这些模块都需要高速和频繁地交换数据,借助 DDS 可以很好地满足它们的通信需求。DDS 在其他领域的应用也非常广泛,包括航空、国防、交通、医疗和能源等。

2. DDS 的优点

对于分布式系统来说,有很多复杂的逻辑需要处理,如图 4.6 所示,例如,如何发现其他节点,如何为每个节点分配地址,如何确保消息的可靠性等,这使得应用程序变得"臃肿"。如果通信中间件能够完全处理好这些逻辑,则应用程序将可以集中处理自己的业务。

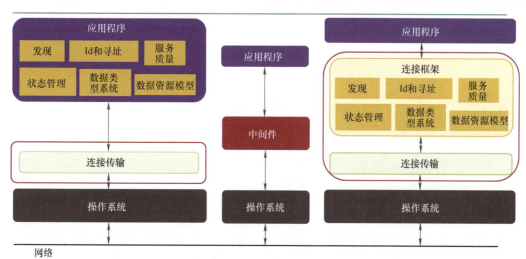

图 4.6 分布式系统的复杂性

如果考虑系统的演化，问题就会更加突出。分布式系统中包含了许多的角色需要互相通信，随着角色数量的不断增长，其通信的通道数量会以爆炸式增长，这时传统的通信模型就会变得越来越复杂，如图 4.7 所示。

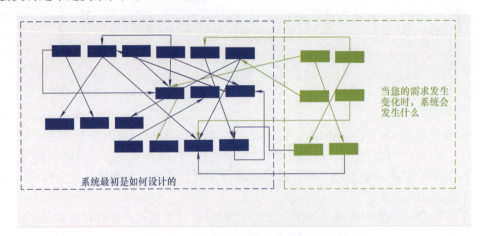

图 4.7 面对系统更新的传统通信模型

如果有统一的数据总线，即便增加了新的角色，其通信模型也不会变得更加复杂，其演变如图 4.8 所示。

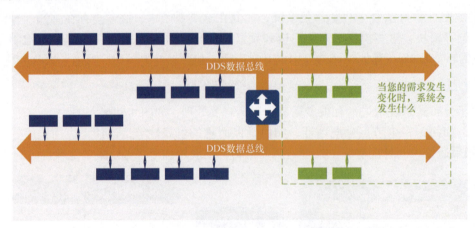

图 4.8 面对系统更新的 DDS 通信模型

在以数据为中心的 DDS 模型中，所有人都可以在数据总线上发布和订阅消息。其特点在于通信中包含了很多并行的通路，可以只关心自己感兴趣的消息，忽略不感兴趣的消息。

3. DDS 通信模型

与 SOME/IP 不同，DDS 的标准体系要复杂得多。DDS 的通信模型 DCPS 简介如图 4.9 所示。

域（Domain）代表一个通信域，由 Domain ID 唯一标识，只有在同一个域内的通信实体才可以通信，可以只划分 1 个 Domain，也可以按照交互规则或其他规则，定义多个 Domain。

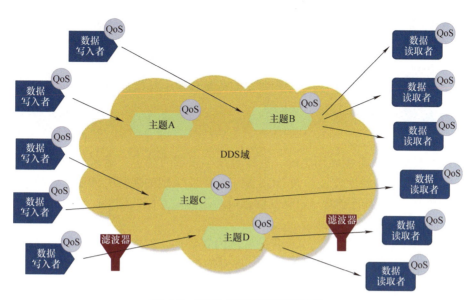

图 4.9　DDS 的通信模型 DCPS

主题（Topic）是数据的抽象概念，由 TopicName 标识，关联相应数据的数据类型（DataType）。把所涉及的所有 Topic 集合在一起，这样就形成一个虚拟的全局数据空间（Global Data Space），这里弱化了节点的概念。

数据写入者（DataWriter）类似缓存，把需要发布的 Topic 数据从应用层写入 Data Writer 中。

数据读取者（DataReader）同样可以理解为一种缓存，从订阅者得到 Topic 数据，随之传给应用层。

服务质量（Quality of Service，QoS）是 DDS 的亮点，通过定义灵活的 QoS 规则，包括可靠性、系统健康（活跃度）甚至安全性，也可以共享数据。当系统发生变化时，中间件动态地计算出向何处发送哪些数据，并智能地通知参与者这些变化。如果总数据量很大，则 DDS 会智能地过滤并只发送每个端点真正需要的数据，当需要快速更新时，DDS 发送多播消息来一次性更新许多远程应用程序。随着数据格式的发展，DDS 跟踪系统各个部分使用的版本，并自动转换。对于安全性至关重要的应用程序，DDS 控制访问、强制数据流路径并实时加密数据。

与 SOME/IP 一样，DDS 的通信协议（Real-Time Publish-Subscribe）RTPS 建立在传输层之上，旨在能够在广播和无连接的尽力传输方式（如 UDP/IP）上运行不同的是 DDS 可以支持共享内存。RTPS 协议的主要特点包括：

1）性能和服务质量属性，使得实时应用程序能够在标准 IP 网络上进行最佳努力（Best Effort）和可靠的发布 - 订阅通信。

2）容错，允许创建没有单点故障的网络。

3）可扩展性，允许协议通过新的服务进行扩展和增强，而不会破坏向后兼容性和互操作性。

4）即插即用连接，使新的应用程序和服务自动发现。应用程序可以随时加入和离开网络，而不需要重新配置。

5）可配置性，允许每个数据传递能够平衡可靠性和及时性的要求。

6）模块化，允许简单设备实现协议的子集，同时仍然参与网络。

7）可扩展性，使系统有可能扩展到非常大的网络。

8）类型安全，以防止应用程序编程错误而危及系统中其他远程节点。

4. DDS 和 SOME/IP 的区别

（1）应用场景不同

SOME/IP 是专为汽车领域而生的，它针对汽车领域的需求，定义了一套通信标准，并且在汽车领域深耕的时间比较长；而 DDS 是一个工业级别的强实时的通信标准，它对场景的适应性比较强，但在用于汽车/自动驾驶领域时需要做专门的调整。

（2）灵活性、可伸缩性不同

相较于 SOME/IP，DDS 引入了大量的标准内置特性，例如基于内容和时间的过滤、与传输无关的可靠性、持久性、存活性、可扩展类型等。当 AUTOSAR AP 与 DDS 一起构建一个通信框架时，该框架不仅可以与现有 ara::com api 及应用程序兼容，而且在可靠性、性能、灵活性和可伸缩性等方面都可以提供好处，当然也需要更多的资源支持。

（3）订阅方和发布方耦合程度不同

在 SOME/IP 中，在正常数据传输前，客户端需要与服务端建立网络连接并询问服务端是否提供所需服务。在这个层面上，节点间仍然具有一定的耦合性，服务的订阅方需要知道服务端在哪里，服务的发布方需要告知服务端提供哪种服务，例如写一个程序，需要用到传感器数据，这个程序要去询问服务端是否可以提供传感器数据。在 DDS 标准下，每个订阅方或发布方只需要在自己的程序里面订阅或发布传感器数据就行了，不需要关心任何连接，可以理解为，在 DDS 中，服务订阅方和发布方的解耦更加彻底，需要什么数据，直接写一行读取数据的代码，不需要先做绑定。

（4）服务策略不同

较好的服务质量（QoS）是 DDS 标准相比于 SOME/IP 最重要的特征，QoS 能够提供实时系统所要求的性能、可预测性和资源可控性，并且能够保证发布/订阅模型的模块性、可量测性和鲁棒性等，因此，DDS 能够满足非常复杂、非常灵活的数据流要求。相比之下，SOME/IP 只解决了发布订阅问题，但由于没有这些 QoS，很多本来可用自动配置服务策略来实现的功能，都需要通过软件开发人员写代码才能实现。此外，由于没有 QoS，因此 SOME/IP 在数据量大的时候，无法解决丢包的问题，影响整个系统的正常运作。

（5）应用场景不同

从应用场景的角度来看，SOME/IP 比较偏向于车载网络，且只能在基于网络层为 IP 类型的网络环境中使用，但所需资源较少，实现更加方便。DDS 在传输方式上没有特别的限制，对基于非 IP 类型的网络，如共享内存、跨核通信、PCI-e 等网络类型都可以支持，DDS 也有完备的车联网解决方案，可提供车-云信息交互解决方案。

在 Adaptive AUTOSAR 中，关于 ara:com，目前主流在用的是基于 SOME/IP 架构来实现 SOA 服务架构，但是 Adaptive AUTOSAR 规范中也定义了基于 DDS 的数据分发协议来实现通信。在车用通信中间件技术领域，DDS 和 SOME/IP 尽管有竞争关系，但由于各具特色，也是可以共存的。

4.4 SOA 设计实现

4.4.1 AUTOSAR AP 中 SOA 的架构设计

AUTOSAR 标准中定义了 AP 的开发流程示范，如图 4.10 所示，其中也包含了 SOA 相关的开发步骤。

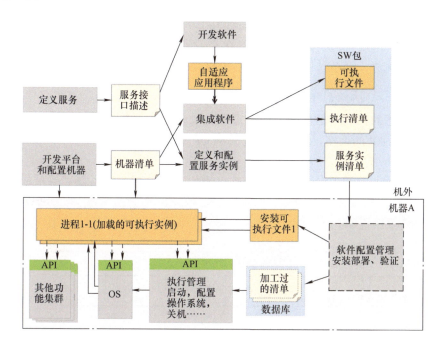

图 4.10 AUTOSAR AP 开发流程

AP（Adaptive Platform）的开发原则是一个"从上至下"的流程，其中与 SOA 设计相关的有以下几个重要步骤。

1. 服务定义（Define Service）

从整车层面按照功能需求定义并划分服务，服务（Service）一般应具有如下特性：
1）代表功能单元。
2）自我包含的。
3）无状态的。
4）使用标准接口进行通信。
5）对外是一个黑盒子。
6）可重用性。
7）可以由下层服务组成。

第一步是系统需求分析。需求分析指的是设计和充分理解在用户具体使用场景下的真实业务过程，为后续抽象和封装服务提供充足的语境信息。

第二步是系统功能分析。功能分析是从业务过程和系统用例向服务过渡的过程，目的是得出构成候选服务的服务操作（Operation）。系统功能分析具体可描述如下：设计用例的实现场景步骤，对系统用例逐个进行分析细化，描述系统如何与参与者（Actor）一起实现每个用例，从而得到系统与参与者、与外部系统的界限及信息交互，最终得出对系统的功能要求。这些功能要求直接作为候选服务操作（Business Service Operation Candidates）。

第三步是候选服务分析。候选服务分析的目的是对业务逻辑进行抽象和封装，从业务角度寻找候选服务（Service Candidate）。需要强调的是，分析候选服务需要跳出特定功能开发，从架构角度强调业务的重用性（Reusable）、自主性（Autonomous）以及组合扩展性（Composable）等特点，特别考虑候选服务在企业业务范围内潜在的重用可能，充分发挥SOA设计理念的优势，而不是仅仅作为技术实现方式。

2. 服务接口描述（Service Interface Description）

服务接口描述的目的就是从功能架构过渡到软件技术架构并对服务接口进行定义。如果同时包含CP和AP的架构，则还需要定义从CP SWC（CP Software Component）接口到服务接口的映射。

如图4.11所示，不论是从哪种视角，软件模块之间的相互关系都需要被表示出来。对于SOA来说，需要定义清楚服务之间的相互关系，也称为服务编排（Service Orchestration）。下面具体举例说明。

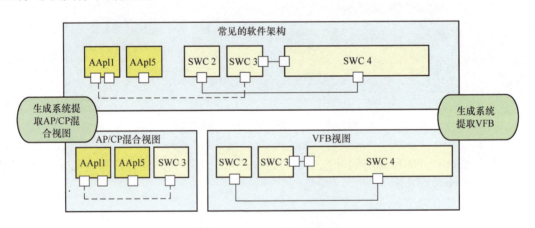

图4.11 定义软件技术架构

图4.12展示了一个简单的关于获取天气信息的例子：Test作为服务消费者（Service Consumer）想获取当前位置的天气，只需要申请使用服务提供者（Service Provider）WeatherControlService提供的服务，而它本身又是依存于另外两个基础的服务，一个是MapService，另一个是WeatherService，它只需要通过服务接口申请使用这两个服务即可。

有了上面的软件架构，接下来需要来定义具体的服务接口（Service Interface），如图4.13所示。

可以看出，这里对服务接口的定义是完全抽象的，与通信协议无关。任何两个服务之间都可以使用此接口进行通信，而使用合适的工具链可以由此生成基于特定协议的接口，比如web service接口、AA（Adaptive Application）接口或者CP SWC接口。

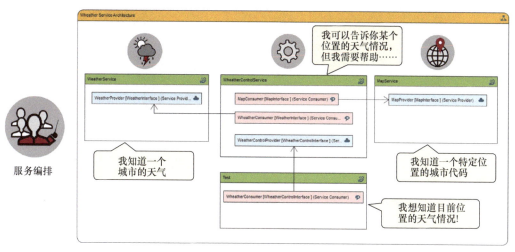

图 4.12 服务编排

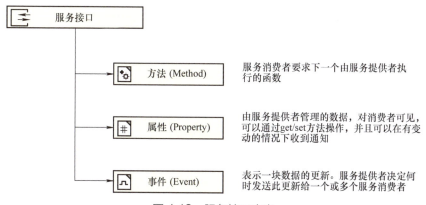

图 4.13 服务接口定义

有了服务及其接口的定义，接下来就可以交给软件开发人员进行开发了。通过软件集成生成软件包（Software Package），它包含可执行文件（Executable）、执行清单（Execution Manifest）和服务实例清单（Service Instance Manifest），其中服务实例清单通过定义与配置服务实例生成。

3. 定义与配置服务实例（Define and Configure Service Instances）

对服务进行部署，也就是建立服务实例到机器（Machine，针对 AP）或者 ECU（针对 CP）的映射（软件/硬件之间的映射），此步骤会生成服务实例清单。

图 4.14 中展示了映射服务接口的两种类型：①映射到机器（Machine）上的 AP SWC；②映射到 ECU 上的 CP SWC。

其中，一个 SWC 对应服务编排中的一个服务提供者或者服务消费者。

需要注意的是，AP 和 CP 支持的软件接口不一样。AP 支持服务接口，因此之前定义的服务接口可以 1∶1 拿过来使用，而 CP 不支持服务接口，就需要一个接口之间的映射。

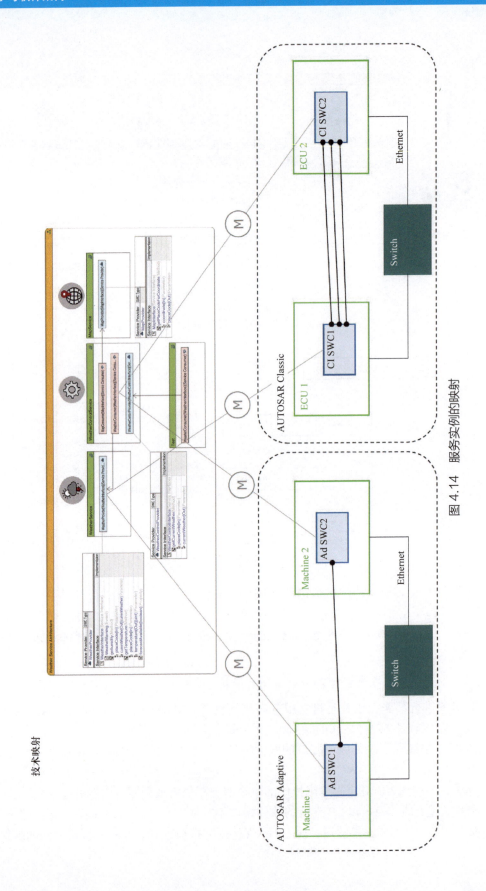

图 4.14 服务实例的映射

图 4.15 展示的是从抽象的接口定义到具体的软件层面接口的映射，左边是 1:1 的到 AP SWC 接口的映射（或者说实例化），因为 AP SWC 本来就支持服务接口，而右边则是到 CP SWC 接口的映射，因为 CP SWC 不提供服务接口，为此需要使用 CP 中现有的接口对服务。接口的三种类型分别描述如下：

1）方法（Method）：对于带参数的 Method 可以使用 Client-Server 接口；对于带自变量的 Fire&Forget Method 可以使用 Sender-Receiver 接口；对于无参数的 Fire&Forget Method 可以使用 Trigger 接口。

2）属性（Property）：对于 Get/Set 操作（对 property 的读写）可以使用 Client-Server 接口；对于 notifier（由于 property 改变而触发的事件）可以使用 Sender-Receiver 接口。

3）事件（Event）：触发事件，可以使用 Sender-Receiver 接口。

软件合成

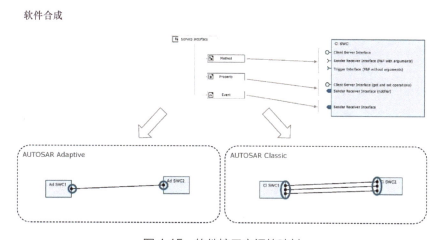

图 4.15　软件接口之间的映射

至此完成了从抽象的服务定义到软件层面的推导，接下来是通信协议层面的设计。如以太网通信设计主要是对服务实例进行相关的通信协议层面的配置，包括 VLAN、Switch、Socket、SOME/IP、SD 等。

配置完成之后可以生成 Arxml 文件（Arxml 代表 AUTOSAR xml，是用 xml 可扩展标记语言描述 AUTOSAR 模型的一种人机可读的文本格式），这一步的输出是服务实例清单，也是前面提到的软件包的一部分。

4.4.2　PREEvision 中 SOA 的设计

随着车载以太网技术的日益成熟，我国大部分整车厂都已经着手 SOA 的设计工作，并将以太网通信矩阵生成 ARXML 文件，用于项目前期的网络行为仿真和后期测试验证。PREEvision 是一款基于模型、集成式的可视化开发工具，支持以太网 SOA 的架构开发设计，如图 4.16 所示。

PREEvision 支持从软硬件设计到包括以太网在内的所有网络技术的通信设计的 AUTOSAR 设计过程，如图 4.17 所示。

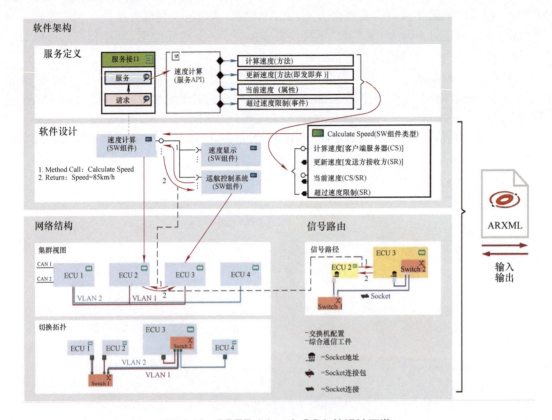

图 4.16 PREEvision 中 SOA 的设计开发

1）服务设计：定义服务和服务接口。服务接口是服务设计的主要工作之一，包括属性、方法和事件。PREEvision 的基于 UML 的 SOA 图表有助于定义用例并派生服务、服务角色和接口，然后定义服务接口绑定，这意味着将服务接口绑定到 SOME/IP，即在总线上通过进行 SOME/IP 通信。

2）软件设计：软件设计包括 AUTOSAR Adaptive 软件组件和 AUTOSAR Classic 软件组件。

3）软件-硬件映射：将 AUTOSAR Adaptive 软件组件或 AUTOSAR Classic 软件组件映射到不同的 Machine 或 ECU。

4）信号路由和数据序列化：信号路由为具有要传输数据的信号计算最佳路由，信号路由还通过自动生成许多所需的通信工件来支持通信矩阵的完成。数据序列化的目的是将实际传输信号进行序列化，以实现在网络上正确的数据传输。

5）通信设计：在通信层面定义了软件组件如何通过信号跨越硬件边界交换数据，PREEvision 支持 CAN、CAN FD、LIN、FlexRay 和以太网网络。

6）AUTOSAR 文件导出：PREEvision 可以导出系统描述、软件组件描述、ECU 提取物和系统提取物。

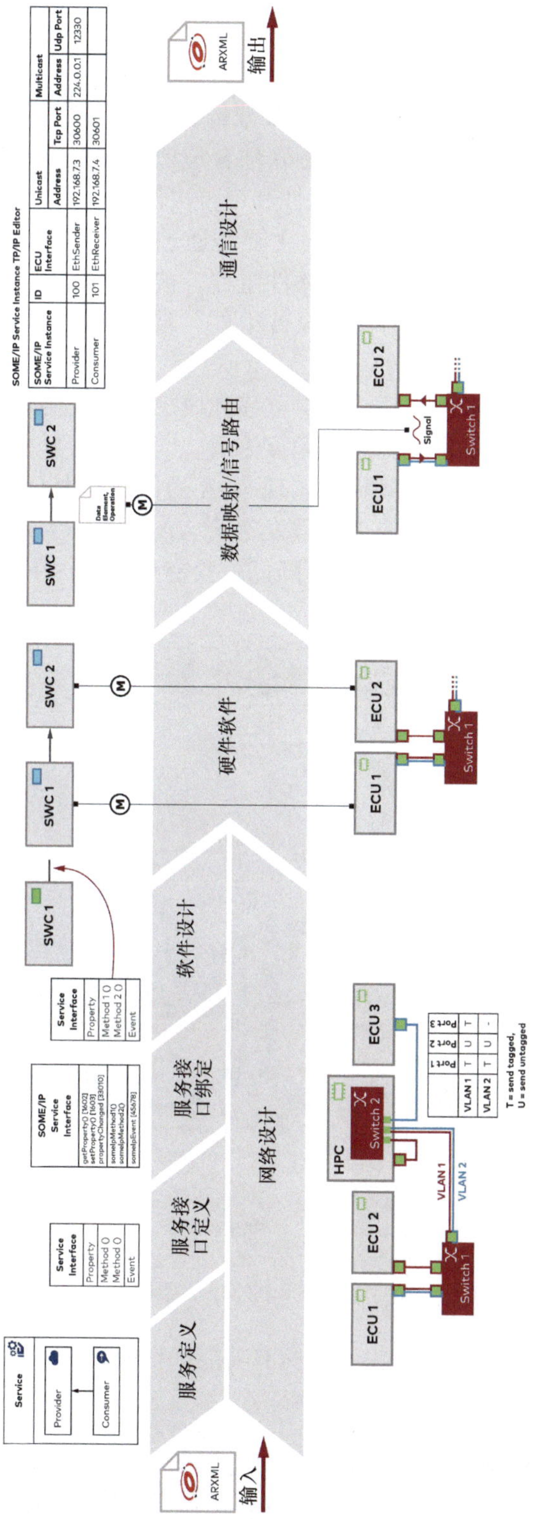

图 4.17 PREEvision 支持 AUTOSAR 设计过程

4.5 汽车 SOA 架构的市场实践

1. 大众汽车（VW）的 MEB 架构

大众汽车率先采用面向服务的架构——MEB 架构，用于构造服务的架构模式，其独立于操作系统、编程语言和软件框架，目标是将软件合理地划分为单独的软件组件，以最小化组件之间的功能依赖性，提高软件的可扩展性和可再次使用性。

从 MEB 架构的实现来看，SOA 架构思想主要是通过不同服务的相互作用实现一个复杂的功能。每个服务都是一个独立可执行的软件组件，被准确描述功能范围，通过准确定义的服务接口将功能性作为服务提供给其他软件组件。服务可以以组合的形式来调动其他基础服务，然后将功能组合起来。

如图 4.18 所示，大众也是将相关功能逻辑上移到域控制器级别 ECU，在域控制器下接嵌入式 ECU、传感器和执行器，从设计思路角度来看，与宝马有异曲同工之处。大众还公开了软件架构，使用 CP 和 AP 服务中间件来实现 SOA 通信，其中 CP 连接传感器、执行器和嵌入式 ECU、收集信号，通过服务或者信号发送给 AP，AP 作为封装服务，与云端后台或者其他 AP 节点进行服务交互。SOA 架构可降低由紧密互动的软件组件引起的复杂性。

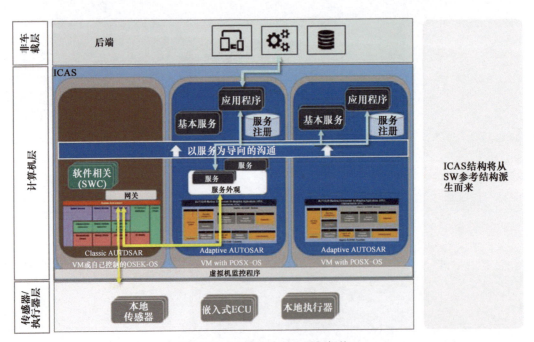

图 4.18　大众汽车的 MEB 架构

此外，需要注意大众 MEB 架构并没有将所有功能都切换到 SOA 通信，而是部分实现。

2. 现代汽车

现代汽车的电子电气架构如图 4.19 所示。现代汽车的电子电气架构设计中，定义服务的出发点是重复使用、远程访问和独立维护，这样可以节省生产和测试成本，减少整车开发时间，同时具备很好的可扩展性。

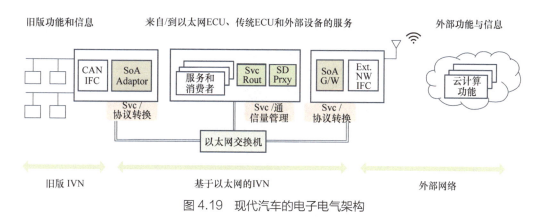

图 4.19 现代汽车的电子电气架构

在现代汽车的架构通信设计中，CAN 等其他网络会与以太网共存，但 SOA 并不能直接和这些基于 CAN 的网络节点通信，所以采用了 SOA Adaptor 模块来转换其他网络的功能和信息。在和云端交互的时候，需要使用外部设备来进行服务级别的交互，这样增强了整车数据的开放性，同时增加了信息安全等问题，于是在车内系统同时设计了 SOA Gateway 节点用于升级安全等级。因为服务交互特别频繁，需要高效处理服务相关信息、更新和新增服务，现代汽车采用了 SD Proxy，安全或者强相关的服务通过 Service Router 来访问。

3. 上汽全栈式汽车 SOA 平台

2021 年 4 月 9 日，上汽集团召开了汽车行业开发者大会，发布汽车 SOA 开放平台。它把车与物联网融为一体，然后做云管端一体化的部署和封装，用这样的形式实现标准化的接口，把整个软件进行重构，形成云管端一体化全栈方案，包括中央电子电气架构、中间层、软件平台以及云端数据平台。它将 SOA 平台引入汽车，试图创建汽车原生的软件生态体系。

4. 车载 SOA 软件架构技术规范

在 2021 年 6 月的中国汽车论坛上，上汽零束软件分公司在共创软件定义汽车新生态分论坛上发布了 AUTOSEMO《车载 SOA 软件架构技术规范 1.0》，这是首个面向汽车行业 SOA 软件架构的理论体系，将为"软件定义汽车"提供统一的技术规范，并在中国汽车工业协会协调下形成了 1.0 版本。该版本中提出了工作流与成果流并行的 SOA 方法论，即一套包含软件分析、设计、开发、部署在内的复杂工作流程，并系统性地提出汽车行业首个 SOA 软件架构的设计规范。规范指出，在进行汽车 SOA 服务设计过程中，需遵循一定的设计约束来保证服务设计的合理性、兼容性、扩展性。基于共同设计约束的各开发方，能够将设计共融，持续加强 SOA 服务设计的平台化，构建强有力的基础软件体系和生态。

2021 年 9 月 27 日，世界智能网联汽车大会在北京举行，上汽零束发布了 AUTOSEMO《车载 SOA 软件架构技术规范 1.1》。该规范提出了 ASF 软件框架，如图 4.20 所示。ASF 软件框架架设于基础软件之上，其底层逻辑兼容多种通信协议框架，提供包括硬件服务、原子服务、扩展服务、应用服务等服务层级，同时对上规范应用层级服务接口。ASF 软件框架以面向 SOA 服务开发视角来设计，可提供系统级服务、SOA+、原子服务、整车级系统服务、动态服务等，包含面向应用开发的标准接口的定义，实现软件的可复用，降低开发难度。

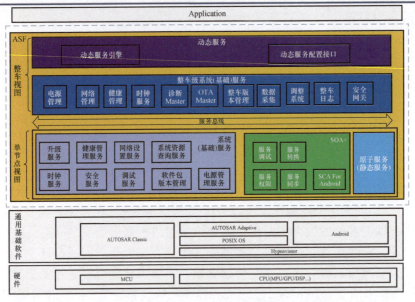

图 4.20 AUTOSEMO 提出的 ASF 软件框架

4.6 本章小结

SOA——解决软件定义汽车中服务间通信的分布式架构，被认为是能够支持未来汽车软件发展的核心技术之一。本章先是介绍了 SOA 车载应用的背景，然后重点对 SOA、服务、中间件的概念进行解析，之后对 SOA 实现基础、设计流程、市场实践进行了简要介绍。

在信息多元化和信息爆炸的时代，汽车行业需要新技术的引入，以促进资源融合、效率提升、体验增强。当我们将互联网领域的常用软件架构、开源技术应用到汽车软件时，也要对传统汽车软件严格的开发过程管理和高标准的测试要求保持足够的尊重与敬畏。

思 考 题

4-1 传统的汽车软件架构在智能网联汽车时代会面临哪些挑战？
4-2 完整的 SOA 架构由哪几部分组成？
4-3 在汽车电子的 SOA 中，服务具有哪些特征？服务可以分为哪几类？
4-4 在汽车电子的 SOA 中，服务和功能具有什么区别？
4-5 什么是中间件？什么是通信中间件？通信中间件有哪些常见的实现方式？
4-6 简述 SOME/IP 和 DDS 通信方式的优缺点。
4-7 AUTOSAR AP 中关于 SOA 设计相关的步骤有哪些？

第 5 章 软件开发流程及其 OTA 升级

汽车行业的四股颠覆浪潮——智能化、网联化、电动化、共享化,都重度依赖大量先进的软件。无论是功能层面还是架构层面,汽车软件的复杂度都在升高,而开发工作的效率却没有以同等速度跟上。传统的汽车电子供应商和主机厂在汽车嵌入式系统开发环节中主要采用的是 V 模式,与 AUTOSAR 体系规范以及其他一些由非功能性需求驱动建立的架构方法共同构成了传统汽车电子系统产品开发的方法论。与嵌入式系统控制层相比,面向信息处理层的汽车电子体系在开发模式的方法论上具备更鲜明的互联网特色,敏捷开发、快速迭代等互联网式的思想越来越多地运用于汽车电子领域,新的汽车软件开发范式和工具体系呼之欲出。另外,OTA 远程升级技术已逐渐成为智能网联汽车的标配,不仅可以通过远程快速的数据包形式解决汽车产品的缺陷问题,而且可以优化产品体验,进行快速迭代,提供更优质的系统服务,不断赋予汽车价值提升的潜力。

5.1 汽车软件发展背景

5.1.1 汽车软件发展趋势和面临的挑战

2007 年,Pretschner 等人概述了汽车系统软件开发的主要趋势,并预测汽车软件体量将会大幅增长。直至今日,这项工作的结论仍然适用于汽车软件的发展,Pretschner 等人提出的汽车软件系统的 5 大发展趋势如下:

(1)软件的异质性

现代汽车中的软件功能分布在各个不同的域中,这些域包括从与安全高度相关的例如主动安全到以客户体验为中心的例如车载娱乐系统,范围宽泛,这意味着软件的需求定义、设计、设计实现、验证和确认的方式都可能因域各异。

(2)工作分配的方式

软件系统的开发任务通常在 OEM 与软件产品供应商之间分配,OEM 会提出一定的要求并与供应商签订协议细节。在协议框架内,供应商一般具有自己选择工作方式的自由度。

(3)软件的分布化

汽车软件系统由众多不同的 ECU 组成,每个 ECU 都有自己的软件。一个功能的实现往往需要依赖多个软件的协调。随着 ECU 和功能的增多,软件间的协调将变得更加困难,系统的复杂性也不断增加。

(4) 软件的变体和配置

因为汽车市场的高度竞争性以及各大车企的全球化战略，同一车型往往需要根据不同国家和不同用户习惯设计出多款客户化变体，这意味着，现代汽车的软件在开发时就要考虑到不同国家的法规、认证的要求，因此，软件需要全方位地考虑各种变体——无论是源代码还是运行过程中的变体。

(5) 基于单位的成本模型

激烈的市场竞争意味着车企制定的单车价格不能太高，因此，车企优化硬件和软件设计的思路往往是，将单位成本保持在低水平，但是随着功能的复杂化，研发成本可以增加。

从这5条趋势被提出至今，汽车市场发生了诸多变化，可以为汽车软件的发展补充如下两条趋势：

1) 车辆互联与协作。车辆逐渐具备了利用移动网络享有互联网功能的能力，这使得车辆之间的连接、车辆从交通基础设置得到并利用信息进行决策成为可能。现如今，汽车已经能够通过蓝牙连接智能手机，为车内人员提供各种网络服务，而另一方面，智能交通领域的研究正致力于探索更多的车辆与交通系统协作的可能性。

2) 自动驾驶功能。车辆从驾驶员手中接管制动、转向等驾驶任务，是目前最热门的研究方向之一，功能十分复杂并且与车辆安全高度相关。自动驾驶的场景十分具有挑战性，因为设计者必须要精准地对行驶车辆周边的物理环境进行建模。这种对精度的高要求必须通过更复杂的测量设备来实现，因此车辆需要处理更多数据、具备更多的决策点，以及相应采用更复杂的算法。

研究显示，软件复杂度在过去十年已增加到原来的4倍，而软件开发效率只提升了1~1.5倍，这个问题在日益复杂的大型模块中最为严重，如信息娱乐系统和高级驾驶辅助系统。此外，当前逐渐加快的汽车软件更新速度以及严苛的车载代码安全等级要求也急需一种方案提高软件开发的效率。

总体来说，智能化、网联化和电动化的赋能使得汽车电子系统架构出现了明显的分层，即上层为信息处理层，下层为嵌入式系统控制层，两者的对象、要求、发展逻辑、技术路线等有很大不同。控制层仍依赖于传统的嵌入式系统，以实时可靠为主要特征管理着汽车上的各种执行器和部件。信息处理层将作为通用计算系统的衍生，逐渐从汽车电子系统中突出成为举足轻重的新功能，面向信息的汽车电子软件正面临着信息安全、功能安全、实时性、带宽瓶颈和算力黑洞等诸多挑战。

5.1.2 基于模型的设计与验证

汽车的新功能跨越了传统的分工和组织形式，不断增加的系统复杂性和与之相关的系统开发、维护成本的增加，对系统的、经济的开发方法论以及相关的工具链提出了极为迫切的需求。基于模型开发是一种方法论，模型是对问题思考后的形式化输出，因而也成为不同机构、团队之间互动的基础，也是同一研发阶段与不同研发阶段之间的信息交流的基础，模型也是制定设计决策的基础和代码自动化的基础。基于模型开发的方法论可以减少开发时间，降低开发成本，增强开发质量，增加功能与内容并且提高创新能力。

1. 基本概念

业内模型设计开发相关的提法不少,有基于模型的设计(Model Base Design,MBD)、模型驱动的设计(Model Driven Design,MDD)、基于模型的系统工程(Model Based System Engineering,MBSE)等,侧重点各有不同。

模型可以用于架构设计、硬件描述、虚拟仿真等领域,当模型用于系统和软件开发时,模型就是软件生命周期数据的一种抽象描述方式,用来更好地支持软件开发过程和软件验证过程。

并非所有模型都适合描述数据,通常下述情况不被认为是模型:
1)没有严格的语法(图符、字母、文字)。
2)没有严格的语义。
3)没有用来描述软件的需求和架构。
4)没有对软件的开发和验证带来帮助的。

因此,需要引入专门的建模技术和模型标准来衡量模型的好坏。通常规定:
1)模型必须通过某种明确定义的建模符号来完整描述。
2)这种建模符号具备精准严格的语法。

MBD 可以解释为:在基于模型的研发中,计算机模型作为系统开发的一部分,被用来支持交流、记录、分析和综合。在这种方法中,模型因而形成了不同机构团队之间互动的基础、同一研发阶段与不同研发阶段之间的信息流的基础,并形成制定设计决策的基础。

2. 基于模型开发的关键技术

基于模型的开发主要包括如下关键技术:
1)建模技术,包括语言、模型、模型之间的关系以及不同语言之间的关系。
2)分析技术,对于模型的仿真和静态分析的技术。
3)综合技术,支持模型的增加及异构模型的联合仿真。
4)相关工具,实施具体的建模、分析和综合技术,以及对设计的支持,例如,模型编辑、仿真和结果可视化、模型管理、设计自动化、工具/模型的互操作性。

建模、分析和综合技术用实施工具来实现。开发活动(如分析)和利益的关注(如可靠性)对建模技术(语言和复用现有的模型)和分析/综合技术施加规定。例如,为了支持基于模型的早期架构设计,可以描述系统功能的、预期行为和解决方案的一个高层次的抽象模型是必要的。同样,在此阶段的分析可集中于粗略成本估计、系统的性能、电缆长度和其他相关指标上。在后期设计阶段,软件的详细结构和结果的详细分析,比如那些由量化、终端至终端延迟所引起的效果,都可能有意义,对综合能力的要求也会有所不同。在快速控制成型中,比如代码通常不要求进行优化,而对于产品代码生成、优化内存、速度和精度来说,代码可能是一个重要问题。此外,技术分析在信息内容方面对模型施加要求。MBD 方法通常需要大量的工具来处理不同的方面,因此对这些工具之间的互操作性提出了要求。

5.1.3 SOA 架构中的开发流程

在传统电子电气架构的开发过程中,整车厂基本完全按照正向的流程来开发,从需求分析、逻辑功能架构、软件架构、硬件架构到电气原理设计、线束原理设计，同时包含通信设计、功能安全开发、变形管理等。在汽车行业，嵌入式软件开发主要涉及架构、方法和流程：架构经历了从嵌入式操作系统向 AUTOSAR 转变，现在正在从 CP AUTOSAR 向 AP AUTOSAR 发展；而方法则从基于模型的开发向面向服务的开发转变；流程则从 V 模式向敏捷开发模式转变。

在开发面向服务的架构（SOA）时，分析和设计服务架构的过程是从客户需求到 SOA 架构产出的分析过程，相对于传统汽车软件开发采用的基于功能分解的面向过程分析方法，"用例驱动的开发方法"和"面向服务架构的设计方法"是 SOA 软件架构开发的两个主要特点。

"用例驱动的开发方法"指从用户的角度而非开发人员的角度考虑功能需求和系统实现，重视从系统外部观察对系统的使用，由用例驱动的开发活动，可建立需求和系统功能之间清晰的追溯关系，更好地应对智能汽车产品需求的快速迭代更新。

"面向服务架构的设计方法"指以服务设计为核心。面向服务的设计原则包含标准化服务合约原则、服务松耦合原则、服务抽象原则、服务可复用性原则、服务自治性原则、服务无状态性原则、服务可发现性原则、服务可组合性原则等。

与传统电子电气架构的开发过程不同，在新一代 SOA 架构中，采取以用例驱动的、以服务设计为核心的电子电气架构开发流程，行业在变革，在新的架构中需要探索新的适合每个整车厂的开发方法、开发工具链以及与供应商的合作方式。

5.2 汽车软件开发流程

5.2.1 V 模式开发流程

1. 概念

在汽车软件开发中，软件开发流程是软件工程的核心，因为它们为软件开发实践"提供了一个骨架并确保了它的严谨性"。软件开发的流程包含"阶段""活动"和"任务"三个要素，它们规定了参与者需要完成的工作。不同的参与者在软件开发过程中扮演着不同的角色，例如软件设计者、软件架构师、项目经理或质量经理等。

软件开发流程是分阶段的，每个阶段关注了软件开发的特定部分内容。总体上看，一般的软件开发工作分为如下阶段：

（1）**需求工程**（Requirements Engineering）

该阶段用于创建有关软件功能的设想并将设想分解为多个需求（关于"应该实现什么"的碎片化信息）。

（2）**软件分析**（Software Analysis）

该阶段用于执行系统分析，做出关于将功能分配到系统中不同部分的高层级逻辑决策。

（3）**软件架构设计**（Software Architecting）

该阶段软件架构师将描述软件及其组件的高层设计，并将这些组件分配至相应的计算节点（ECU）。

（4）软件设计（Software Design）

该阶段用于软件各组件的详细设计。

（5）实施（Implementation）

在该阶段用相关的编程语言实施组件的设计。

（6）测试（Testing）

该阶段，软件以多种方式被测试，例如单元测试或组件测试等。

现代软件开发范式认为，设计、实施和测试的迭代进行是最好的实践，因此上述阶段通常是并行完成的，具体到汽车行业，则普遍采用V模式开发。

V模式开发流程的特点是无论进行开发、编程或测试，都是在同一环境下工作，开发过程的每一步都可以得到验证。使用这一方法最直接的效果就是简化和加速了开发流程，如图5.1所示，该流程覆盖了从设计阶段的需求分析、功能设计与实现到组件、集成的测试再到最后的集成的所有工作。

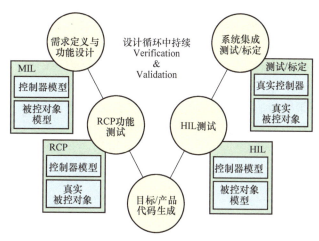

图5.1 V模式开发流程

V模式开发流程的具体步骤包括：

1）需求定义与功能设计。根据系统的功能要求在MATLAB/Simulink等环境下进行图形化建模，建立控制器模型和被控对象模型，并进行离线仿真和分析。这一过程也称为模型在回路（Model In the Loop，MIL）。

2）快速控制原型（Rapid Control Prototype，RCP）。建立实时仿真模型，并下载到原型系统中，接入实际被控对象进行测试，以验证控制系统软硬件方案的可行性。

3）目标代码生成。采用产品代码生成软件对模型进行转换，自动生成产品代码。这个过程可以针对特定ECU进行代码优化。

4）硬件在环（Hardware In the Loop，HIL）。采用真实控制器，被控对象或者系统运行环境部分采用实际物体、部分采用仿真模型来模拟，进行整个系统的仿真测试。

5）测试与标定。用于在系统集成中对ECU进行标定和测试，在便利的情况下对ECU进行必要的参数调整。

现代的V模式开发流程往往依赖于计算机辅助控制系统设计（Computer-Aided Control System Design，CACSD），将计算机支持工具贯穿于控制系统开发测试的全过程，不仅仅是进行控制方案的设计和离线仿真，还包括实时快速控制原型、产品代码生成、硬件在环测试和系统标定和测试。同时在开发过程中引入"Verification"和"Validation"，其中，"Verification"检验开发的结果是否与用户需求相符合，"Validation"检查用户需求和开发结果是否符合原始目的，并形成一个严谨完整的流水线型的控制系统开发过程，从而实现高效可靠的系统开发。

2. 基于模型的 V 模式开发流程

汽车工程师开发 ECU 软件时，如果采用的是基于模型的设计，则首先根据系统需求构建架构模型，而后从中抽象出仿真/设计模型，这种模型包含将在 ECU 中运行的控制软件和被控对象，主要流程包括：

1）通过在各种场景下进行高级模型仿真来执行初始系统和集成测试，验证是否正确表示系统以及系统是否对输入信号做出适当响应。

2）向模型中增加细节，对照规范不断测试和验证系统级行为。如果系统规模庞大且结构复杂，那么工程师可以独立开发和测试各个组件，但仍要在全系统仿真中频繁进行测试。

3）针对系统及其工作环境建立了详细模型。该模型捕获了累积的系统知识，基于控制算法模型自动生成代码，从而执行软件测试和验证；完成硬件在环测试后，将生成的代码下载到生产硬件，以便在实际车辆中进行测试。

该场景显示，基于模型的设计采用与传统开发工作流程相同的元素，但存在两个关键区别：一是将工作流程中大量费时或易出错的步骤（如代码生成）自动化；二是从需求捕获到设计、实现和测试，系统模型始终占据开发流程的核心，如图 5.2 所示。

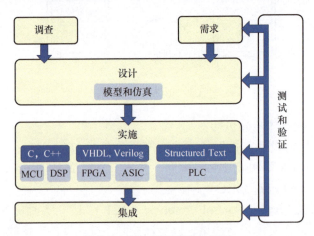

图 5.2 基于模型开发的流程

（1）需求捕获和管理

1）传统工作流程：基于文档捕获需求，交接可能引发错误和延迟，这是因为创建设计文档或需求的工程师与设计系统的工程师往往并不是同一批人，两个团队对需求的认知很可能存在断层。

2）基于模型的设计：在建模工具如 Simulink 中分析和管理需求，进行模型编写，使用自定义属性创建富文本需求，并将其链接到设计、代码和测试。可以从需求管理工具等外部源导入需求并进行同步，如果关联到设计的需求发生变化，将会收到自动通知，可以确定受此变化直接影响的设计或测试部分，继而采取适当的措施应对变化，可以对系统和软件组件的架构与组合进行定义、分析及指定。

（2）软件模型设计

1）传统方法：设计思路都必须在物理原型上进行编码和测试，每一次测试迭代都会增加项目开发时间和成本，而工程师只能探索少数设计思路和场景。

2）基于模型的设计：探索各种思路，需求、系统组件和测试场景全被捕获到模型中，在构建硬件之前设计问题并进行模型仿真，快速评估多种设计思路，权衡折中方案，了解每一项设计更改将会对系统产生的影响。

（3）代码生成

1）传统工作流程：软件工程师按照控制系统工程师编写的规范编写控制算法，从编写规范、手动编写算法代码到调试手写代码，此过程中的每一步都既费时又容易出错。

2）基于模型的设计：无需手动编写数千行代码，而是可以直接从模型中生成代码，生成的代码可用于快速原型设计或生产。

3）快速原型设计：提供了在通用硬件上实时测试算法的一种快速经济的方法，使用这些快速原型设计硬件和设计模型，开展被控设备在环测试及其他测试和验证活动，先确认硬件和软件设计，再投入生产。

4）产品级代码：可将模型转换为实际代码，进而在生产嵌入式系统中实现，生成的代码可以针对特定处理器架构进行优化，并与手写的既有代码集成。

（4）测试和验证

模型设计和传统设计开发流程如图 5.3 所示。

1）传统开发工作流程：测试和验证通常安排在流程后期，难以识别或纠正在设计和编码阶段引入的错误。

2）基于模型的设计：测试和验证整个开发周期，从建模需求和规范开始，在设计、代码生成和集成中持续开展，在模型中编写需求，并将需求延伸到设计、测试和代码。流程化的方法有助于证明设计满足需求、生成报告和工件，对照功能安全标准进行软件认证。

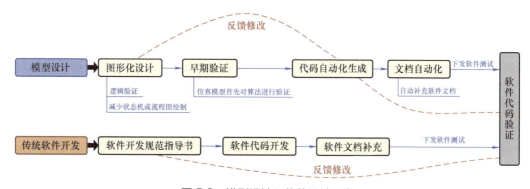

图 5.3 模型设计和传统设计开发

5.2.2 敏捷开发流程

在传统的汽车嵌入式开发流程中，汽车行业的供应商们多数采用传统的"瀑布式流程"

或"V 型流程"来进行软件开发，并编制出大量的相关支持文档。这套流程不仅烦琐，而且越来越难适用于如今快速变化的市场需求，尤其是面向人机交互及自动驾驶的日益复杂的信息系统。为了应对市场的挑战，越来越多的软件团队如今倾向于使用敏捷框架进行软件开发，并以此在保证软件安全性和完备性的前提下，更好地实现跨职能团队之间的协作，缩短软件迭代的时间。

1. 敏捷开发介绍

2001 年 2 月 13 日，17 名软件工程师在美国犹他州发表了《敏捷软件开发宣言》，倡导以轻量级的敏捷开发取代传统的重量级的瀑布式开发，这也宣告了敏捷开发时代的到来。《敏捷软件开发宣言》中提出了敏捷软件开发的四个基本价值观：个体和互动高于流程和工具；工作的软件高于详尽的文档；客户合作高于合同谈判；响应变化高于遵循计划。

敏捷开发和传统瀑布式开发，认识上最大的区别也是最关键的变化，在于敏捷开发认同开发的不可预测性，承认计划赶不上变化，也就是敏捷价值观的第四条"响应变化高于遵循计划"。归根结底，敏捷开发是在承认变化不可避免且无法准确预知的情况下，想方设法采取种种措施来更好地拥抱变化和适应变化。以下对敏捷开发的四个核心价值观做逐一分析。

（1）个体和互动高于流程和工具

敏捷开发强调激发个体的主动性，对每个成员都给予信任，进行充分放权，发挥他们的潜力，重视团队里每个个体的互动，即使在有坏消息的情况下，也同样倡导团队成员之间面对面直率地进行沟通。敏捷开发鼓励团队里每一个成员都像在初创公司那样有激情的工作。

（2）工作的软件高于详尽的文档

在传统的瀑布模式中，由于每个环节都耗时很长，并且所有的东西都要按计划执行，所以从一开始就必须为所有功能准备特别详细的文档。而敏捷开发中，由于功能是逐个实现的，对文档的要求较少；同时，在实现每个功能的时候，就保证软件在每个已实现的部分都是能工作的状态。因为对于最终用户来讲，他们不关心相应的开发文档，只关心已经可用的功能。尤其是在时间不足、承诺给用户的功能不能按时交付的时候，采用敏捷开发的项目可以根据当前所剩的资源对需求和设计进行取舍，比如可以直接删去后面还未开始开发的功能，把已经实现的功能交付给用户，让用户先使用部分功能。因为在敏捷开发中，每一个功能都独立地经历了从需求到设计到集成和测试等多个环节，保证是可以工作并经过充分测试的，这样至少可以把承诺的部分功能高质量地交付给用户。

（3）客户合作高于合同谈判

这条强调与客户之间的沟通以及合作，而不是仅仅去履行从一开始合同上要求的义务。客户初始给出的需求，部分可能是虚假的，或者是片面的，在敏捷开发过程中，开发团队应不断就已经完成的部分向客户寻求反馈，这可能会帮助客户逐渐发现和厘清他们真正的需求，客户的需求和优先级可能会变化，而最终的目标是让客户满意，达到他们想要的成果，而不只是履行合同。

（4）敏捷开发的精髓在于迭代

迭代是指把一个复杂且开发周期很长的开发任务，分解为很多小周期可完成的任务，这样的一个周期就是一次迭代的过程，同时每一次迭代都可以生产或开发出一个可以交付的软件产品。相对于传统瀑布式开发到最后一次交付整个项目，敏捷开发分次交付一部分功能，在项目一步步向前推进的过程中，随着不断清晰的需求和一次次客户反馈，不断修正项目的航向，调整优先级。先完成最基础的需求，确保有可以工作的代码交付给用户，然后在有多余资源的情况下，在此基础上一次次优化和提高，最后达到一个精益求精的结果。

综上所述，敏捷开发是一种以人为核心，迭代、循序渐进的开发方法。它不是一门技术，而是一种开发方法，也就是一种软件开发的流程，它指导开发者用规定的环节去一步一步完成项目的开发。这种开发方式的主要驱动核心是人，采用的是迭代式开发。

敏捷开发一开始仅用于软件开发，目前已应用于生产、零售、人事资源、预算、审计、企业组织形式等领域。在互联网企业中，Apple 在 2012 年的组织架构就已经是"敏捷"的；Google 也在 2006 年就成功将"敏捷"引入 Adwords 的开发中。在汽车行业，博世公司在 2015 年宣布开始转型为敏捷组织，管理层率先使用"敏捷"的方式开始工作；大陆公司在 2020 年宣布全面转向敏捷的方法与文化，其 VNI 部门率先开始全球试点；奔驰已经将"敏捷（Agile）的组织文化"写入公司战略，其子公司 Mbition 开始用敏捷的方式生产整车，并要求其供应商也使用敏捷的方式；宝马的智能座舱和 IT 部门也是使用敏捷方式，其中 IT 部门在 2019 年实现 100% 敏捷。

2. 敏捷开发的优缺点

由以上介绍可知，敏捷开发具有以下优点：

1）高适应性，以人为本，团队设计促进了更多的合作。

2）更加灵活并且更加充分地利用了每个开发者的优势，调动了每个人的工作热情。

3）由于代码在开发阶段的每个迭代中都要进行测试，所以代码缺陷可以迅速地被列入未来的软件的开发计划中。

4）往往会产生更高的客户满意度，因为频繁的反馈会增加客户需求的优先级。

5）这种精益的软件开发可以降低成本，因为与客户期望的不一致的风险更小。

同时，敏捷开发也具有以下缺点：

1）对于文档的重视不足。由于其项目周期很长，所以很难保证开发的人员不更换，而没有文档就会在交接的过程中出现很大的困难，若项目人员流动性太大，又给维护带来不少难度。

2）需要项目中存在经验丰富的人，否则在大或复杂的项目中容易遇到瓶颈问题。

3）只适合小团队作战，难以应对大规模的开发任务。

3. 敏捷开发方式案例——Scrum

Scrum 是一种流行的敏捷开发方式，目前应用也最为广泛。

（1）Scrum 的基本术语

1）Sprint：冲刺周期，通俗来讲就是实现一个"小目标"的周期，一般需要 2~6 周的时间。

2）User Story：用户的外在业务需求。

3）Task：由 User Story 拆分成的具体开发任务。

4）Backlog：需求列表，可以看成是小目标的清单。
5）Daily meeting：每日站会，用于监控项目进度。
6）Sprint Review meeting：冲刺评审会议，让团队成员们演示成果。
7）Sprint burn down：冲刺燃尽图，记录当前周期的需求完成情况。
8）Release：开发周期完成，项目发布新的可用版本。

（2）Scrum 的四个会议与工作流程

Scrum 工作流程如图 5.4 所示。

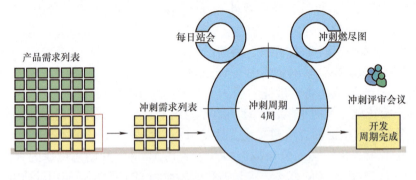

图 5.4　Scrum 工作流程

在项目启动之前，会召开 Sprint 计划会，产品负责人、开发团队和 Scrum Master 聚在一起，通过评估和讨论，按照需求优先级来明确出一份产品的需求列表，为项目做出整体排期。

随后在每一个小的迭代周期里，团队会根据计划确定本周期的需求列表，再细化成一个个任务，分配给团队成员，进行具体开发工作。每一天，团队成员都会进行每日站会，根据情况更新自己的任务状态，整个团队更新冲刺燃尽图。

当这一周期的需求列表全部完成，团队会进行 Sprint 评审会议，一切顺利的话，会进行这一版本的发布，并且进行 Sprint 回顾会议，也称为总结会议，以轮流发言方式进行，每个人都要发言，总结并讨论改进的地方，放入下一轮 Sprint 的产品需求中。

Sprint 计划会、每日站会、Sprint 评审会和 Sprint 回顾会议贯穿了 Sprint 的始终，构成了一个完整的 Sprint 流程。

由以上介绍可以看出，Scrum 很好地体现了敏捷的思想，通常为两周，短小精悍的 Sprint 使得整个开发计划进程或用户需求出现变化时，可以及时响应调整，在 Scrum 计划会和评审会上，可以充分考虑用户反馈，对用户的外在业务需求和优先级进行相应修改，每个 Sprint 的完成功能都是可以立即工作的。自主管理、淡化职级、协商决定的开发团队充分给予了个体实现自己潜力的机会，每日站会让团队成员间能相互交流，培养团队感，同时让每个人都对当前进度了如指掌，这样，Scrum 把总体上难以预测的软件开发过程变成了一个个局部上相对可预测、易控制的 Sprint，同时降低了管理成本，提高了工作效率。这些优点，让 Scrum 成为最为常用，也是最广为人知的敏捷开发方法。

4. 敏捷开发应用于汽车行业的挑战

从上述的介绍和分析中可以看出，敏捷是通过不断地设立"小目标"的方式，实现小步快跑，通过不断地从客户处获得反馈来保证最终的交付能够满足用户的期望目标。具体到汽车行业，由于汽车软件中的基础功能，特别是面向嵌入式系统开发的内容，通常都是需求非常明确的，而且基本长期不变，不需要通过敏捷来试错，而纯软件项目由于更改方便，更适合敏捷，因此，敏捷只能部分应用于需求不明确、需要通过快速迭代来试错的领域。

敏捷开发在汽车行业应用的挑战可以总结如下：

1）如果从零开始设计汽车软件，那么采用敏捷也许是一个好策略，可以快速地打下基础，但是相关硬件成本的投入和超大规模的不同团队合作的问题还是难以通过敏捷来解决。

2）汽车软件中极少有仅用一个控制器实现的，整车软件开发需要大规模协作，如果没有文档作为需求的传递，将难以开展协同工作。

3）汽车特殊的安全性要求和大批量的特点，决定了一切要以安全为首要目标。因此，ISO/TS 16949 中对开发过程交付物有着具体而明确的存档要求，欧美国家的法规也有对设计过程的管控要求和责任追究制度。因此，没有文档支持的开发是难以在汽车行业活下去的，ASPICE 的部分要求难以避开。

4）汽车行业某些固定的产品和功能需求往往是长期不变的，其开发目标都由国标、行业标准以及企业内部标准提前规定。对于这样的固定需求项目，敏捷应对需求变化的优势不复存在。

5）如果团队没有真正遵循敏捷价值观，却要求项目成员运用某种指定"敏捷"工具，按照一套既定的方法进行交付和迭代，那么这种开发方式和敏捷价值观恰好相违背，敏捷反而成为额外的工作负担。而瀑布式开发在早期已经规定好每个阶段的交付物，容易确保项目稳定的推进。

6）敏捷开发强调团队成员的沟通，但是如果一个团队过于庞大或者人员变动频繁，那么敏捷开发将难以开展或者只能在局部开展；与之相反，瀑布式开发强调文件存档和工作流程则更为适用于此种情况。

总而言之，在实际运用中应该考虑产品特性和团队实际，在尊重敏捷价值观和原则的前提下探索汽车项目敏捷开发的合适路径。

5.2.3 功能安全

为了确保汽车中安全攸关（Safety Critical）系统的安全性和可回溯性（Traceability），以及为了明确责任认定，汽车行业提出了功能安全的概念，并逐渐形成了行业标准，汽车软件行业如今普遍采用 ISO 26262 和 ASPICE 等标准。

对大多数汽车供应商而言，敏捷开发流程目前往往仅被应用于产品研发的阶段，而不是量产的整个过程，因为敏捷开发流程仍被认为"不能满足安全攸关软件开发的全部要求"。与其他流程一样，敏捷流程都应该符合 ASPICE 和 ISO 26262 的精神和原则，并且只有在开发团队正确应用的前提下才能高效地发挥作用。

1. ISO 26262

ISO 26262 是一项国际标准，它是从电子、电气及可编程器件功能安全基本标准 IEC 61508 派生出来的，主要定位在汽车行业中特定的电气器件、电子设备、可编程电子器件等专门用于汽车领域的部件，旨在提高汽车电子、电气产品功能安全的国际标准。

2011年，汽车电子功能安全标准ISO 26262正式发布，在汽车电子功能安全领域得到广泛应用。为了更好地适应不断更新的技术需求，ISO 26262于2018年发布第2版。ISO 26262标准概览如图5.5所示，包含12部分：定义术语；功能安全管理；概念阶段；产品开发：系统层面；产品开发：硬件层面；产品开发：软件层面；生产、运行、服务和报废；支持过程；基于ASIL和安全的分析；ISO 26262导则；半导体应用指南；摩托车的适用性。

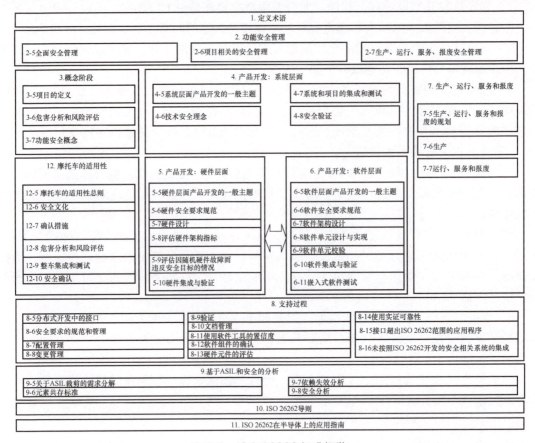

图5.5　ISO 26262标准概览

ISO 26262管理功能安全，并在系统、硬件及软件层面管理产品开发，ISO 26262标准提供规范及推荐做法，贯穿了产品开发的全过程（从概念开发到报废），ISO 26262详细介绍了如何为系统或组件指定可接受的风险等级，以及记录总体测试流程的方法。

作为ISO 26262的关键概念，汽车安全完整性等级（Automotive Safety Integration Level，ASIL）有4个等级，分别为A、B、C、D，其中A是最低的等级，D是最高的等级。除了这4个等级，质量管理（Quality Management，QM）等级表示按照质量管理体系开发系统或功能就足够了，不用考虑任何安全相关的设计。

安全等级（ASIL）按照3个维度进行具体评估，即严重度、暴露概率和可控性。

1）严重度描述一旦风险成为现实，人员、财产将遭受损害的程度，比如电子锁故障的严重程度就比制动故障低，用SX表示，分为4个等级：S0无伤害、S1轻度和中度伤害、

S2 重伤、S3 致命伤害。

2）暴露概率描述风险出现时，人员或者财产可能受到影响或干扰的概率，比如底盘出现异响的故障暴露概率比乘员座椅低，用 EX 表示，分为 5 个等级：E0 不可能、E1 非常低的概率、E2 低概率、E3 中等概率、E4 高概率。

3）可控性描述风险出现时，驾驶员等在多大程度上可以采取主动措施避免损害的发生，轮胎缓慢漏气的可控性比制动失灵高，用 CX 表示，分为 4 个等级：C0 可控、C1 简单可控、C2 一般可控、C3 难以控制或不可控。

进行场景分析及危害识别，针对每个识别出的危险情景，评估严重度、暴露概率和可控性，运用严重度、暴露概率及可控性来确定 ASIL。ASIL 等级的确定见表 5.1，针对每种危害确定至少一个安全目标，由安全目标导出系统级别的安全需求，再将安全需求分配到硬件和软件。ASIL 等级决定了对系统安全性的要求，ASIL 等级越高，对系统的安全性要求越高，为实现安全付出的代价越高。

表 5.1 ASIL 等级确定

严重度等级	暴露概率等级	可控性等级		
		C1	C2	C3
S1	E1	QM	QM	QM
	E2	QM	QM	QM
	E3	QM	QM	A
	E4	QM	A	B
S2	E1	QM	QM	QM
	E2	QM	QM	A
	E3	QM	A	B
	E4	A	B	C
S3	E1	QM	QM	A
	E2	QM	A	B
	E3	A	B	C
	E4	B	C	D

总而言之，ISO 26262 旨在：

1）提供汽车安全生命周期（管理、开发、生产、运行、服务、停运），并支持在各阶段中自定义必要的活动。

2）提供基于风险的方法，判定汽车的风险等级。

3）使用 ASIL 指定项目的必要安全要求，以达到可接受的残余风险。

4）提供验证要求和确认方法，以确保实现有效且可接受的安全性。

2. ASPICE

汽车软件过程改进及能力评定（Automotive Software Process Improvement and Capacity Determination，ASPICE）是汽车行业用于评价软件开发团队的研发能力水平的模型框架，最初由欧洲 20 多家主要汽车制造商共同制定，于 2005 年发布，目的是指导汽车零部件研发厂商的软件开发流程，从而改善车载软件的质量。多年以来，ASPICE 在欧洲汽车行业内被广泛用于研发流程改善及供应商的研发能力评价。

随着近年车联网、智能驾驶、新能源汽车的迅速发展，软件在汽车研发中的占比激增，企业对软件质量管理的需求不断增强，ASPICE 逐渐被引入国内，被国内的企业所熟知。ASPICE 涵盖了软件开发的诸多方面，而 ISO 26262 可以扩展其安全方面，这两个标准在许多方面是不同的，比如成本和时间影响、评估等，然而，它们有很多相似之处，包括配置和变更管理等过程领域，以及实现工作产品之间双向可追溯性的承诺，如 ISO 26262 规定的安全生命周期与 ASPICE 同时进行，在 V 周期的每一个阶段，ISO 26262 标准推荐的某些分析都与 ASPICE 流程一起进行，例如，风险分析是对风险管理的扩展，此外，系统需求规范还将包括安全要求，核查和验证过程也将遵循 ISO 26262 标准中提到的方法。

5.3 汽车软件的 OTA 升级

V 模式开发流程强调的是完全验证，在产品交付后一般是不变的，也不能接受用户的反馈并进行改进或升级，与之形成对比的是空中软件（Over the Air，OTA）升级技术，可以线上修复系统漏洞、减小因故障召回概率、提供及时的售后服务、加速系统个性化的功能更新，强调的是接受反馈并升级更新，从而形成闭环，持续改善用户的体验。当然，两者针对的对象有所区别，前者更多针对物理层面，后者应用于智能、信息层面。

5.3.1 ECU 基于 Bootloader 的升级

汽车控制器本是从一个嵌入式系统的单片机（MCU）发展而来，嵌入式单片机系统的硬件结构会根据实现功能的差异而进行裁剪，与个人计算机（PC）不同的是，结构简单、功能单一的单片机的内部软件代码有两大类：一部分是用户程序、数据、标定数据等代码，统称为应用程序（App），也包括汇编进来的操作系统代码；另一部分则是运行引导程序（Bootloader）。Bootloader 是一段独立的代码，这段 Boot 代码一般是出厂预置，或使用编程器烧录的，通常只有 1k 或 4k，通常是占用一块独立的 Block。当系统上电之后，Bootloader 可以进行关闭看门狗、改变系统时钟、初始化存储控制器、将更多的代码复制到内存中等一系列初始化动作，然后将操作系统及应用程序复制到内存中运行。

随着汽车智能化的发展，汽车电子控制单元（ECU）的开发周期越来越短，带来的软件漏洞问题则需要通过对 ECU 内部的程序进行升级来解决。早期，系统的 ECU 通常位于设备内部，因此，要先拆解待升级的控制器，再通过专用的烧写器进行应用软件升级，耗时长且不方便，厂家最后往往选择直接更换附带新程序的设备。为方便软件更新并降低成本，汽车行业采用符合各种标准的专用诊断测试设备，通过标准通信接口更新 ECU 控制程序或数据。

Bootloader 是固化在 ECU 内部 flash 具体位置完成上述功能的程序，在系统上电后首先运行。其主要任务包括完成处理器和周边电路正常运行所需要的初始化工作，建立内存空间映射，创建合适的软硬件环境，引导系统进行升级更新或执行用户应用程序。如果进行升级更新，将通过特定的通信协议接收上位机客户端发送的程序数据，并将程序数据写入电控单元的 flash 特定地址区域。升级完成后，Bootloader 进行复位，此时将运行新的应用程序。如果不需要进行升级更新，Bootloader 将引导运行原有的应用程序，将程序指针跳转至指定的应用程序起始地址处来继续执行用户应用程序。

图 5.6 所示为一般的 Bootloader 启动流程，在上电执行完基本初始化操作之后，进行外部更新请求检查。如果有外部更新，则停留在 Bootloader；如果没有，则继续进行应用程序有效性检查。若程序无效，则停留在 Bootloader 中等待再次更新应用程序；若程序有效，则进入等待时间。若等待时间内收到特定 CAN 请求，则停留在 Bootloader 中；若等待时间超时后仍未收到特定 CAN 消息，则跳转至应用程序执行。

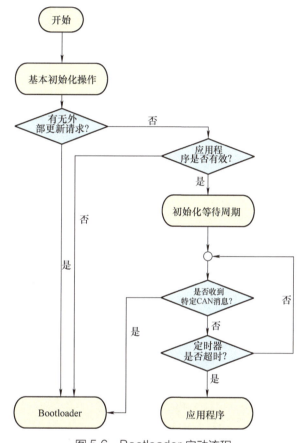

图 5.6　Bootloader 启动流程

Bootloader 升级的方式还是需要借助诊断仪，如果可以在 Bootloader 前面加一段无线通信的过程，再通过无线的方式把程序下载下来通过 Bootloader 升级，就非常方便快捷。这种方法其实就是 OTA。

5.3.2　ECU 基于 OTA 的升级

OTA 最早应用于通信领域，是通过移动通信的空中接口对 SIM 卡数据及应用进行远程管理的技术。通过 OTA 功能，可以完成诸如差分升级、固件升级、系统升级等多种类的升级要求，OTA 技术相对成熟，广泛应用于手机等移动终端的软件升级。

OTA 系统包括移动终端、移动网络和 OTA 服务器 3 个部分，如图 5.7 所示。

1）移动终端用于接收并根据需要执行服务请求。

2）OTA 服务器包括网关设备和应用服务器。网关设备连接移动网和 OTA 应用服务器，完成信息的格式转换，应用服务器负责发送服务请求（如激活、去激活、上载、修改等）。

3）移动网络包括短信中心、GSM/GPRS 网络等，负责将服务请求信息通过短消息、GPRS 等方式发送给移动终端。

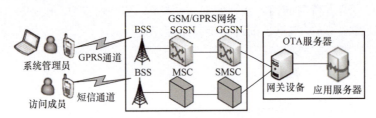

图 5.7　基于通信的 OTA 系统结构图

OTA 技术最早出现在 2000 年的日本，移动用户的迅速增长加上新推出的手机不断智能化，手机会像 PC 一样死机、丢失数据、受病毒的威胁，故障召回成本不断增加。为了降低厂商召回的成本，OTA 技术应运而生，它不仅降低了厂商的召回成本，更方便了厂商为用户提供新服务。但在 2000—2002 年，利用 OTA 技术实现软件更新并不现实，因为当时的无线网络传输速度实在太慢（9KB/s），但随着无线网络的发展，OTA 技术已经得到了市场的认可，并在移动终端上得到了大规模的应用。

伴随车联网技术的发展，传统汽车已经逐步转型为智能网联汽车，其电子化程度越来越高，汽车软件的复杂程度在过去的 10 年里迅速提高，系统更庞大，功能更繁多。"软件定义汽车"已成为智能网联汽车的一个趋势，软件成为汽车迭代最快、最容易个性化的部分。但是软件故障的维护以及适应用户需求的软件更新，仅通过线下召回模式是不能满足用户体验需求的，由此汽车 OTA 技术应运而生。

通常 OTA 技术可以分为 FOTA（Firmware Over The Air）固件版本在线升级和 SOTA（Software Over The Air）应用软件升级两类。目前大部分车型都已支持 SOTA 升级，就像手机一样可较快跟上软件开发商的新技术应用。FOTA 指通过云端升级技术为具有联网功能的设备提供固件升级服务，汽车的 FOTA 可通过网络来更新车辆的固件系统，对整车电气化架构进行全方位的升级，包括发动机、电机、变速器、底盘等核心零部件，可对驾驶体验、性能等方面进行优化。这种升级不限于应用软件，对整车的影响很大，也可在更深的层面提升车辆的技术性能。

由于嵌入式系统所有的操作系统和用户数据都放在程序中，通过更改这部分数据可以优化控制器的使用体验，所以许多汽车厂家所说的对 MCU 进行固件更新（FOTA），实际上就是对 MCU 内存中的 App 存储区域进行刷写。

OTA 要完成的任务是修改节点上正常运行的系统程序，其基本原理是向无线节点发送程序镜像文件，然后由节点自身负责用镜像程序覆盖原有的系统程序。汽车 OTA 在线升级则是通过移动网络建立车辆与服务器之间的安全连接，确保全新的、待更新的固件安全地传输到车辆的 TBOX，然后再传输给 OTA Manager。

OTA Manager 将固件更新分发到 ECU，并告知 ECU 何时执行更新，在多个 ECU 需要同时更新的情况下尤为重要。例如推送一项新功能，而该新功能涉及多个 ECU，则更新过程完成后，OTA Manager 将向服务器发送确认。

OTA Manager 可能需要外挂 NAND flash 来存储固件包，同样也可以用来存储其他车辆

ECU 的备份，以期在 ECU 升级失败之后进行调用。这些备份应该通过加密 & 认证的方式进行防护，避免外部攻击。

OTA 升级过程如图 5.8 所示。

图 5.8 OTA 升级过程

1）在云端进行车型、车辆、软件及版本发布等管理。
2）汽车端向云端发起是否存在更新软件的检测。
3）汽车端下载可更新的升级包。
4）汽车端新软件安装前准备，包含安装条件校验、安装前的提示及交互。
5）汽车端开始新软件安装，升级主控程序向各电子器件传输升级包。

5.3.3　OTA 升级的优缺点

传统的车辆维修和软件更新，采用的是线下店维修和召回的模式，而 OTA 技术具备减少召回成本、快速响应安全需求、提升用户体验等多种优势，从扩大覆盖范围和降低管理复杂度上来看，是未来智能汽车的必然选择。随着汽车智能化程度的不断提升，预计召回问题中超过 50% 以上是软件问题，OTA 生态的构建将显著降低这部分召回成本。

另外，OTA 技术带来的另外一个重大变革是数据回传和挖掘，即通过频繁地使用从 OTA 接口收集到的数据不断改善汽车的性能。例如，特斯拉的核心软件将每辆汽车变成一台学习机器，从而确立了汽车作为移动终端的未来发展范式。同时，OTA 技术通过收集用户的大数据反馈可以持续优化用户体验。用户体验是主观化的东西，而 OTA 技术可以通过收集数据得到大部分用户喜好的方向，给车主不一样的喜悦感和被重视度，这种方式可以作为车企与用户不断交互、持续交流的过程。

传统汽车企业擅长大规模生产复杂、可靠的机械产品，传统汽车的设计和制造过程通常是线性的，一个新产品的研制周期通常为 2~3 年。而智能汽车则完全不同，它可以从实际使用的产品中收集大量数据以捕获各种极端情况，发现刚刚萌生的用户需求，并在实际使用过程中不断改进产品。可以预见，这种通过收集大量数据进行学习并持续改进产品，使得产品通过软件的更新升级来添加功能、完善性能、修补漏洞的情况将成为未来汽车产业不可或缺的一部分。

过去，发动机、底盘等硬件是汽车的主要总成，而未来，随着智能传感器技术、大数据、人工智能、5G 通信技术等技术快速发展，汽车产品中软件的地位和规模都会急速上升，占据越来越大的比重，将会有越来越多的汽车产品具备 OTA 功能，这也将成为很多车型的一大卖点，而且，伴随着软件的发展，软件需要不断升级。因此，OTA 作为智能网联汽车必备的基础能力之一，其价值也在行业内达成共识，越来越多的车企将远程升级纳入智能网联汽车战略规划之中，软件和数据分析正在成为汽车行业的核心。对于传统汽车企业，这是一个巨大的变革。

但是 OTA 也存在一定风险，大部分传统厂商选择以车载系统 SOTA 作为切入点，而在整车 FOTA 的进度上仍持以审慎的态度，这当中更主要是出于安全的顾虑。随着车辆电气化和智能化程度的提升，发动机 ECU、电控系统、T-BOX 等零部件会产生更多的 OTA 需求，OTA 的普及应用已经成为业界趋势。

随着"互联网思维"开始影响汽车行业，甚至有人预言未来的智能汽车就如同现在的智能手机一般，然而，即便智能汽车和智能手机的功能、服务和界面相差无几，二者的安全等级仍不可相提并论。在信息安全方面，OTA 数据传输的过程中，有被仿冒、窃取、攻击的潜在风险，在通信过程中会被不怀好意的黑客挟持与篡改，可能导致车辆运行异常、隐私泄露、财务甚至生命安全受到威胁，因此保障 OTA 汽车的安全升级之路尤为重要。OTA 汽车厂商需要搭建设计完善的标识秘钥技术架构，验证机制与升级条件的限定需要双向把控，才能保障端云一体的信息安全体系。

5.3.4 OTA 升级的发展现状

近几年，随着车联网的发展，OTA 在汽车中的应用逐渐增多，车企对于该技术投以更多关注。特斯拉在 2012 年首次使用 OTA 技术，升级娱乐、自动驾驶、驱动、电池等模块，之后至 2018 年前后，丰田、大众、福特、沃尔沃先后采用对娱乐系统、导航等推出 OTA 在线系统更新，以及在实时车况诊断的基础上升级为预警提醒等。

2019 年之后，上汽、广汽、一汽、长安、丰田、大众、宝马等海内外整车厂纷纷成立软件部门（公司），发力智能驾驶数字化业务。

2020 年以来，多家新造车势力推出新款智能电动汽车，OTA 技术已在新车型上升级车机系统方面得到普遍应用。比如，特斯拉从 2020 年初至 2021 年 7 月，共进行了 19 次 OTA 更新，在所有的车企中升级频次最高，如 2021 年 6 月通过 OTA 实施召回，优化巡航控制功能。

国内新势力代表蔚来、理想、小鹏等，也通过 OTA 同步推送新功能、提升充电效率、优化驾驶辅助、修复车机系统 BUG 等。

车企大多将 OTA 技术用于地图、应用程序、信息娱乐系统等方面的更新。只有丰田提到了电子控制单元 OTA，但是也没有详细说明具体是哪些 ECU，咨询机构 IHS 的预测也显示了相同的趋势，他们认为汽车制造商从 OTA 软件更新中节省的成本将从 2015 年的 27 亿美元增长到 2022 年的 350 亿美元，但大部分的开支节省来自 OTA 对信息娱乐系统和远程信息处理系统的更新，而控制发动机、制动器和转向器的 ECU 在 OTA 方面仍然还有诸多难题要攻克。

FOTA 升级主要是有如下几个难点：

1）汽车 EE 架构中存在着数十到上百数量的功能 ECU，这些功能 ECU 由不同的供应商提供，在分散的 EE 架构中进行整车 OTA 较为困难。

2）汽车内部通信网络的传输速度较慢，而且汽车内部控制器的刷写需要安全认证，这也需要时间，所以整车软件 OTA 的耗时以小时为单位。

3）对于 ASIL 安全等级要求高的模块，OTA 升级达不到万无一失的测试精度。

从全球范围来看，各个国家、地区以及主要的国际性联盟，都在尝试制定 OTA 标准。2016 年 12 月，由英国和日本作为主席国，成立了专门的汽车信息安全标准任务组 UN Task Force on Cyber Security and OTA Issues（CS/ OTA），围绕汽车网络安全、数据保护和软件升级 OTA 三部分开展国际法规及标准的制定工作，国际电信联盟（ITU—SG17）也全面参与了该任务组的相关工作。中国各行业专家也在中国汽车技术研究中心有限公司的组织下参与了该任务组的部分工作，并有相关国际标准建议提案。

《电动汽车远程服务与管理系统技术规范》（GB/T 32960.1—2016）规定，新生产的全部新能源汽车安装车载终端，通过企业监测平台对整车及动力电池等关键系统运行安全状态进行监测和管理。按照国家标准公共服务领域车辆相关安全状态信息要上传至地方监测平台，从中也会产生 OTA 需求。

2020 年 11 月，国家市场监督总局发布《关于进一步加强汽车远程升级（OTA）技术召回监管的通知》明确指出，车企"采用 OTA 方式对已售车辆开展技术服务活动的"，要向市监总局备案；而"采用 OTA 方式消除汽车产品缺陷、实施召回的"，要制定召回计划、向市监总局备案，并依法履行召回主体责任。2021 年 6 月 4 日，市监总局又发布《汽车远程升级（OTA）技术召回备案的补充通知》。

总而言之，随着智能网联和自动驾驶技术的发展，"软件定义汽车"成为未来汽车的发展趋势。决定未来汽车优劣的标准不再局限于真皮座椅、动力性能或是油耗高低，也包含车辆的软件是否能够与时俱进，不断为用户提供更贴心的智能体验。作为实现这个目标的最优方式，OTA 升级技术已逐渐成为智能网联汽车的标配，不断赋予汽车价值提升的潜力。

5.4 本章小结

随着软件在整车中的占比越来越大，汽车正从信息孤岛逐渐走向网联互通，"数据驱动"、"软件定义"正在成为车辆融合应用的新特征，汽车软件开发也面临着新的挑战。

传统的汽车电子供应商和主机厂在汽车嵌入式系统开发环节中主要采用的是 V 模式，该模式体现出的开发理念是从系统产品的功能定义和方案设计一直到产品完成后的集成测试/匹配/标定，面向可靠的功能性"设计—实现—验证"贯穿研发过程的每一个阶段。但由于 V 模式开发流程本质上是硬件和软件同步的开发流程，客观上制约了软件和数据的快速更新，该方法在功能迭代和优化上越来越难以满足需求。为了应对日益挑战的市场，越来越多的软件团队更倾向于使用敏捷框架进行软件开发，并以此来缩短软件迭代的时间，而且在保证软件安全性和完备性的前提下，更好地实现跨职能团队之间的协作。

OTA 升级技术是通过移动通信实现汽车的功能、数据、软件相应更新。目前 OTA 技术在汽车中的应用逐渐增多，车企对于该技术投以更多的关注，OTA 升级在未来将成为智能汽车的必备技能。OTA 升级不仅可以解决汽车产品的缺陷问题，避免昂贵的召回和更新，还可以通过 OTA 升级优化产品体验，进行快速迭代，提供更优质的系统服务。

思 考 题

5-1　基于模型的开发有哪些关键技术？
5-2　V 模式开发流程主要包括哪几个阶段？
5-3　敏捷开发与传统瀑布式开发的最大区别是什么？有什么优缺点？
5-4　什么是功能安全？为什么汽车电子要强调功能安全？
5-5　普遍采用的功能安全标准有哪几种？
5-6　什么是 SOTA？什么是 FOTA？
5-7　OTA 升级有哪些优缺点？

后记与致谢

自 1997 年随孙泽昌教授来同济大学汽车学院开创汽车电子方向，已经二十多年了，这期间汽车电子技术和行业发生的变化，可谓天翻地覆。

2000 年，万钢教授主持"十五"863 电动汽车重大专项，标志中国汽车一个新的时代开始，该专项提出了中国电动汽车"三纵三横"的战略架构，三纵为"纯电动、混合动力和燃料电池汽车"，三横为"电机、电池、电控"。在争议声中，中国汽车人躬身入局，"三纵三横"的战略构思得以落地实现，并取得了极大的成功，中国电动汽车技术和产业实现了弯道超车，站到了世界的第一梯队。而三横之一的"电控"，率先实现了在电动化动力系统中的自主可控。

近十年来，汽车电控技术继续深入发展，与此同时，智能汽车也经历了从概念的提出到技术和到产业的落地，互联网技术和汽车技术前所未有地实现了深度的融合，而智能汽车技术，其内涵包括但也不限于感知、控制、定位和人机交互，其技术来源包括但也不仅是互联网技术和汽车技术的交集，基因的交流及技术载体的变化，使得汽车电子技术的内涵前所未有地极大深化，外延也前所未有地极大扩展。

面对日益复杂的汽车电子和软件系统，亟需建立支撑该技术体系的架构，其核心是建立异构、分布式电子系统的规范化框架，统一面向物理系统的实时控制和面向车路一体全生命周期的数字信息处理，而规范化的核心是定义功能模块和接口，为有机融合底层硬件、通信协议、操作系统、用户软件和开发工具奠定基础。

汽车电子架构的内涵包括拓扑架构、软件架构、硬件架构、通信架构等。从 CAN 总线到车载以太网，从 OSEK 到 Autosar CP 及 AP，从中间件到 SOA，汽车电子与软件架构逐渐清晰。基于这个架构，应用软件开发方法也逐渐标准化和简化，使得主机厂和应用工程师更加集中于对象特征而不必费心于底层实现，大大提高了开发效率。

汽车电子技术的这些成就，既归因于传统汽车电控基因和互联网基因的结合，也归因于这些技术在智能电动汽车上深入实践后的持续演化，更是全行业以开放心态积极协作的结果。汽车电子与软件架构的出现和逐步成熟，标志着汽车电子作为一个新的学科方向，结出了属于自己的硕果。我十年前编写的《汽车嵌入式系统：原理、设计与实现》中提出的问题，逐渐有了明确的答案。

在此特别感谢陶思怡、吴文涛和潘泓宇三位同学，他们用了半年的时间，做了大量费心费力的编辑、校对等工作，希望三位可以成为栋梁之材。

2022.7

参考文献

[1] NAVALE V M, KYLE W, ATHANASSIOS L, et al.（R）evolution of E/E Architectures[J]. SAE International Journal of Passenger Cars-Electronic and Electrical Systems，2015，8（2）: 2015-01-0196.

[2] TRAUB M, MAIER A, KAI L B. Future Automotive Architecture and the Impact of IT Trends[J]. IEEE Software，2017，34（3）: 47-52.

[3] Infineon. Chassis Domain Control [EB/OL].（2019-08-07）[2022-07-01].https://www.infineon.com/cms/en/applications/automotive/chassis-safety-and-adas/chassis-domain-controller/#!?fileId=5546d4625d5945ed015dc81f47b436c7.

[4] 联合电子. 面向服务架构（SOA）的汽车软件及其开发方法 [EB/OL].（2020-03-14）[2022-07-01]. https://mp.weixin.qq.com/s/CgSDWdTKafgeQfIcQ6u1iQ.

[5] 联合电子. 面向服务架构（SOA）的汽车软件分析和设计 [EB/OL].（2020-09-12）[2022-07-01]. https://mp.weixin.qq.com/s/GA5tsvbffURwk-gSHjg2WA.

[6] Road vehicles–Functional safety：ISO 26262：2011 [S].